CULTURA E MATERIALISMO

FUNDAÇÃO EDITORA DA UNESP

Presidente do Conselho Curador
Mário Sérgio Vasconcelos

Diretor-Presidente
Jézio Hernani Bomfim Gutierre

Superintendente Administrativo e Financeiro
William de Souza Agostinho

Conselho Editorial Acadêmico
Danilo Rothberg
Luis Fernando Ayerbe
Marcelo Takeshi Yamashita
Maria Cristina Pereira Lima
Milton Terumitsu Sogabe
Newton La Scala Júnior
Pedro Angelo Pagni
Renata Junqueira de Souza
Sandra Aparecida Ferreira
Valéria dos Santos Guimarães

Editores-Adjuntos
Anderson Nobara
Leandro Rodrigues

RAYMOND WILLIAMS

CULTURA E MATERIALISMO

Tradução
André Glaser

© 2005, 1980 Verso
© 2005, 1980 Raymond Williams
Título original: *Culture and Materialism*
© 2011 da tradução brasileira

Fundação Editora da Unesp (FEU)
Praça da Sé, 108
01001-900 – São Paulo – SP
Tel.: (0xx11) 3242-7171
Fax: (0xx11) 3242-7172
www.editoraunesp.com.br
www.livrariaunesp.com.br
atendimento.editora@unesp.br

CIP – Brasil. Catalogação na fonte
Sindicato Nacional dos Editores de Livros, RJ

W691c
Williams, Raymond, 1921-1988
  Cultura e materialismo / Raymond Williams; tradução André Glaser. – São Paulo: Editora Unesp, 2011.
  420p.

  Tradução de: Culture and Materialism
  Inclui bibliografia
  ISBN 978-85-393-0178-2

  1. Cultura. 2. Cultura – Filosofia. 3. Materialismo. I. Título.

11-6031.   CDD: 306.01
                                                            CDU: 316

Editora Afiliada:

Asociación de Editoriales Universitarias
de América Latina y el Caribe

Associação Brasileira de
Editoras Universitárias

SUMÁRIO

VII Prefácio à edição brasileira
André Glaser
XV Nota da edição inglesa
XIX Nota do autor

1

3 Cem anos de *Cultura e anarquia*

2

15 Literatura e sociologia: em memória de
Lucien Goldmann
43 Base e superestrutura na teoria da cultura marxista
69 Meios de comunicação como meios de produção

3

89 Ideias sobre a natureza

115	Darwinismo social
139	Problemas do materialismo

4

169	O ambiente social e o ambiente teatral: o caso do naturalismo inglês
201	O Círculo de Bloomsbury
231	Publicidade: o sistema mágico
267	Utopia e ficção científica
291	O romance industrial galês

5

317	Notas sobre o marxismo na Grã-Bretanha desde 1945
343	Além do socialismo realmente existente
373	Raymond Williams: obras selecionadas
375	Referências bibliográficas
377	Índice onomástico

PREFÁCIO À EDIÇÃO BRASILEIRA

André Glaser

Não há como negar a importância para os Estudos Culturais de Raymond Williams, que por toda a sua vida procurou desenvolver um trabalho focado nas complexas questões prático-teóricas que envolvem o conceito de cultura. Para ele, a centralidade desse conceito na modernidade é indiscutível, com o espaço cultural, o local dos "significados e valores" que nos orientam e nos movem, adquirindo uma abrangência cada vez maior em nossa vida como um todo, aqui inclusos seus aspectos sociais, políticos e econômicos.

A proposta deste livro, como exposta no texto inicial da edição inglesa, foi a de realizar uma seleção de ensaios que tentasse cobrir "toda a gama da atividade intelectual de Williams (com exceção dos romances), para compor um volume ao mesmo tempo compacto e representativo". Ao fazer isso, este volume teve a felicidade de incluir alguns de seus ensaios mais representativos e brilhantes, permitindo ao leitor, longe de ter apenas uma visão panorâmica de seu trabalho, entrar em contato com as bases fundamentais de sua teoria da cultura e com a sua aplicação prática em análises primorosas.

Dentre os ensaios teóricos presentes aqui reunidos, "Base e superestrutura na teoria da cultura marxista" é, sem dúvida, um dos mais importantes. Uma abordagem superficial da obra de Williams poderia colocá-lo lado a lado com teóricos mais "culturalistas", que defendem certa predominância da cultura como esfera paralela ou mesmo hierarquicamente superior à economia ou à política. Essa visão parcial deve ser refutada. Raymond Williams foi, antes de tudo, um escritor e pensador socialista, e é essa posição política que permeia a sua obra. Somado a isso, o conceito-chave de sua teoria da cultura, o "materialismo cultural", é fruto de uma profunda reavaliação da posição da cultura no marxismo, inserindo o seu trabalho dentro da própria teoria marxista. Em outros termos, para Williams, como para todo marxista, a determinação última das relações sociais e culturais é a economia, embora o entendimento do que seja a "economia" varie significativamente entre as correntes teóricas marxistas.

"Base e superestrutura na teoria da cultura marxista" é um texto basilar justamente não apenas por definir qual marxismo é de interesse para Williams, mas por ir além e expor as bases de sua concepção inovadora e extremamente produtiva das relações entre as forças sociais "determinantes" e as áreas "determinadas". O seu distanciamento da metáfora de base e superestrutura *ao aproximar-se do marxismo* surpreende pela sua atualidade. Uma atualidade, por sinal, produzida pela própria dinâmica de seus conceitos, sempre vivos, rigorosamente trabalhados dentro de um dos ideais mais caros ao marxismo – a relação íntima entre teoria e prática, de modo a evitar que a teoria se torne algo desconexo da "vida real", atingindo graus de autonomia que a deixe sintomática, e não crítica, do sistema em que vivemos. Este foi o destino de muita crítica dita marxista, não só em sua fase ortodoxa, com uma separação rígida entre os conceitos de base e superestrutura, como também em muitos de seus desenvolvimentos estruturalistas e pós-estruturalistas a partir dos anos 1960.

Por um certo viés, poderíamos dizer que todos os outros textos neste volume giram em torno de "Base e superestrutura". Não por um privilégio qualquer desse ensaio, mas pela maneira como ele condensa as questões teóricas mais amplas que movimentam o pensamento crítico de Williams. Os demais ensaios apresentam características diversas: alguns funcionam como "resenhas críticas", outros, como ensaios de clarificação de conceitos e outros, sempre surpreendentes, de análise cultural e política. Em todos os casos, são sempre reflexões profundas sobre questões da mais alta pertinência política e intelectual.

Quanto às resenhas críticas, temos "Literatura e sociologia", uma discussão sobre a obra de Lucien Goldmann em uma espécie de diálogo teórico, tratando dos pontos de convergência e divergência entre seu trabalho e o de Goldmann, apontando limitações e caminhos possíveis para conceitos que aspiram não apenas ao entendimento da realidade prática, mas à participação em movimentos significativos de mudança social. "Além do socialismo realmente existente" discute o livro *The Alternative in Eastern Europe*, de Rudolf Bahro, demarcando as especificidades do socialismo no Leste e no Oeste, suas limitações e alternativas possíveis para um socialismo democrático. Ambos os ensaios possuem um objetivo bastante preciso – discutir as teorias sempre de acordo com as necessidades sociais, políticas e econômicas do presente.

No que tange à clarificação de conceitos, "Ideias sobre a natureza" e "Darwinismo social" são ensaios bastante relacionados, centrados na discussão sempre relevante dos limites entre o que é natureza e o que é sociedade humana. Uma das maiores dificuldades da crítica social de esquerda está justamente aqui, desvendar as raízes sociais (quase sempre movidas por interesses políticos e econômicos, e com o principal objetivo prático da manutenção das classes e dos privilégios sociais) do que é definido e "vivido" como uma realidade natural. Retomando o argumento da centralidade do ensaio sobre base e superestrutura, encontramos nele a discussão do conceito gramsciano de hegemonia, que tanto contribui para um melhor entendimento desse processo cultural extremamente eficaz de naturalização do social.

Mas é no terceiro grupo de ensaios, das análises culturais e políticas propriamente ditas, que nos defrontamos com Williams em todo o seu brilhantismo. Assuntos os mais diversos são tratados com grande conhecimento de causa, conduzindo análises nas quais ganha evidência a força do materialismo cultural como instrumento crítico. Dos cinco ensaios que constituem a Parte 4 do livro, dois se dedicam ao estudo do realismo e do naturalismo (conceitos que, como mostrado em "O ambiente social e o ambiente teatral", muitas vezes se confundem ou têm seu significado invertido). Williams foi um grande estudioso do modernismo, como atesta seu livro *Política do modernismo*, mas foi um defensor do realismo como forma que permite ao escritor abarcar a sociedade em sua totalidade. Ganha, então, relevância o seu estudo sobre o romance industrial galês, prosa de sua terra natal que é analisada sem ufanismos, em um esforço para entender como as formas históricas da arte se transformam e quais as forças que determinam essa transformação.

Talvez os dois ensaios que mais chamem a atenção pela construção e pelo tema sejam "O Círculo de Bloomsbury" e "Publicidade: o sistema mágico". O primeiro é um modelo exemplar do materialismo cultural em ação; Bloomsbury é analisado por várias perspectivas: sociológica interna ao grupo, sociológica externa ao grupo, artística, política, cultural etc., mas sempre como um feixe de cores que, como em um prisma, tem uma origem comum – em nosso caso, a história. O momento do modernismo inglês é entendido dentro da especificidade da Inglaterra no início do século XX e da forma como o próprio círculo se definia – um grupo de amigos. O impulso dessa formação "emergente" é investigado e, pela análise, localizado política e

PREFÁCIO À EDIÇÃO BRASILEIRA XI

economicamente em seu presente histórico. Williams cita uma passagem em que Leonard Woolf afirma que o grupo vivia "uma primavera da revolta consciente contra as instituições sociais, políticas, religiosas, morais, intelectuais e artísticas, as crenças e normas de nossos pais e avós".[1] Definindo-se como construindo algo novo, uma nova sociedade livre, racional, civilizada e à procura da verdade e do belo, o círculo possuía, contudo, vários elementos contraditórios levantados e discutidos no ensaio.

"Publicidade: o sistema mágico" é, sob o meu ponto de vista, magistral. O artigo vai muito além dos estudos mais difundidos sobre a publicidade, defendendo que a sua força advém de um fracasso dos significados, valores e ideais sociais. A produção de associações "adicionadas" aos produtos é traçada como tendo a sua origem no século XVII, distanciando a sua análise tanto dos que veem a publicidade moderna por linhas de continuidade que se estendem no tempo até a Antiguidade, quanto dos que localizam a origem da publicidade moderna no final do século XIX, com o surgimento das grandes corporações. A figura do charlatão ganha evidência, levando a uma crítica aguda da posição central que a publicidade cada vez mais ocupa nas sociedades atuais. Contudo, o que me parece mais relevante é que, ao contrário do que os partidários da metáfora de base e superestrutura sustentam – ou, de outro lado, os culturalistas –, a publicidade, ao mover-se para o centro da economia, passa a ser uma força determinante no pulso da economia do capitalismo avançado.

Raymond Williams é um autor com o qual estamos sempre aprendendo. Em um plano mais "teórico", vemos como trabalhar os conceitos em contato com a prática, atualizando-os para que revelem e atuem no seu presente histórico. Diferentemente de tantos teóricos importantes tanto da esquerda quanto da direita (e claro, incluamos também os liberais do "centro"), a escrita de Williams nunca é "artificialmente difícil"; não há um trabalho

---

1 Ver p.228.

sobre o texto que o torna mais complexo do que as exigências de seu objeto. Há, sem dúvida, trechos difíceis em Williams, mas em geral são frutos da forma como aborda seu objeto por várias perspectivas, exigindo que o leitor reconstrua a arquitetura de sua abordagem teórica. Porém, vale ressaltar que a própria ideia de "objeto" é continuamente questionada pela dinâmica de sua obra. Assim, "Base e superestrutura na teoria da cultura marxista" não é a exposição de uma teoria a ser aplicada em formações culturais, da mesma maneira como suas análises não são aplicações do materialismo cultural. Não estamos diante de uma "sociologia ou literatura aplicada". Seus artigos teóricos são desenvolvimentos de análises, e suas análises, por sua vez, movimentam continuamente a sua teoria, enriquecendo-a e abrindo novas portas para o entendimento de um presente em contínua transformação.

Gostaria, ainda, de enfatizar outro aprendizado possível após o contato com sua obra. Williams não é um pensador da teoria, mas um defensor de uma política democrático-socialista de transformação social. Ao contrário de tantos contemporâneos seus, Williams jamais aderiu aos modismos da segunda metade do século XX, mantendo-se fiel aos seus próprios princípios. Isso gerou diversas críticas a seu trabalho, mas uma crítica facilmente refutável pela sua própria inserção na "fungibilidade teórica contemporânea".

Nesse aspecto, este livro é um excelente exemplo de sua maturidade, ao percorrer quase três décadas de seu trabalho. Décadas de intensa pesquisa e de defesa de uma proposta socialista legítima para o Ocidente, mesmo quando a própria esquerda dela se afastava. Um pensador que ainda tem muito a oferecer em um mundo cada vez mais imerso no consumismo, com suas consequentes exigências para nossas consciências, estas cada vez mais alienadas pelos prazeres – e frustrações – do próprio consumo. Williams encerra seu ensaio sobre a publicidade com as seguintes palavras:

Um tipo de informação antigo e ineficiente sobre bens e serviços foi ultrapassado pelas necessidades competitivas das corporações, que exigem cada vez mais não um setor, mas o mundo; não uma reserva, mas toda a sociedade; não um anúncio publicitário ou uma coluna, mas todos os jornais integralmente e os serviços de difusão nos quais eles operam. A não ser que sejam agora limitados, não haverá uma segunda chance fácil.[2]

Não há dúvidas de que perdemos a primeira chance, e a segunda, de fato, não se mostra nada fácil. Nesse sentido, a publicação desta coletânea de ensaios não é apenas pertinente, mas indispensável.

---

2 Ver p.286.

NOTA DA EDIÇÃO INGLESA

"Ensaios selecionados" não são incomuns na cultura de língua inglesa, mas a sua lógica em uma publicação é bastante variável, e muitas vezes indefinida. Pode ser pertinente, por isso, indicar brevemente o nosso propósito na compilação de *Cultura e materialismo*.

Muitos livros de Raymond Williams – de *Reading and Criticism* [Leitura e crítica] a *Marxismo e literatura* – são bastante conhecidos e, com poucas exceções, amplamente disponíveis. Os que não são tão conhecidos e, por razões materiais evidentes, bem menos acessíveis, são os inúmeros ensaios que os acompanharam. Antecipando ou desenvolvendo os temas das grandes obras, aumentando-os com estudos mais detalhados ou estendendo os seus métodos para novas áreas de pesquisa, estes ensaios são um componente crucial da escrita de Williams como um todo. Este volume foi concebido para torná-los disponíveis para o maior número possível de leitores de seus livros.

Os catorze textos aqui incluídos foram escolhidos e organizados à luz de uma avaliação implícita. Milhares de leitores acompanharam as principais obras de Williams no momento em que estas foram produzidas, em um convívio intelectual que já dura mais de vinte anos. Mas há um número crescente de leitores para quem, inevitavelmente, esse não é o caso. Um corpo de trabalho tão grande e complexo pode causar problemas de acesso para qualquer pessoa – professor ou aluno, especialista ou leitor geral – que entre em contato com ele pela primeira vez. Pareceu importante, então, que toda seleção de ensaios devesse tentar cobrir por completo a gama da atividade intelectual de Williams (com exceção dos romances), para compor um volume ao mesmo tempo compacto e representativo.

Cultura e materialismo foi projetado para atender a esses requisitos. Os primeiros ensaios datam do período de *The Long Revolution* [A longa revolução], escritos entre 1958 e 1959, e o mais recente data do início de 1980. As ocasiões em que primeiramente apareceram são palestras, resenhas e livros, bem como contextos de pesquisa relativamente longos e independentes. Quanto ao modo, este volume varia de exposições teóricas totalmente abstratas a análises históricas concretas, e de investigações especializadas, passando por colaborações dissidentes, a polêmicas engajadas. Os temas abordados incluem literatura e drama; teorias da cultura e da natureza; formas de produção cultural dominantes e subordinadas, celebradas e marginais; características estruturais da sociedade capitalista tardia e de uma posterior ordem socialista; e os problemas políticos relacionados à contestação de uma e à construção da outra. O assunto – *e prática* – central do volume, já apontado em seu título, é a elaboração, dentro da teoria marxista e da política socialista, de um "materialismo cultural".

"Cem anos de cultura e anarquia", o ensaio que abre o livro, procura iluminar um momento decisivo e profundamente ambivalente no nascimento da crítica cultural inglesa: a resposta de Arnold à agitação popular do final da década de 1860. Segue-se um grupo de três estudos em teoria da cultura: uma homenagem a Lucien Goldmann, na qual discute a obra do sociólogo francês, assim como as relações complexas dela com as tradições intelectuais herdadas na Inglaterra; um reexame do conceito

NOTA DA EDIÇÃO INGLESA

de "base e superestrutura", e uma análise teórica dos meios de comunicação. O grupo seguinte de três ensaios é dedicado ao problema da "natureza", como representado na tradição humanista dominante; nas formações ideológicas do darwinismo social passado e presente; e nos textos do marxista italiano Sebastiano Timpanaro. A quarta seção reúne cinco estudos concretos que tratam, sucessivamente, do teatro naturalista inglês, do Círculo de Bloomsbury, da publicidade, da utopia e da ficção científica, e dos romancistas galeses industriais. Eles exemplificam o programa analítico da teoria da cultura.

A política é a tônica da quinta e derradeira seção do volume. Nela, Williams reflete sobre a história problemática do marxismo no pós-guerra britânico e sobre a sua própria relação com ele, e então, no ensaio final sobre *Alternative*, de Rudolf Bahro, volta-se para o estudo do "socialismo realmente existente" – os bloqueios comparáveis da ordem social instituída no Leste e do movimento no Oeste – e projeta um curso além deles, através da teoria e da prática da "revolução cultural".

New Left Books

NOTA DO AUTOR

Os ensaios agora reunidos neste volume foram publicados pela primeira vez como se segue:

"Cem anos de cultura e anarquia", em *The Spokeman*, v.8, dezembro de 1970, baseado em uma palestra proferida em Manchester, em abr. 1969;

"Literatura e sociologia: em memória de Lucien Goldmann", em *New Left Review*, v.67, maio-jun. 1971, baseado em uma palestra proferida em Cambridge, em abr. 1971;

"Base e superestrutura na teoria da cultura marxista", em *New Left Review*, v.82, nov.-dez. 1973, baseado em uma palestra proferida em Montreal, em abr. 1973;

"Meios de comunicação como meios de produção", em *Prilozi: Drustvenost Komunikacije*, Zagreb, 1978;

"Ideias sobre a natureza", em *Ecology: The Shaping Inquiry* (ed. J. Benthall), Longman, 1972, baseado em uma palestra proferida no Institute of Contemporary Arts, em Londres, em 1971;

"Darwinismo social", em *The Limits of Human Nature* (ed. J. Benthall), Allen Lane, 1973, baseado em uma palestra proferida no Institute of Contemporary Arts, em Londres, em 1972;

"Problemas do materialismo", em *New Left Review*, v.109, maio-jun. de 1978;

"O ambiente social e o ambiente teatral", em *English Drama: Forms and Development* (ed. M. Axton e R. Williams), Cambridge University Press, 1977;

"O Círculo de Bloomsbury", em *Keynes and the Bloomsbury Group* (ed. D. Crabtree e A. P. Thirlwall), Macmillan, 1980, baseado em uma palestra proferida em Canterbury, em 1978;

"Publicidade: o sistema mágico", originalmente escrito como um capítulo de *The Long Revolution* (1961), retirado do livro para a inclusão em um livro coletivo sobre a publicidade que não foi publicado e, posteriormente, parcialmente publicado em *New Left Review*, v.4, jul.-ago. 1960 (o epílogo para esse ensaio foi publicado em *The Listener*, 31 jul. 1969);

"Utopia e ficção científica", em *Science Fiction Studies*, v.5 (1978), Montreal, e em *Science Fiction: A Critical Guide* (ed. P. Parrinder), Longman, 1979;

"O romance industrial galês", Cardiff, University College Press, 1979, baseado na palestra inaugural "Gwyn Jones" dada em Cardiff, abr. 1978;

"Notas sobre o marxismo na Grã-Bretanha desde 1945", em *New Left Review*, v.100, nov.1976-jan.1977;

"Além do socialismo realmente existente", em *New Left Review*, v.120, mar.-abr. 1980.

Aproveitei a oportunidade para revisar todos os ensaios para este volume.

Raymond Williams

1

CEM ANOS DE *CULTURA E ANARQUIA*

No final da década de 1960, várias questões surgiram juntas. Questões e controvérsias. Sobre o Parlamento, sobre a lei e os sindicatos, sobre manifestações e a ordem pública, sobre a educação e sua expansão. No final da década de 1860, melhor dizendo. Quando George Eliot iniciou seu romance *Middlemarch*, Marx publicou o primeiro volume de *O capital*, Carlyle escreveu *Shooting Niagara*, e Matthew Arnold escreveu as palestras e artigos que se tornaram *Cultura e anarquia*.

No final da nossa própria década de 1960, o espírito de Arnold é frequentemente invocado, sobretudo nas universidades. Ele foi tomado como uma espécie de patrono de atividades como a dos Black Papers:[1] de certa forma, trata-se de algo surpreendente, pois por toda a sua vida profissional ele foi um inspetor laborioso da educação e o expoente mais efetivo da necessidade de um novo sistema para o ensino secundário. No entanto, a invocação não é nem acidental, nem totalmente

---

1 Movimento conservador do final da década de 1960 e da década de 1970 que criticava o declínio dos padrões educacionais em consequência da implantação de metodologias liberais. (N. T.)

equivocada. A ênfase de Arnold na cultura – sua ênfase característica – foi uma resposta direta à crise social daqueles anos, e o que ele viu em oposição à cultura foi a anarquia, em um sentido bastante similar a muitas descrições públicas recentes de manifestações e de movimentos de protesto. Ele não se via ou se apresentava como um reacionário, mas como um guardião da excelência e dos valores humanistas. Tanto naquele momento quanto hoje, essa é a força de seu apelo.

Qual seria, então, a crise real? Em termos imediatos, tratava-se de uma discussão sobre o direito ao voto, que deveria ser estendido aos homens da classe trabalhadora nas cidades. Hoje essa não parece ter sido uma proposta tão radical assim. Em apenas cem anos, o direito duramente conquistado faz parte de nossas tradições democráticas "imemoriais". Mas, naquele momento, a questão era crítica. Em 1866, a primeira forma do projeto foi derrotada e o governo liberal caiu. A campanha foi levada às áreas rurais pela Reform League. As reuniões em Londres eram particularmente grandes. Os únicos lugares adequados para reuniões dessa dimensão eram os parques, mas as autoridades alegavam que estes eram presentes da realeza para a recreação pública; manifestações de massa, no entanto, eram uma forma de perturbação da ordem pública. O direito de reunir-se em Hyde Park – agora, um século após, outra parte de nossa tradição democrática "imemorial" – estava, de modo especial, em pauta. O povo se reunia frequentemente em Rotten Row, ao sul do Hyde Park, local onde a pequena nobreza cavalgava, e houve uma proposta para lotar essa parte do parque com 10 mil vendedores ambulantes e seus burros. Então, a Reform League anunciou um encontro no Hyde Park para a noite de segunda-feira, 23 de julho de 1866. O ministro da Administração Interna [*Home Secretary*] ordenou que o comissário de polícia afixasse anúncios informando que os portões do parque seriam fechados na hora do chá. Foram feitas perguntas no Parlamento por vários membros, incluindo, notadamente,

CEM ANOS DE *CULTURA E ANARQUIA*

John Stuart Mill, autor de *Sobre a liberdade*. Disraeli, primeiro-
-ministro, tranquilizou a rainha.

Em 23 de julho, cerca de 60 mil trabalhadores, vindos de
diversas partes do país, marcharam por Oxford Street e Edgware
Road, em direção ao Marble Arch. A polícia foi reunida em
frente aos portões fechados. Os líderes da marcha exigiram a
entrada, mas o acesso lhes foi recusado. A maior parte dos manifestantes dirigiu-se, então, a Trafalgar Square. Mas um grupo
manteve-se em Hyde Park e começou a derrubar as grades. Muitos que os observavam juntaram-se a eles. Eles derrubaram em
torno de 1,5 quilômetro de cerca e entraram no parque. Conta-
-se que canteiros foram pisoteados, que as pessoas "correram
sobre o gramado proibido", e que pedras foram atiradas contra
algumas mansões em Belgravia. Parece não haver razão para se
duvidar disso. Tal como com a proposta de montar em burros
em Rotten Row, estava-se testando "se esta ou qualquer outra
parte do Hyde Park pertence a uma classe ou a todo o povo".
Tropas foram chamadas, mas antes de chegarem todos já haviam
retornado para suas casas.

Hyde Park. Grosvenor Square. Temos de atualizar os nomes
para termos uma ideia da resposta ao movimento. Os líderes
moderados da Reform League viram o ministro da Administração Interna e pediram um encontro em Hyde Park na
segunda-feira seguinte, a fim de estabelecer o direito de uma
assembleia livre. Relata-se que ele sensibilizou-se e concordou, mas a proposta foi rejeitada pelo Conselho de Ministros.
Um confronto parecia inevitável, pois muitos membros do
parlamento tinham a intenção de prosseguir com a reunião.
Mill interveio, perguntando "se a posição dos acontecimentos
tomou tal dimensão a ponto de uma revolução ser desejável, e
se eles se viam capazes para realizá-la".

Após a discussão, decidiu-se que o encontro seria realizado no Salão Agrícola, em Islington. Foi uma reunião lotada
e barulhenta. Milhares de pessoas não puderam entrar. A

necessidade de os encontros se realizarem no parque era óbvia, mas o governo, por meio de um novo ministro da Administração Interna, apresentou um projeto que tornava as reuniões em Hyde Park ilegais. Mill encabeçou a oposição ao projeto, e até o final da sessão este foi discutido e derrubado. O direito "sagrado e imemorial" de reunião em Hyde Park – algo que hoje é mostrado aos turistas – veio à luz, por assim dizer, pela porta dos fundos.

Manifestações e ordem pública. As pessoas envolvidas não parecem estranhas, após um século. É claro que as causas se modificam. Não se esperam hoje editoriais trovejando contra um encontro em Hyde Park para a discussão da extensão do direito de voto aos trabalhadores. Mas muitas das atitudes subjacentes são semelhantes. Carlyle foi ao extremo: somente a reimposição da disciplina pela aristocracia poderia preservar a ordem, argumentou ele em *Shooting Niagara*. Do outro lado, havia os liberais e os radicais, liderados por Mill no Parlamento. Mas nenhum julgamento de força e opinião, de um tipo tão geral e central, limita-se a posições conhecidas e ortodoxas. É neste sentido que a resposta de Arnold é importante.

Hyde Park estava em sua mente quando ele deu a primeira palestra do que se tornaria *Cultura e anarquia*. Intitulou-a "Cultura e seus inimigos". Mas manteve-se distante dos argumentos políticos ortodoxos. Ele criticou a obsessão nacional pela riqueza e produção; havia outras coisas mais importantes na vida de um povo. Ele criticou a manipulação da opinião pública por políticos e jornais: uma minoria simplificando e criando *slogans* para pessoas que eles desprezavam e agrupavam como "as massas". Ele criticou a abstração da "liberdade"; não se tratava apenas da questão de ser livre para falar, mas de um tipo de vida nacional pelo qual as pessoas soubessem o suficiente para ter algo a dizer. Os homens de cultura, segundo ele, eram aqueles que tinham uma paixão para a difusão, para fazer prevalecer e levar de um lado da sociedade ao outro o melhor conhecimento e as melhores ideias de seu tempo; que trabalhavam para despojar o conhecimento de tudo o que é áspero, inculto, difícil, abstrato, profissional, exclusivo; para humanizá-lo e torná-lo eficiente fora do grupo restrito dos cultos e instruídos, mas de modo a permanecer o melhor conhecimento e pensamento da época.

Tudo isso era cultura – o sentido de que havia mais coisas na vida do que a economia, a oposição à manipulação, o compromisso com a extensão da educação popular. Seus inimigos eram o sistema político e econômico, as manipulações, os antieducadores.

Até agora, tudo parece claro. Mas havia também Hyde Park. A desordem de Hyde Park, Arnold argumentou – abstraindo e simplificando muito rapidamente –, era um sintoma da anarquia geral. Ele não queria a revolução, embora teria gostado que sua própria classe governasse, assim como a aristocracia e a classe média preferem suas próprias formas de dominação. Nos "nossos centros paradisíacos do industrialismo e do individualismo", muitas pessoas estavam tomando o pão da boca dos outros, pois não havia nenhuma ordem social real, nenhuma ideia do Estado como o caráter coletivo e corporativo da nação. Assim, não tendo ainda encontrado o seu lugar no sistema, o desordeiro – que se torna de repente "o bruto" –

está apenas afirmando um pouco a sua liberdade pessoal, indo para onde queira, encontrando-se com outros onde deseje, berrando como é de seu gosto, agitando de acordo com sua vontade.

A temperatura, percebe-se, está aumentando.

Seu direito de marchar onde queira, marcar encontros onde goste, entrar onde deseje, vaiar como queira, ameaçar como goste, golpear como goste. Tudo isto, repito, tende à anarquia.

Certamente que sim. Nada é mais estranho, na prosa frequentemente escrupulosa, timidamente encantadora e delicada de Arnold, do que a intensificação e as grosserias desses verbos sobre Hyde Park. Escrevendo enquanto o argumento ainda estava em curso no Parlamento, ele foi, de súbito, muito mais longe. Ele reafirmou a sua posição geral:

> Para nós, que acreditamos na razão, no dever e na possibilidade de libertar o que há de melhor em nós para o progresso da humanidade em direção à perfeição, a moldura da sociedade, o teatro em que esse drama majestoso deve desenrolar-se, é sagrada; quem quer que a administre, não importa o quanto queiramos removê-los do seu mandato administrativo, enquanto administrarem, temos de apoiá-los, forma constante e com o coração indiviso, na repressão da anarquia e da desordem; pois, sem a ordem, não pode haver sociedade; e sem a sociedade, não pode haver perfeição humana.

Esse é um ponto de vista. Certamente, ele planeja esquecer o início do transtorno: a derrota da legislação pela reforma, o trancamento dos portões contra a reunião em prol da reforma (para a qual, como acontece, não havia disposições legais). Como tantas vezes, ele toma a história em um momento conveniente: no momento da resposta, às vezes violenta, à repressão; não no momento da repressão propriamente dita. Mesmo assim, trata-se de um ponto de vista familiar.

Mas, então, Arnold prossegue:

> Lembro-me de meu pai [...] quando o estado político e social do país era sombrio e perturbado [na década de 1820-RW] e havia tumultos em muitos lugares, após insistir enfaticamente na maldade e na loucura do governo [...], ele terminava assim: "*Quanto aos tumultos, o modo romano antigo de lidar com eles é sempre o caminho certo: chicoteie a plebe e arremesse os líderes da Rocha Tarpeia!*" Nunca devemos abandonar essa opinião, independentemente de quanto nossos amigos liberais aceitam um pouco

CEM ANOS DE *CULTURA E ANARQUIA*   9

de tumulto e daquilo que eles chamam de manifestações populares, úteis, por vezes, aos seus próprios interesses e aos das importantes operações práticas que eles têm em mãos.

Mesmo que seja para a abolição do tráfico negreiro,

ainda assim dizemos não, e as procissões monstruosas nas ruas e irrupções violentas nos parques, mesmo em apoio professo a esse projeto louvável, deveriam ser proibidas e reprimidas com firmeza.

Em uma nova edição, Arnold removeu esse trecho. Devemos dar a ele o crédito de suas reflexões posteriores. Mas ainda é bastante notável que o argumento humanitário de sua posição inicial deva aproximar-se, sem falar em alcançar, desse grau de raiva e desejo de repressão.

Contudo, a conjunção pode ser importante, em um plano muito difícil de ser definido. A reação hostil a manifestações e protestos, em nosso próprio tempo, é fácil de entender quando provém da direita tradicional. Mas há também uma nova direita, falando de excelência, de valores humanos e de disciplina como se fossem similares; que entendem as manifestações menores como "anarquia" e "caos", e as opõem à razão, à cultura e à educação.

Arnold é uma fonte para esse grupo, embora seja significativo que muitos deles tenham removido boa parte de sua crítica social real e, especialmente, de sua defesa incansável da extensão da educação popular. Essa parte de Arnold, de fato, é agora vista como um dos principais sintomas da "doença" contra a qual eles acreditam estar lutando. Mas isso é, muitas vezes, o modo como os nomes e as reputações do passado são invocados.

Há outros que poderiam ter sido escolhidos. Não posso concordar com tudo o que Mill fez naqueles meses, mas se quisermos a razão liberal em ação, Mill a encarna: a ênfase no direito e na moderação, mas também a ênfase na mudança e na reforma (ele introduziu um projeto de lei dando o voto às mulheres, uma medida muito além do pensamento da maioria dos membros da Reform League, que foi desdenhosamente derrotada). Mill, pode-se dizer, mostra como um intelectual tradicional pode, em sua melhor forma, atuar: pautando-se por meio de valores da razão nos pontos em que eles importam. Eu discordo dele em minha crença de que a segunda reunião do Hyde Park deveria ter sido realizada e apoiada; não havia nenhuma lei ou razão para impedi-la, e qualquer provocação ou violência teria vindo apenas das autoridades. Mas Mill estava ansioso. Ele atuou como mediador e moderador. Ele manteve seus próprios valores.

Arnold é diferente, como o são nossos próprios pequenos Arnolds. Excelência e valores humanos de um lado; disciplina e, quando necessário, repressão de outro. Isso, naquele tempo e agora, é uma posição perigosa: é o auge do tipo errado de liberalismo, assim como Mill, até onde chegou, foi o auge de liberalismo do tipo mais honesto. As questões continuam: a lei e os sindicatos; leis para uma nova educação; os vai e vens dos dois partidos parlamentares dominantes e concorrentes. Quando pensamos e agimos em eventos muito semelhantes, após cem anos, é de alguma ajuda saber como se iniciou o argumento sobre "cultura e anarquia".

Mas é ainda mais importante identificar e evitar o curto-circuito do pensamento que Arnold representa. O apego à razão, à discussão ilustrada, às decisões públicas bem fundamentadas e, nos termos de Arnold, ao conhecimento de tudo de melhor que foi pensado e dito no mundo, exige algo mais do que um contraste retórico fácil com as práticas de protesto público e de ação direta. Pois estes últimos, nas décadas de 1860 e de 1960, surgiram justamente quando a verdade, a razão e o argumento foram sistematicamente bloqueados, e quando a força "autorizada" foi invocada não para remover os obstáculos, mas para erguê-los e defendê-los.

Logo, importa muito saber se os que acreditam na razão e na discussão ilustrada são capazes, diante do barulho do confronto, prosseguir efetuando as distinções necessárias. Também importa saber se, sob as tensões inevitáveis de novos tipos de debates e reivindicação, os defensores da razão e da educação estarão abertos a relações novas e desconhecidas, ou se recairão nos hábitos e privilégios existentes e então – como acontece agora, mas como significativamente não aconteceu na época de Arnold – farão uso de manobras e articulações para restringir, purificar e empobrecer a própria educação. Pois a cultura que estaria então sendo defendida não seria a da excelência, mas a da familiaridade; não a dos valores cognoscíveis, mas apenas a dos valores conhecidos. Enquanto pessoas deste tipo estiverem no controle e se multiplicarem, será sempre necessário ir novamente a Hyde Park.

2

LITERATURA E SOCIOLOGIA: EM MEMÓRIA DE LUCIEN GOLDMANN

Na última primavera,[1] Lucien Goldmann veio a Cambridge e ministrou duas palestras. Essa foi uma oportunidade para que muitos de nós ouvíssemos um homem cujo trabalho havíamos acolhido e respeitado. Ele disse que gostava de Cambridge: as árvores e os campos eram próximos dos auditórios. Eu o convidei, e ele concordou em voltar este ano. Mais particularmente, decidimos discutir diretamente nossos trabalhos em curso, pois estávamos ambos conscientes da ironia de que a pequena distância física entre a Inglaterra e a França converte-se, muitas vezes, em uma grande distância cultural, sobretudo nos detalhes. Então, no outono, ele morreu, aos 57 anos. O início de um projeto teve de ser publicado, como talvez deva sempre acontecer finalmente. Mas, antes de tudo, eu gostaria de me lembrar dele com respeito e com um reconhecimento ativo do que creio que agora precisa ser feito: uma compilação e discussão de trabalhos e ideias que ocorrem em tradições bastante diversas, mas que partilham de muitas posições e preocupações comuns. Minha queixa, é claro, advém do fato de ele não poder estar aqui para

---

1 1970. (N. E. I.)

participar do diálogo. Pois a forma de suas palestras em Cambridge foi justamente a do diálogo, marcadas, de certa forma, para a minha surpresa, que havia apenas lido seus escritos publicados, por uma certa definição e rigor sistemático.

Creio que muitas pessoas já notaram as implicações a longo prazo da situação social dos intelectuais ingleses: uma situação que está mudando, mas na qual persistem certos efeitos. Ao menos em estudos na área de humanas, e com resultados dúbios, pensadores e escritores britânicos são constantemente levados de volta à linguagem comum – não apenas em certos ritmos e escolhas de palavras, como também em uma forma de exposição que pode ser chamada de assistemática, e que também representa uma consciência incomum de um público imediato: uma comunidade partilhada e em pé de igualdade, da qual é possível se distanciar ou se aproximar. Acredito que haja muitos aspectos positivos nessa maneira habitual de proceder, mas estou também certo, na mesma proporção, de que os aspectos negativos são graves: uma vontade de partilhar, ou ao menos de não desafiar muito explicitamente, a consciência do grupo do qual o pensador e escritor é – a sua descrição como intelectual levanta a questão-chave –, de bom ou mau grado, mas ainda assim o é, na prática, um membro. E enquanto esse grupo, por tanto tempo e, claro, especialmente em locais como Cambridge, foi de fato e em detalhes uma classe privilegiada e, por vezes, dirigente, essa atração à língua comum era e é, muitas vezes, um impulso em direção à consciência atual: a elaboração de ideais dentro de certos limites polidos, embora definitivos.

Não é de todo surpreendente para mim, por ter observado esse processo, ver tantos alunos escolhendo filiar-se, desde o início dos anos 1960, a intelectuais de um tipo diferente. Na Sociologia, área em que estamos muito atrasados – de fato, em muitos aspectos, um país subdesenvolvido –, há, obviamente, outros motivos. Mas a mesma coisa aconteceu nos Estudos Literários, campo em que por meio século há um trabalho influente e notável, mais claramente em Cambridge do que em qualquer outro lugar. Um sentido de certas restrições absolutas no pensamento inglês, restrições que pareciam se unir muito estreitamente a certas restrições e impasses na sociedade mais ampla, tornou imperativa a procura por tradições e métodos alternativos. É claro que, por todo o tempo, havia os estudos norte-americanos: no que parecia a mesma língua, mas fora desse consenso particular inglês. A teoria ou, ao menos, o sistema pareciam atraentes e disponíveis. E muitos intelectuais norte-americanos, para o bem ou para o mal, pareciam não partilhar dessa integração específica com uma classe dirigente não intelectual. Pareciam menos frequentes as reclamações de que um homem explicando o trabalho de sua vida do modo mais claro possível não seria de imediato compreensível para alguém de seu grupo social que acabara de chegar de seu trabalho ou lazer.

Pode-se observar então que, em certos tipos de estudo, o modo alternativo tornou-se atraente e foi imitado: às vezes, substancialmente, na longa busca pela teoria; outras vezes, mais superficialmente, em certos hábitos de abstração processual – os temas e subtemas numerados de um argumento; definições atingindo a precisão adicional súbita do itálico; o vocabulário altamente especializado e interno. De repente, parecia que todos, exceto os ingleses, pensavam ou ao menos escreviam desse modo. Contar com outros tipos de ordem e ênfase era uma fraqueza provinciana. Em particular, uma ruptura com a burguesia inglesa parecia exigir esses procedimentos e estilos alternativos, como uma das poucas filiações práticas que poderiam ser feitas de uma só vez e por um ato de vontade.

Mas a situação era mais complicada. Foi necessário Chomsky, um pensador bastante rigoroso em seu trabalho especializado, para nos lembrar o quão facilmente os métodos e vocabulário abstratos de uma ciência social poderiam ser usados para se atingir outro tipo de consenso com uma classe dirigente que havia aprendido a falar em público não a respeito do poder e da influência, mas de estratégias operacionais e cenários globais: não um governo humano, mas uma administração. Como em um dos exemplos de Chomsky, o bombardeio de camponeses refugiados no Vietnã pôde ser descrito, em uma exibição de procedimentos, como uma urbanização acelerada. Conscientes desse perigo, que não precisa mas pode ser chamado de desumanização e mistificação, pensadores ingleses puderam facilmente, muito facilmente, retornar aos seus antigos hábitos, declarando não compreender abstrações como uma estrutura de poder – embora pudessem tradicionalmente compreender um microcosmo –, ou não compreender a reificação – embora pudessem compreender o correlato objetivo –, ou não conhecer a mediação – embora conhecessem a catarse. Certos hábitos herdados da mente, uma seleção bastante particular e operativa de conceitos e ajustes tradicionais e pré-democráticos, adquiriram, pelo que temos de chamar de uma alquimia, o *status* do particular concreto ou preciso. No entanto, quanto mais claramente se podia ver esse processo tomando corpo, mais claramente podiam-se observar os resultados realmente dúbios de uma situação social em que os intelectuais tinham pouca escolha, salvo definirem-se a si mesmos como uma profissão separada, serão capazes, então, de observar com mais clareza a sociedade que os nomearia mas não os abraçaria, adquirindo uma linguagem e um hábito particulares e autodefinidores que, ao menos, não eram limitados pelos preconceitos e motivações mais imediatos, embora se tratassem de uma linguagem e de um hábito da monografia e da tribuna: um quadro-negro numerado, uma ênfase ditada, uma insistência pedagógica em definições repetitivas – hábitos que interagiam estranhamente com o rigor genuíno de investigações e termos novos e ousados.

Problemas de teoria

Lucien Goldmann, um pensador treinado nessa influente tradição continental, nascido em Bucareste, mas mudando-se para Viena, Genebra, Bruxelas e Paris, vivenciou simultaneamente a mobilidade e a impessoalidade do intelectual destacado: algo muito claro no estilo de seu trabalho. Mas foi então curioso para mim, depois de ler seus textos apresentados nessas formas familiares, ouvir a voz de uma mente diferente: a mobilidade nesse outro sentido – a flexibilidade emocional rápida, os olhares variados para seu público, o ritmo no andar desse homem sorridente em sua camisa de gola aberta, mais preocupado com seu cigarro do que com suas anotações, preocupado, acima de tudo, com o desafio de seu argumento, um desafio que, evidentemente, incluía sua própria pessoa. Havia um sentido de paradoxo, de uma seriedade divertida, embora absoluta; de uma convicção provisória, embora apaixonada; uma espécie de coragem autodepreciativa e autoafirmativa. Talvez o paradoxo fosse Goldmann em Cambridge, mas talvez seja mais do que isso.

Creio, assim, não podermos duvidar de que, na Sociologia e nos Estudos Literários, estejamos passando por um paradoxo que se apresenta a nós de maneiras diversas, mas, sobretudo, como um problema de estilo. A forma básica do paradoxo é que precisamos da teoria, mas que certos limites da existência e da consciência nos impedem de consegui-la, ou ao menos de estarmos certos sobre ela; contudo, a necessidade da teoria segue pressionando nossas mentes, parcialmente persuadindo-nos a aceitar tipos de pseudoteoria que, de fato, não só fracassam em nos satisfazer como muitas vezes nos estimulam a continuar procurando-as no lugar errado e de forma errada. A ideia da teoria sugere leis e métodos – uma metodologia, na verdade. Mas o conceito mais disponível de lei – e, com ele, os métodos organizados mais disponíveis – surge, como Goldmann nos lembrou, de estudos que são totalmente diferentes em espécie: das ciências naturais, nas quais o objeto de estudo pode ser considerado objetivo e as observações, livres de critérios de valor, podem ser tomadas como possíveis, como um fundamento para a pesquisa desinteressada e, logo, nas quais a prática de disciplinas difíceis, rigorosas e factuais pode parecer – de fato, pode, de modo impressionante, ser – viável.

Penso, então, ser evidente que a existência, nas obras de literatura, de um material tão carregado de valores que, se não lidarmos diretamente com eles, não teremos literalmente nada a tratar, levando a uma crise evidente em todo o contexto de uma universidade que se define, cada vez mais, nos termos de disciplinas rigorosas, especialistas e desinteressadas. Não é de surpreender que, na Inglaterra, foram críticos literários (sobretudo Leavis) que lideraram a oposição ao que Goldmann chama de "cientificismo". O registro na Sociologia tem sido menos evidente – e, eu diria, menos honroso. Porque, obviamente, é possível nos estudos sociais, por atos de delimitação, isolamento e definição, produzir ou projetar certos tipos de material objetivo que podem ser considerados livres de julgamento de valor porque não é realizada nenhuma conexão com a experiência mais ampla ou com outros tipos de relação. Mesmo os próprios valores podem ser estudados dessa forma, como em uma pesquisa de opinião mais ou menos sofisticada: enquanto uma porcentagem acredita em algo, outra porcentagem acredita em outra coisa, e esse resultado, até a próxima pesquisa, é o fim da investigação. Eu não diria que os resultados desse tipo de trabalho não poderiam contribuir de forma valiosa para as atividades centrais dos estudos sociais, os quais, por lidar com o ser humano nas relações sociais e na história, devem, sabendo ou não, lidar com valores ativos e com opções, inclusive os valores e as escolhas dos observadores. O que estou dizendo é que, ao cabo, é esse centro que está ausente, ou não está suficientemente presente; e que devido a essa falta, agravada pelo fracasso histórico para desenvolver os estudos sociais britânicos de uma maneira adequada (e lembramo-nos da dificuldade em implantá-los em Cambridge), começou-se a defender que na literatura, na língua inglesa, em que os valores e a sua discussão eram explícitos, um verdadeiro centro, um centro humano, poderia ser encontrado.

Mas é aí que se origina o problema central da relação entre literatura e estudos sociais. Não devemos pensar, a propósito, que nos estudos literários e nos estudos sociais a busca pela objetividade falsa não foi realizada. As línguas clássicas – e, por uma derivação precipitada, suas literaturas – puderam ser estudadas por uma metodologia textual interna rigorosa que teve efeito sobre quase todos os estudos literários. O estudo de outras línguas dentro desse mesmo espírito, por meio de um conjunto de textos isolados e de situações similares, tem igualmente sido inserido nos processos dos estudos literários, muitas vezes como forma explícita de proporcionar, ao menos, uma disciplina rigorosa. Nos nossos próprios estudos da literatura inglesa medieval, bastante rica e importante, tais metodologias internas, e um relativo isolamento de questões ativas históricas e de valor, têm feito progressos consideráveis. Novamente, tudo é justificável em seus próprios termos imediatos; é a conexão desses termos com a investigação central que se tornou problemática ou, de modo mais elegante, fundamental.

A diferença marcante entre os estudos das ciências naturais e o das humanidades não é apenas uma questão de perguntas inevitáveis dos valores expressos e ativos. É também uma questão da natureza da mudança: que as sociedades e as literaturas possuem histórias humanas ativas e conflitantes, sempre inseparáveis de valores ativos. Mas na literatura, como em alguns estudos sociais, históricos e antropológicos, esses fatos de mudança podem ser projetados, em uma totalidade aparente que possui a vantagem de contê-los, tornando-os, finalmente, imóveis como as pedras. Com exceção, é claro, do fato de que nas ciências naturais logo aprendemos, mesmo contra a experiência cotidiana, que apenas algumas pedras mantêm-se imóveis, e que mesmo essas são produtos de mudanças: a história contínua da Terra. Não é exatamente da ciência, mas de certos sistemas filosóficos e ideológicos, e suponho que, em última análise, das religiões que essas totalidades aparentes – que contêm, anulam ou racionalizam a mudança – são projetadas.

Na literatura, a mais comum dentre essas totalidades falsas é a "tradição", que é vista não como ela é, uma seleção e resseleção ativa e contínua que, mesmo em seu último ponto no tempo, é sempre um conjunto de escolhas específicas, mas que é agora vista (de forma mais conveniente) como um objeto, uma realidade projetada, com a qual temos de chegar a um acordo sempre submetido aos seus termos, mesmo que esses termos sejam e devam ser sempre as avaliações, seleções e omissões dos outros homens. A ideia de um currículo fixo é o produto metodológico mais difundido dessa premissa. E, obviamente, dado esse tipo de totalidade, os fatos da mudança podem ser admitidos, mas de forma particular. Podemos ser positivamente convidados a estudar a história da literatura – agora, porém, não como mudança, mas como variação, uma série de variações dentro de uma totalidade estática –, as características de um período e as características de um outro; tal como na história empírica chegamos a conhecer este e aquele período, mas o "e" não é enfatizado, ou é, em qualquer caso, entendido como uma variação temporal, e não como uma mudança qualitativa.

Falsas totalidades similares têm sido amplamente projetadas na economia, na teoria política, na antropologia e até mesmo na sociologia contemporânea, onde a variação é vista como um fato, mas apenas como um fato, que não nos envolve necessariamente no processo perturbador de valores ativos e escolhas. Certamente, como tantas vezes tenho dito, não podemos fazer nada sem os fatos, e obtê-los demanda um esforço longo e árduo. Mas esse empirismo persuasivo é fundado, desde o princípio, no pressuposto de que os fatos podem ser mantidos imóveis e podem ser, como somos, desinteressados. A teoria, dizem, pode vir mais tarde, mas o ponto importante é que o fato está lá, tacitamente, desde o início, no pressuposto metodológico de uma totalidade estática, passiva e, portanto, empiricamente disponível. O exemplo mais óbvio, nos estudos literários, é a metodologia do estudo de "tipos" ou "gêneros". Lá, fazendo todo o trabalho empírico possível, está a suposição da existência prévia, dentro do "corpo" da literatura, de "formas permanentes" tais como o épico, a tragédia ou o romance. Então, todo o estudo ativo é de variações dentro delas, variações que se pode admitir como tendo causas próximas, mesmo uma história social, mas que, em suas características essenciais, são tomadas na prática como autônomas, com suas leis internas: uma suposição *a priori* e idealista que nos impede não só de ver a história crucial da geração de tais formas – que, não importa o que se diga, nunca são de fato atemporais –, mas de ver também as mudanças radicais e qualitativas dentro da continuidade nominal das formas, que são, muitas vezes, de importância extraordinária nelas mesmas, e que, às vezes, tornam imperativo um método de estudo completamente diferente, um método que não dependa desse tipo de classificação geral.

Os limites da "crítica prática"

No entanto, não é em nenhum desses métodos, com sua objetividade aparente, que se encontra a defesa da literatura como o estudo humanístico central. Essa defesa está presente na "crítica prática", que merece atenção tanto por ela mesma quanto por ter sido a partir dela que se originou, paradoxalmente, muito da pesquisa inglesa em sociologia literária. Sei que Goldmann teria ficado surpreso – todo visitante surpreende-se – ao encontrar a intensidade e o empenho humano extraordinário dessa devoção particular e local. Em seu ataque ao "cientificismo" ele poderia, por um momento, ter assumido que houvesse aliados em Cambridge que teriam atacado o mesmo problema com o mesmo termo. Mas isso não teria durado muito. O ataque de Goldmann ao cientificismo – à transferência acrítica do método das ciências naturais para as ciências humanas – ocorreu, acima de tudo, em nome de uma sociologia crítica; por outro lado, o termo "sociologia" tem apenas de ser mencionado em círculos da crítica prática para provocar o derradeiro olhar melancólico direcionado ao voluntariamente condenado. E eu daria cerca de quinze minutos, logo que Goldmann começasse a descrever uma metodologia própria, para que a seguinte citação conclusiva de Lawrence fosse trazida:

> Nós julgamos uma obra de arte pelo seu efeito sobre nossas emoções sinceras e vitais, e nada mais. Todas as críticas fúteis sobre o estilo e a forma, toda essa classificação e análise pseudocientífica de livros em um estilo imitativo da botânica, é mera impertinência e, sobretudo, um jargão maçante.

Então, nenhuma metodologia aqui, obrigado; apenas a emoção sincera e vital. Mas quem decide sobre a sinceridade e a vitalidade? Se a pergunta for necessária, não podemos dar início ao entendimento da resposta. As pessoas decidem por si próprias e em um processo crítico ativo e colaborativo.

Mas quais pessoas e em que relações sociais? A pergunta, independentemente do risco de condenação, é necessária ao sociólogo. A crítica prática é vulnerável em vários aspectos: em seu enrijecimento em um método aparentemente objetivo que se baseia, mesmo que de forma desafiadora, em princípios subjetivos; no isolamento dos textos de seus contextos; e em seus aspectos contemplativos, que muitas vezes tornaram a crítica prática hostil a novas obras literárias. Mas todas essas fraquezas são mais evidentes quando a crítica prática é mal realizada: bem ou mal, trata-se, novamente, de um critério interno. De fato, todas essas fraquezas, ou fraquezas em potencial, decorrem da situação social específica de seus praticantes. A verdadeira resposta a essa pergunta – quais pessoas e em que relações sociais? – foi, como sabemos, contundente e até mesmo movida por um princípio: a minoria crítica informada. O que se iniciou como um tipo mais geral de reivindicação, um processo visivelmente humano centrado nas qualidades aparentemente absolutas da sinceridade e da vitalidade, encerra-se, sob pressões reais, em um grupo se autodefinindo. Assim, uma vez que a atividade crítica era real, relações sociais bastante diversas – um sentido de isolamento das principais correntes de uma civilização em que a sinceridade e a vitalidade estavam sendo limitadas ou destruídas, e uma oposição implacável a todos os agentes dessa limitação ou destruição – surgiram e forçaram uma generalização da posição original. A sociologia literária inglesa começou, de fato, a partir da necessidade que um grupo crítico radical teve em localizar e justificar a sua própria atividade e identidade: a distinção prática entre a boa literatura e a literatura medíocre e ruim, estendendo-se aos estudos das condições culturais subjacentes a essas diferenças de valor – uma história crítica da literatura e da cultura e, indo além, do seu ponto de partida na atividade crítica até um elemento fundamental dessas condições, estendendo-se à natureza do público leitor. A interpretação específica dada então foi, naturalmente, a de um declínio cultural; o isolamento radical da minoria crítica foi, nesse sentido, tanto o ponto de partida quanto a conclusão. Mas qualquer teoria do declínio cultural ou, colocando de forma mais neutra, da crise cultural – e os críticos práticos tiveram pouca dificuldade em estabelecer essa crise – adquire, inevitavelmente, uma explicação social mais ampla: nesse caso, a destruição de uma sociedade orgânica pelo industrialismo e pela civilização de massa.

Na década de 1930, esse tipo de diagnóstico se sobrepôs, ou pareceu sobrepor-se, a outras interpretações radicais – sobretudo, talvez, à interpretação marxista dos efeitos do capitalismo. No entanto, quase ao mesmo tempo, houve uma hostilidade fundamental entre esses dois grupos: um embate crítico entre Leavis e seu grupo (*Scrutiny*) e os marxistas ingleses. Temos poucas dúvidas, olhando para trás, de que a *Scrutiny* venceu. Mas por que isso aconteceu? Devido aos críticos da *Scrutiny* serem muito mais próximos da literatura, não se adequando às pressas a uma teoria concebida a partir de outros tipos de evidência, sobretudo da evidência econômica? Creio que foi por isso, mas a razão real era mais fundamental. O marxismo, como comumente entendido, foi fraco justamente na área decisiva em que a crítica prática foi forte: na sua capacidade de oferecer explicações precisas, detalhadas e razoavelmente adequadas para a consciência real – não apenas um esquema ou uma generalização, mas obras reais, cheias de uma experiência rica, significativa e específica. E não é difícil encontrarmos a razão para a fraqueza correspondente do marxismo: ela estava na fórmula herdada de base e superestrutura que, em mãos pouco treinadas, converteu-se rapidamente em uma interpretação da superestrutura como mero reflexo, representação ou expressão ideológica – simplificações que não sobrevivem a qualquer experiência prolongada de obras reais. Foi a teoria e a prática do reducionismo – as experiências e as ações humanas específicas da criação convertidas de forma rápida e mecânica em classificações que sempre encontraram a sua realidade e significância última em outro lugar – que, na prática, deixaram o campo aberto a qualquer pessoa que pudesse dar uma explicação à arte que, em sua proximidade e intensidade, correspondesse à verdadeira dimensão humana na qual obras de arte são feitas e valorizadas.

Eu disse que houve uma vitória, e ela foi tão esmagadora que, na Inglaterra, por uma geração, até mesmo as questões originais dificilmente poderiam ser levantadas. Professores e alunos já conheciam, ou pensavam que conheciam, as respostas. Ainda hoje, não tenho dúvida, a obra de Lukács ou a de Goldmann pode ser rapidamente referida ao campo de batalha abandonado. O que esses neomarxistas conseguiram, afinal de contas, além de um vocabulário ligeiramente atualizado e um novo período de vida política? Creio que eles conseguiram mais, muito mais, mas tenho certeza que devemos nos lembrar do engajamento decisivo, pois certas coisas reais aprendidas nele tornam a contribuição especificamente inglesa para a investigação em andamento ainda relevante, ainda ativa, independentemente do quanto alguns de nós possam querer juntar-se a esse percurso que parte do consenso inglês e dirige-se a uma consciência e um vocabulário bastante diversos.

A totalidade social

Acima de tudo, como eu disse, foi a fórmula herdada de base e superestrutura que tornou as explicações marxistas da literatura e do pensamento muitas vezes fracas na prática. Contudo, para muitas pessoas, essa fórmula ainda encontra-se no centro do marxismo, e indica a metodologia adequada para a história cultural e para a crítica e, obviamente, para a relação entre os estudos sociais e os culturais. A base econômica determina as relações sociais que determinam a consciência que, por sua vez, determina as ideias e as obras. Pode haver um debate infindável sobre cada um desses termos, mas a menos que se acredite em algo muito parecido com esse processo, o marxismo parece perder a sua posição desafiadora mais específica.

De minha parte, sempre me opus à fórmula da base e superestrutura – não devido às suas deficiências metodológicas, mas por conta de seu caráter rígido, abstrato e estático. Além disso, após a minha pesquisa sobre o século XIX, passei a vê-la como algo essencialmente burguês; mais especificamente, uma posição central do pensamento utilitarista. Eu não queria desistir da minha visão da importância central da atividade econômica e da história. Minha investigação, em *Cultura e sociedade*, havia começado justamente com o sentido de uma mudança transformadora. Mas, tanto na teoria quanto na prática, cheguei à conclusão de que eu teria de desistir, ou pelo menos deixar de lado, o que eu conhecia como a tradição marxista para tentar desenvolver um tipo diferente de teoria da totalidade social; para visualizar o estudo da cultura como o estudo das relações entre elementos em todo um modo de vida; para encontrar formas de estudar a estrutura em obras e períodos particulares que poderiam manter--se em contato e clarificar obras de arte e formas específicas, mas também as formas e relações de uma vida social mais geral; e para substituir a fórmula da base e da superestrutura com a ideia mais ativa de um campo de forças mutuamente determinantes, embora desiguais. Esse foi o projeto de *The Long Revolution*, e parece-me extraordinário, olhando para trás, que eu não conhecia, naquele momento, o trabalho de Lukács ou o de Goldmann, que teriam sido altamente relevantes para o meu trabalho, especialmente por eles estarem pesquisando dentro de uma tradição mais consciente e em um isolamento menos radical. Eu nem mesmo conhecia – ou, se conhecia, havia me esquecido – a análise de Marx sobre a teoria da utilidade, em *A ideologia alemã*, na qual, como percebo acontecer com frequência na leitura e releitura de Marx, o que eu sentia sobre o reducionismo da fórmula da base e superestrutura havia recebido um tratamento histórico e analítico bastante preciso.

Assim sendo, é fácil imaginar o que senti quando descobri uma teoria marxista ativa e desenvolvida na obra de Lukács e na de Goldmann, uma teoria que explorava muitas das mesmas áreas que eu explorava com muitos dos mesmos conceitos, mas também com outros conceitos em um âmbito bastante diverso.

O fato de eu ter aprendido, concomitantemente, que tal teoria havia sido denunciada como herética, que era um retorno à esquerda hegeliana, ao idealismo da esquerda burguesa, e assim por diante, não me deteve. Se não estamos em uma igreja, não nos preocupamos com as heresias; é apenas (embora frequente) o marxismo mais rotineiro, ou o revolucionarismo mais idealista, que projeta esse tipo de formação autoritária e baseada em crenças. O único critério sério era o da teoria e da prática reais.

O que Lukács e, após ele, Goldmann tinham a dizer sobre a reificação pareceu-me um avanço real. Pois aqui o domínio da atividade econômica sobre todas as demais formas da atividade humana, o domínio de seus valores sobre todos os outros valores, recebia uma explicação histórica precisa: a de que esse domínio, essa deformação, era a característica específica da sociedade capitalista, e que, na organização do capitalismo moderno, esse domínio – como se pode observar – estava aumentando, de modo que essa reificação, essa falsa objetividade, estava penetrando inteiramente em todos os outros tipos de vida e de consciência. A ideia de totalidade apresenta-se, então, como uma arma fundamental contra essa deformação precisa; na verdade, contra o próprio capitalismo. Contudo, não se tratava de idealismo – como em uma afirmação da primazia de outros valores. Ao contrário, tal como a deformação podia ser entendida, em suas raízes, apenas pela análise histórica de um determinado tipo de economia, a tentativa de dominá-la e suplantá-la não estava em seu testemunho isolado ou em uma atividade separada, mas no trabalho prático para encontrar, afirmar e estabelecer fins sociais mais humanos em meios políticos e econômicos também mais humanos.

No plano mais prático, foi-me fácil concordar com essa tradição. Mas então toda a questão da reflexão nos termos de uma totalidade está na percepção de que somos parte dela; que a nossa própria consciência, o nosso trabalho, os nossos métodos estão, portanto, criticamente em jogo. No campo específico da análise literária, havia uma dificuldade óbvia: a de que a maior parte das obras que deveríamos examinar era justamente um produto dessa época de consciência reificada, de modo que o que parecia ser um desbravamento teórico poderia tornar-se, muito rapidamente, uma armadilha metodológica. Ainda não posso afirmar isso de forma contundente sobre Lukács, uma vez que ainda não tive acesso a toda a sua obra; mas alguns momentos dela, como ao menos as ideias principais de *História e consciência de classe*, que agora ele em parte repudiou, não são traduzidas em uma prática crítica, e algumas operações grosseiras – essencialmente as vinculadas à fórmula de base e superestrutura – continuam reaparecendo. Eu ainda leio Goldmann colaborativa e criticamente colocando a mesma pergunta, pois estou certo de que a prática da totalidade ainda é, para qualquer um de nós, a qualquer tempo, profunda e obviamente difícil.

No entanto, avanços têm ocorrido, e devo reconhecê-los. Em particular, os conceitos de estrutura de Goldmann e sua distinção de tipos de consciência – baseados em Lukács mas, então, desenvolvidos – parecem-me muito importantes. E eles são importantes, sobretudo, para a relação entre os estudos literários e os estudos sociais. Em um plano mais simples, muitos pontos de contato entre literatura e sociologia podem ser trabalhados: estudos do público leitor, por exemplo, onde a análise literária das obras estudadas e a análise sociológica das formações reais do público ainda foram bem pouco combinadas. Ou a história dos escritores como grupos históricos em transformação, em qualquer relação crítica total com a substância das suas obras. Ou a história social das formas literárias, em sua particularidade e variedade, mas também no complexo da sua relação com outras formações. Eu tentei realizar esse tipo de análise de forma preliminar em *The Long Revolution*, mas senti na época, e ainda sinto, uma ausência crucial de colaboradores e, especialmente, de pessoas que não dissessem ou tivessem de dizer, ao nos aproximarmos dos problemas centrais mais difíceis, que, infelizmente, estavam no limite do seu campo de atuação.

LITERATURA E SOCIOLOGIA: EM MEMÓRIA DE LUCIEN GOLDMANN   31

Goldmann, evidentemente, não aceitou esses limites. Ele falou ora como sociólogo, ora como crítico, ora como historiador da cultura; mas também, dentro de sua própria tradição intelectual, uma filosofia e uma sociologia estavam lá desde o início; os estudos literários começaram a partir desse fato. Assim, quando falou das estruturas, ele estava utilizando conscientemente um termo e um método que não exatamente se cruzavam, mas sim que estavam subjacentes à aparente separação entre as disciplinas. São um termo e um método da consciência, de forma que a relação entre literatura e sociologia não seja uma relação entre, por um lado, várias obras individuais e, por outro, vários fatos empíricos. A relação real está em uma totalidade da consciência: uma relação que é assumida e, então, revelada, e não apreendida para ser exposta em seguida. Muito do que deve ser provado em nossa própria tradição – sobretudo a existência de relações primárias significativas entre literatura e sociedade – pode ser superado, em termos filosóficos e sociológicos gerais, antes do início de uma análise específica. Olhando para o nosso trabalho, podemos dizer que nos faltava um centro em uma filosofia ou sociologia desenvolvida. Olhando para o seu trabalho – e por todas as suas diferenças ele era o representante de toda a outra tradição –, poderíamos dizer que ele tinha um centro herdado, no plano do raciocínio, antes do início do contato pleno com a substância.

Estruturas de sentimento

Penso que o próximo argumento, se puder ser desenvolvido, tem essa tensão e mesmo a contradição necessária do método. Vou dar um exemplo central. Percebi no meu próprio trabalho que tive de desenvolver a ideia de uma estrutura de sentimento para indicar certas características comuns de um grupo de escritores, assim como de outros grupos, em uma determinada situação histórica. Voltarei posteriormente à sua aplicação precisa. Mas então encontrei Goldmann partindo, de um modo muito interessante, de um conceito de estrutura que continha, em si, uma relação entre os fatos sociais e os literários. Essa relação, insistiu ele, não era uma questão de conteúdo, mas de estruturas mentais: "as categorias que organizam simultaneamente a consciência empírica de um determinado grupo social e do mundo imaginário criado pelo escritor". Por definição, essas estruturas não são criadas individualmente, mas coletivamente. Uma vez mais, em um termo quase intraduzível, esse foi um estruturalismo genético necessariamente preocupado não só com a análise de estruturas, mas com a sua formação e o seu processo histórico: tanto o modo como elas mudam quanto o modo como elas são constituídas. O fundamento dessa abordagem é a crença em toda a atividade humana como uma tentativa de oferecer uma resposta expressiva a uma situação objetiva particular. Quem oferece essa resposta? De acordo com Goldmann, nem o indivíduo nem qualquer grupo abstrato, mas indivíduos em relações sociais reais e coletivas. A resposta significativa é uma visão específica do mundo: uma visão organizadora. E é justamente esse elemento de organização que é, na literatura, o fato social significativo. Uma correspondência de conteúdo entre um escritor e seu mundo é menos importante do que essa correspondência de organização, de estrutura. A relação de conteúdo pode ser mero reflexo, mas uma relação de estrutura, muitas vezes ocorrendo quando não há uma relação aparente de conteúdos, pode mostrar-nos o princípio organizador pelo qual uma visão específica do mundo e, em decorrência disso, a coerência do grupo social que a mantém realmente atuam na consciência.

Para tornar a teoria mais crítica, Goldmann, seguindo Lukács, faz uma distinção entre a consciência real e a consciência possível: a real, com a sua rica mas incoerente multiplicidade; a possível, com o seu grau máximo de adequação e coerência. Um grupo social é geralmente limitado pela sua própria consciência, e isto inclui muitos tipos de incompreensão e de ilusão: elementos de uma falsa consciência que muitas vezes são, obviamente, usados e refletidos na literatura mais difundida. Mas há também um máximo de consciência possível: a visão do mundo erguida ao seu patamar mais elevado e coerente, limitada apenas pelo fato de que ir além significaria que o grupo teria de superar a si mesmo e transformar-se em um novo grupo social, ou ser substituído por ele.

Muito da sociologia da literatura, argumenta Goldmann, está preocupada com as relações relativamente aparentes entre a literatura mais difundida e a consciência real: relações que se manifestam no plano do conteúdo ou na elaboração convencional de suas ilusões comuns. A nova sociologia da literatura – a do estruturalismo genético – preocupa-se com as relações mais fundamentais da consciência possível, pois, no centro do seu argumento, está a defesa de que as maiores obras literárias são precisamente aquelas que constroem uma visão de mundo na sua forma mais coerente e mais adequada, em seu plano mais elevado possível. Não devemos, então, concentrar-nos nas relações periféricas: as correspondências entre conteúdo e contexto e as relações sociais evidentes entre escritores e leitores. Devemos estudar, na literatura de peso, as categorias organizadoras – as estruturas essenciais – que dão a essas obras sua unidade, seu caráter estético específico e sua qualidade estritamente literária, e que, ao mesmo tempo, revela-nos o grau mais elevado possível da consciência de um grupo social – em termos reais, de uma classe social –, que, afinal, criou-as nos seus autores individuais, bem como por meio deles.

Creio que esse seja um argumento poderoso, e teço minhas considerações sobre ele tendo isso em mente. A ideia de uma visão de mundo, de uma forma particular e organizada de vê-lo, nos é, evidentemente, familiar em nossos estudos. De fato, eu mesmo tive de passar muitos anos fugindo dela, ao menos na forma em que a encontrei difundida. A imagem do mundo elisabetano era algo fascinante em si mesmo, mas também era, muitas vezes, mais um obstáculo do que uma ajuda para apreender a substância total do drama desse período. Da mesma forma, aprendi sobre o mundo grego e fiquei então desconcertado diante de seu teatro; recebi a imagem do mundo vitoriano e achei o romance inglês do século XIX surpreendente. Penso que a distinção de Goldmann pode nos ajudar aqui. Ele diria que o que nos estava sendo dado era a consciência real em uma forma sintética, enquanto o que encontramos na literatura é a consciência possível, por vezes bastante diversa da consciência real. Eu não tenho dúvida de que isso é, às vezes, verdade, mas também temos, com a mesma frequência, de reconsiderar a própria ideia da consciência. O que é normalmente extraído como uma visão de mundo é, na prática, um resumo de doutrinas: mais organizado e mais coerente do que a maioria das pessoas da época teria sido capaz de realizar. Então, não estou certo de que posso sempre, na prática, distingui-la do tipo de evidência que o próprio Goldmann menciona como uma consciência possível quando ele está envolvido em uma análise. Além disso, creio que cada versão está frequentemente a alguma distância das estruturas e processos reais de literatura. Desenvolvi minha própria ideia de estruturas de sentimento justamente em resposta a essa noção de uma certa distância. Houve relações sociais e naturais reais, e houve formações dessas relações relativamente organizadas e coerentes nas instituições contemporâneas e nas crenças. Mas o que me pareceu acontecer, em algumas das maiores obras da literatura, foi simultaneamente uma simulação de e uma resposta a essas estruturas subjacentes e formativas. Na verdade, isto constituiu, para mim, o fenômeno literário específico: a dramatização de um processo, a criação de uma ficção em que os elementos constitutivos reais da vida social e das crenças foram simultaneamente atualizados e, de forma importante, vividos de modo diverso, a diferença residindo no ato criativo, no método imaginativo e na organização imaginativa específica e genuinamente sem precedentes.

Podemos sentir o efeito, em tudo isso, de grandes talentos individuais, e creio que existam razões sociais específicas detectáveis na história imediata de escritores que ofereçam os motivos para essa alternativa imaginativa. Mas também estou certo de que esses atos criativos compõem, dentro de um período histórico, uma comunidade específica: uma comunidade visível em sua estrutura de sentimento e demonstrável, acima de tudo, em suas escolhas formais decisivas. Tentei mostrar esse processo em casos reais, no drama do final dos séculos XIX e XX na Europa, e no desenvolvimento e crise do romance dos séculos XIX e XX na Inglaterra. O que me parece especialmente importante nessas estruturas de sentimento em transformação é que elas costumam preceder as transformações mais reconhecíveis do pensamento e da crença formais que compõem a história habitual de consciência e que, embora correspondam muito de perto a uma verdadeira história social de homens vivendo em relações sociais reais e em transformação, precedem, mais uma vez, as alterações mais reconhecíveis nas instituições formais e nas relações sociais que constituem a história mais acessível e, de fato, mais habitual. Isto é o que defendo quando digo que a arte é uma das atividades primárias humanas, e que ela pode ter êxito na articulação não apenas do sistema social ou intelectual, imposto ou constitutivo, mas também, simultaneamente, de sua experiência – as suas consequências vividas – de forma muito próxima a muitos outros tipos de resposta ativa, em novas atividades sociais e no que conhecemos como uma vida pessoal. Mas a arte é muitas vezes mais acessível, por ser especificamente formada e porque, quando é realizada, é a seu próprio modo completa e mesmo autônoma e, sendo o tipo de trabalho que é, pode ser transmitida e comunicada além de sua situação e circunstâncias originais.

Se for assim, é fácil percebermos por que devemos rejeitar as versões sobre a consciência que a relacionam diretamente, ou com meros intervalos e complicações, a uma base determinante. A ênfase na consciência ativa dada por Lukács e Goldmann nos oferece um caminho adequado para além delas. Seria mesmo possível dizer que a relação que tentei descrever – entre a consciência formal e a nova prática criativa – poderia ser descrita de forma melhor e mais precisa em seus termos: a consciência real e a consciência possível. Gostaria que fosse assim, mas vejo uma grande dificuldade. Essa relação, embora sutil, de certa forma ainda é estática. A consciência possível é o limite objetivo que pode ser atingido por uma classe antes que ela se torne outra classe ou seja substituída. Mas creio que isso conduza, de forma mais ou menos evidente, a uma espécie de macro-história: adequada em muitos aspectos, mas, em sua relação com a literatura real e sua mudança contínua, frequentemente muito ampla em suas categorias para uma aproximação que seja suficiente, exceto em alguns momentos significativos, quando há uma conjuntura radical e fundamental de substituição de uma classe por outra. Quando leio Goldmann, vejo-o muito consciente dessa dificuldade, mas então não estou certo de que seja acidental o fato de ele ser muito mais convincente quando trata de Racine e Pascal, em um momento de crise evidente entre o mundo feudal e o burguês, do que quando ele trata do romance do século XIX e, de fato, do século XX, quando mudanças aparentemente pequenas, mas não menos importantes dentro de uma sociedade burguesa, têm de ser abordadas a partir do que pode ser chamado de análise microestrutural. Dizer, seguindo Lukács, que o romance é a forma em que, numa sociedade degradada, um indivíduo tenta e não consegue superar uma sociedade e um destino objetivamente limitados – ou seja, o romance do herói problemático – é, de uma só vez, iluminador e parcial; as evidências aqui apresentadas são tão extremamente seletivas que ficamos, quase de imediato, desconfiados. Nenhum romance inglês é considerado:

o outro lado desse cerco do qual somos habitualmente tão cons-cientes do nosso lado do Canal. Mas, embora possamos oferecer, voluntariamente, *Grandes esperanças*, *Born in exile* [Nascido no exílio] e *Judas, o obscuro*, e de forma mais complicada mas ainda assim relevante, *Middlemarch*, temos de enfrentar um fenômeno diverso com, por exemplo, *O pequeno Dorrit*. E creio este não ser apenas um argumento sobre casos específicos. A experiência mais emocionante para mim, lendo Lukács e Goldmann, foi a da ênfase na forma. Eu estava convencido, em meu próprio tra-balho, que a análise mais penetrante seria sempre a das formas, sobretudo das formas literárias, em que as alterações no ponto de vista, as mudanças nas relações conhecidas e reconhecíveis e as alterações nas resoluções possíveis e reais poderiam ser dire-tamente demonstradas como formas da organização literária e, em seguida, por envolverem mais do que soluções individuais, poderiam ser positivamente relacionadas a uma história social real considerada analiticamente em termos de relações básicas, seus fracassos e seus limites. É isso que tentei fazer, por exemplo, no livro *Tragédia moderna*, e devo dizer que aprendi muito desde então, teoricamente, com os avanços na sociologia de Lukács e Goldmann, entre outros. Mas muito da análise necessária das formas me parece estar ainda em seu início, e não creio que o seu desenvolvimento seja apenas uma questão de tempo.

Talvez eu possa colocar o motivo disso de forma mais con-tundente dizendo que a forma, tanto em Lukács quanto em Goldmann, pode ser muitas vezes traduzida como gênero ou como tipo; que ficamos, com frequência, dentro de uma tradição acadêmica e, em última análise, idealista, na qual o "épico" e o "drama", o "romance" e a "tragédia", possuem propriedades inerentes e permanentes por onde a análise se inicia e para a qual exemplos selecionados são relacionados. Estou muito disposto a concordar que algumas correlações gerais desse tipo, entre uma forma e uma visão de mundo, podem ser apontadas. Mas temos então de encarar o fato de que, sobretudo nos últimos cem anos, a tragédia e o romance, por exemplo, existem indissoluvelmente dentro da mesma cultura e são usados por grupos sociais idênticos ou muito semelhantes. Ou o fato de que dentro da tragédia moderna, e mais ainda dentro do romance, há transformações radicalmente significativas na forma, em que muitas das mudanças na literatura e na sociedade – mudanças no ritmo de uma vida e de uma experiência, ao invés de em toda uma época histórica – podem ser com facilidade apreendidas diretamente. Certamente isso é reconhecido na prática. Goldmann oferece um contraste interessante entre o romance tradicional burguês e o novo romance de Sarraute ou Robbe-Grillet, que ele relaciona com um mundo mais completamente reificado. Lukács faz distinções similares, de Balzac, passando por Mann e Kafka, até Soljenitsin. Mas a questão teórica central – o que se entende por forma – ainda está, na minha opinião, confusa, talvez principalmente pelo fato de que há esse lastro infrangível da forma em seu sentido mais abstrato e supra-histórico. Assim, mesmo um Goldmann pode dizer, como se fosse um idealista, um crítico acadêmico trivial, que Sófocles é o único dos dramaturgos gregos que pode ser chamado de trágico "no sentido agora aceito da palavra". A prepotência das categorias herdadas é impressionante e triste.

Vitórias passadas, penalidades presentes

Mas, então, as limitações desse tipo estão organicamente relacionadas aos pontos fortes dessa tradição alternativa. A relação habitual e, como ocorreu, inevitável da estrutura com a doutrina, ou a aplicação de categorias formais, é uma característica de uma posição filosófica desenvolvida que, em muitos outros aspectos, apresenta-se como uma fonte legítima de força. É por isso que é tão importante, agora, irmos além do tipo de argumento que se desenvolveu nos estudos ingleses da década de 1930, pois enquanto refutações particulares de uma ou de outra leitura, de um ou de outro método, possuem um significado imediato, na nossa situação como um todo estas podem esconder o fato de que por trás das nossas questões práticas inglesas locais há um conjunto de ideias gerais não examinadas que, de repente, materializam-se em outro plano completamente diverso, como uma espécie de teoria social: da minoria crítica à cultura da minoria e à educação da minoria; ou, partindo da riqueza da literatura do passado, usar o passado contra o presente, como se o passado fosse a única fonte de valores, nunca o futuro ou o sentido de um futuro. A vitória local dos anos 1930 foi comprada a um preço que todos nós temos pagado desde então: as relações mais ativas entre os estudos literários e os estudos sociais; e as relações mais fundamentais e mais continuadas entre a literatura e as sociedades reais, incluindo a sociedade de hoje, têm sido removidas de nosso centro de atenção, pois na teoria e na prática qualquer exame crítico delas iria perturbar, muitas vezes radicalmente, nossas relações sociais existentes e as divisões de interesses e especializações que as expressam e as protegem.

Eu gostaria de terminar enfatizando dois conceitos utilizados por Goldmann que devemos tentar esclarecer teoricamente e, de forma colaborativa, testar na prática. O primeiro é a ideia do "sujeito coletivo": obviamente, uma ideia difícil, mas de grande importância potencial. Os estudos literários fazem uso contínuo de uma ideia relacionada. Nós não apenas nos referimos, com confiança, "aos dramaturgos jacobinos", "aos poetas românticos" e "aos primeiros romancistas vitorianos", mas também muitas vezes usamos essas descrições em um sentido bastante singular, para indicar um modo de olhar o mundo, um método literário, um uso específico da linguagem, e assim por diante. Na prática, estamos sempre preocupados com a quebra dessas generalizações, e isso está correto: saber a diferença entre

Jonson e Webster, entre Blake e Coleridge, ou entre Dickens e Emily Brontë é, nesse sentido, necessário. No entanto, além disso, podemos de fato ver certas comunidades genuínas quando consideramos todas as diferenças individuais. Se observarmos apenas as diferenças entre Blake e Coleridge, mas não as diferenças entre um poema romântico, uma peça jacobina e um romance vitoriano da primeira fase, estaremos voluntariamente nos limitando e, na verdade, sendo bem pouco práticos. Para sermos capazes de explicar essa comunidade específica, uma comunidade na forma que é também um modo geral específico de ver outras pessoas e a natureza, temos de abordar o problema dos grupos sociais de uma maneira inteiramente nova. Pois não mais se trata aqui da redução dos indivíduos a um grupo por algum processo de nivelamento; trata-se de um modo de ver um grupo dentro e através das diferenças individuais: a especificidade dos indivíduos e de suas criações individuais, que não nega, mas é o modo necessário de afirmação de suas identidades sociais genuínas, na linguagem, em convenções e em certas situações, experiências, interpretações e ideias características. A importância dos estudos sociais pode muito bem estar aqui: podemos encontrar modos de descrever grupos significativos que incluem, de um modo fundamental, as realidades pessoais que, de outra forma, serão relegadas a uma área bastante distinta. Uma sociologia preocupada apenas com grupos abstratos e uma crítica literária preocupada apenas com indivíduos e obras implicam em mais do que uma divisão do trabalho; trata-se de um modo de evitar a realidade da interpenetração – e, em última instância, a unidade – de grande parte das formas individuais e sociais da vida real.

O problema é sempre de método, e é aí que a segunda ideia, da estrutura da gênese da consciência, deve ser tomada com seriedade. É justamente nessa área que os estudos sociais são mais fracos: no que é chamado de sociologia do conhecimento, mas que é sempre muito mais do que isso, pois não é apenas com o conhecimento que estamos preocupados, mas com todos os processos ativos de aprendizagem, de imaginação, de criação e de representação. Há um material muito rico, dentro de uma disciplina que já possuímos, para a descrição detalhada desses processos em muitas obras individuais. Encontrar maneiras de estendê-la não apenas para uma contextualização da história social ou da história das ideias, mas para outros processos ativos por meio dos quais grupos sociais se formam e se definem, será muito difícil mas, agora, definitivamente necessário. Pois fracassa-se ao relacionar o processo literário ao produto social, ou o processo social ao produto literário – que é o que mais fazemos –, e as pessoas se restringem ao ensino de anteontem, com a expressão profissional da inteligência e virtude resignadas. Mas, se tentarmos, em cada caso, por várias formas de análise, ir além do produto particular e isolado – o "texto" – e alcançar o seu verdadeiro processo – sua formação mais ativa e mais específica –, creio que poderemos encontrar pontos de conexão que respondam, como nossos estudos separados com frequência não o fazem, ao sentido mais íntimo de nosso próprio processo de vida.

Em cada um desses tópicos – o da ideia do sujeito coletivo e o da ideia das estruturas da gênese da consciência – a contribuição de Lucien Goldmann, embora inacabada, foi significativa. Preso como estava em muitas controvérsias imediatas, muitas vezes parece que ele esteve limitado a reafirmar suas posições mais gerais. Contudo, mesmo aqui, de modos que nao posso indicar em um texto breve, ele produziu nesse campo tão complexo refinamentos e novas definições com os quais todos nós podemos aprender. Podemos discordar, como costumo fazer, de formulações e aplicações específicas, e ainda reconhecer a ênfase excepcionalmente valiosa que ele nos deu na teoria e na prática para o desenvolvimento dos estudos literários e sociais.

Isso é mais do que uma preocupação profissional. Além dos argumentos, como não foi difícil reconhecer ao ouvi-lo na primavera passada em Cambridge, há uma crise social, uma crise humana na qual estamos envolvidos. Pois a conquista de clareza e da significação no campo das humanidades está diretamente relacionada à luta por meios e fins humanos em um mundo que não permitirá áreas reservadas, temas seguros ou atividades neutras. Aqui e agora, em respeito à sua memória, eu expresso algo que ele nos legou: uma investigação permanente, um argumento permanente, uma preocupação permanente de um homem que nos ofereceu, no nosso tempo, uma resposta significativa, e com quem podemos encontrar, como creio que ele teria dito, uma comunidade significativa, um modo de ver, de ser e de agir no mundo.

BASE E SUPERESTRUTURA NA TEORIA DA CULTURA MARXISTA

Qualquer abordagem moderna para uma teoria marxista da cultura deve iniciar-se considerando a proposição de uma base determinante e de uma superestrutura determinada. Partindo de um ponto de vista estritamente teórico, contudo, não é aqui que deveríamos optar por começar. Em muitos aspectos, seria preferível se pudéssemos iniciar com uma proposição que era originalmente da mesma maneira central e autêntica: a proposição de que o ser social determina a consciência. Não que as duas proposições necessariamente neguem uma à outra ou estejam em contradição. Mas a proposição de base e superestrutura, com o seu elemento figurativo e com sua sugestão de uma relação espacial fixa e definida, constitui, ao menos nas mãos de alguns, uma versao bastante especializada e, às vezes, inaceitável da outra proposição. No entanto, na transição de Marx ao marxismo e no desenvolvimento do marxismo mais difundido, a proposição da base determinante e da superestrutura determinada tem sido comumente considerada a chave para uma análise cultural marxista.

À medida que tentamos analisar essa proposição, é importante estarmos cientes de que o termo que marca essa relação – isto é, "determinar" – é de grande complexidade linguística e teórica.

A linguagem da determinação e, mais ainda, do determinismo foi herdada de explicações idealistas e especialmente teológicas do mundo e do homem. É significativo que em uma de suas inversões familiares – suas contradições das proposições herdadas – Marx utilize a palavra que se torna, na tradução inglesa, "determinar" (em alemão, a palavra usual, mas não invariável, é *bestimmen*). Ele está se opondo a uma ideologia que insistia no poder de certas forças fora do homem, ou, em sua versão secular, em uma consciência determinante abstrata. A própria proposição de Marx explicitamente nega isso e coloca a origem da determinação nas próprias atividades dos homens. No entanto, a história e a continuidade particulares do termo servem para nos lembrar que há, no uso comum – e isto é fato para grande parte dos principais idiomas europeus –, muitos significados e implicações possíveis para a palavra "determinar". Há, por um lado, a partir de sua herança teológica, a noção de uma causa externa que prediz ou prefigura por completo e que de fato controla totalmente uma atividade ulterior. Mas há também, a partir da experiência da prática social, a noção de determinação como a de fixar limites e exercer pressões.[1]

Há claramente uma diferença entre um processo de fixar limites e exercer pressões, seja por alguma força externa ou por leis internas de um desenvolvimento particular, e aquele outro processo em que um conteúdo subsequente é essencialmente prefigurado, previsto e controlado por uma força externa preexistente. Contudo, é justo dizer que, olhando para muitas aplicações da análise cultural marxista, é o segundo sentido – a noção de prefiguração, previsão ou controle – que muitas vezes tem sido utilizado, explícita ou implicitamente.

---

1 Para uma discussão mais aprofundada da gama de significados de "determinar", ver Williams, *Keywords*, p.87-91. (N. E. I.)

Superestrutura: qualificações e alterações

O termo da relação é, então, a primeira coisa que devemos examinar nessa proposição, mas devemos fazê-lo dirigindo nosso olhar aos termos relacionados. "Superestrutura" [*Überbau*] tem recebido mais atenção. Em seu sentido comum, após Marx, o termo adquiriu o sentido principal de uma "área" unitária dentro da qual as atividades culturais e ideológicas poderiam ser colocadas. Já em Marx, em sua correspondência final com Engels e, em muitos aspectos, na tradição marxista posterior, foram feitas qualificações sobre o caráter determinado de certas atividades superestruturais. O primeiro tipo de qualificação relacionava-se aos atrasos no tempo, às complicações e certas relações indiretas ou relativamente distantes. A noção mais simples de uma superestrutura, que ainda está longe de ser totalmente abandonada, foi a de "reflexo", a imitação ou reprodução da realidade da base na superestrutura de uma forma mais ou menos direta. Evidentemente, opções positivistas de reflexo e de reprodução apoiaram diretamente essa visão. Mas uma vez que, em muitas atividades culturais reais, essa relação não pode ser encontrada, ou não o pode sem esforço ou mesmo violência para com o material ou a prática a ser estudado, foi introduzida a noção de atrasos no tempo, as famosas defasagens [*lags*] – com várias complicações técnicas –, e a noção do "indireto", em que certos tipos de atividade no domínio da cultura (a filosofia, por exemplo) situava-se a uma distância maior das atividades econômicas primárias. Essa foi a primeira fase da qualificação do conceito de superestrutura: com efeito, uma qualificação operacional. A segunda fase relacionava-se a essa, mas de modo mais fundamental, na medida em que o processo da relação foi ele mesmo examinado de maneira mais substancial. Esse foi um tipo de reconsideração que deu origem à noção moderna de "mediação", na qual algo mais do que um mero reflexo ou reprodução – por certo, algo radicalmente diferente tanto da reflexão quanto da reprodução – ocorre ativamente. Posteriormente, no século XX, há a noção das "estruturas homólogas", pela qual pode não haver uma similaridade direta ou facilmente detectável, e certamente nada como reflexo ou reprodução, entre o processo superestrutural e a realidade da base, mas na qual há uma homologia ou correspondência essencial das estruturas que pode ser descoberta pela análise. Essa não é a mesma noção da de "mediação", mas trata-se de um mesmo tipo de alteração, uma vez que a relação entre a base e a superestrutura não é entendida como direta nem como operacionalmente sujeita a atrasos, complicações e obliquidades, mas de uma natureza que não é a de uma reprodução direta.

Essas qualificações e alterações são importantes. Mas me parece que o que não tem sido examinado com igual cuidado é a noção herdada da "base" (*Basis*, *Grundlage*). Na verdade, eu diria que a base é o conceito mais importante a ser estudado, se quisermos compreender as realidades do processo cultural. Em muitos usos da proposição da base e da superestrutura, como uma questão de hábito verbal, "a base" passou a ser virtualmente considerada como um objeto ou, em casos menos toscos, de maneiras essencialmente uniformes e usualmente estáticas. "A base" é a existência social real do homem. "A base" são as relações reais de produção que correspondem a uma fase do desenvolvimento das forças produtivas materiais. "A base" é um modo de produção em um determinado estágio de seu desenvolvimento. Tomamos e repetimos proposições desse tipo, mas o seu uso é bastante divergente da ênfase de Marx nas atividades produtivas em relações estruturais específicas que constituem o alicerce de todas as outras atividades. Pois enquanto uma determinada fase do desenvolvimento da produção pode ser descoberta e especificada por meio da análise, ela nunca é, na prática, uniforme ou estática. De fato, uma das proposições centrais do sentido da história em Marx é a de que existem contradições profundas nas relações de produção e nas consequentes relações sociais.

Há, portanto, a possibilidade constante da variação dinâmica dessas forças. Além disso, quando essas forças são consideradas, como Marx sempre as considerou, como as atividades específicas e as relações de homens reais, elas significam algo muito mais ativo, mais complexo e mais contraditório do que o desenvolvimento metafórico da noção de "base" poderia permitir que percebêssemos.

A base e as forças produtivas

Então, devemos dizer que quando falamos de "base", estamos falando de um processo, e não de um estado. E não podemos atribuir a esse processo algumas propriedades fixas a serem posteriormente traduzidas aos processos variáveis da superestrutura. Muitos dos que quiseram e querem fazer da proposição comum algo mais razoável concentram-se na depuração da noção de superestrutura. Mas eu diria que cada termo da proposição deve ser reavaliado em uma direção específica. Temos de reavaliar a "determinação" para a fixação de limites e o exercício de pressões, afastando-a de um conteúdo previsto, prefigurado e controlado. Temos de reavaliar a "superestrutura" em direção a uma gama de práticas culturais relacionadas, afastando-a de um conteúdo refletido, reproduzido ou especificamente dependente. E, fundamentalmente, temos de reavaliar "a base", afastando-a da noção de uma abstração econômica e tecnológica fixa e aproximando-a das atividades específicas de homens em relações sociais e econômicas reais, atividades que contêm contradições e variações fundamentais e, portanto, encontram-se sempre num estado de processo dinâmico.

Vale a pena observar uma outra implicação por trás das definições habituais. "A base" passou a incluir, sobretudo em certos desenvolvimentos do século XX, um sentido forte e restritivo de indústria de base. Até mesmo a ênfase na indústria pesada tem desempenhado um certo papel cultural. Isso levanta um problema mais geral, pois vemo-nos forçados a olhar novamente para a noção comum de "forças produtivas". É evidente que o que estamos examinando na base são, sobretudo, as forças produtivas. Contudo, algumas distinções bastante cruciais devem ser aqui realizadas. É verdade que em sua análise da produção capitalista Marx considerou o "trabalho produtivo" em um sentido bastante específico e especializado, como correspondendo a esse modo de produção. Há uma passagem difícil nos *Grundrisse* no qual ele argumenta que enquanto o homem que constrói um piano é um trabalhador produtivo, há uma questão complexa sobre se o homem que distribui o piano também o é; provavelmente ele é, uma vez que contribui para a realização da mais-valia. No entanto, quando falamos do homem que toca o piano, quer para si, quer para os outros, não há dúvida: ele não é, de forma alguma, um trabalhador produtivo. Assim, o fabricante de pianos é a base, mas o pianista é a superestrutura. Como uma forma de considerar a atividade cultural e, incidentalmente, a economia da atividade cultural moderna, essa noção conduz, claramente, a um beco sem saída. Mas para qualquer esclarecimento teórico, é fundamental reconhecermos que Marx estava, naquele momento, envolvido em uma análise de um tipo específico de produção, a produção capitalista de mercadorias. Dentro de sua análise desse modo de produção, ele teve de dar à noção de "trabalho produtivo" e de "forças produtivas" o sentido especializado de um trabalho primário sobre materiais de maneira a produzir mercadorias. Mas essa noção tem se estreitado notavelmente e, em um contexto cultural, muito prejudicialmente, distanciando-se da noção mais central das forças produtivas, na qual, apenas para lembrar brevemente, a coisa mais importante que um trabalhador produz é sempre ele mesmo, tanto na condição específica de seu trabalho quanto na ênfase histórica mais ampla dos homens produzindo-se a si mesmos e a sua história. Agora, quando falamos da base e das forças produtivas primárias, importa muito se estamos nos referindo, como se tornou habitual em uma forma degenerada dessa proposição, à produção primária dentro dos termos das relações econômicas capitalistas ou à produção primária da própria sociedade e dos próprios homens, isto é, a produção e reprodução da vida real. Se tivermos nos referindo ao sentido amplo das forças produtivas, examinaremos toda a questão da base de forma diferente, e estaremos então menos tentados a descartar como superestruturais e, nesse sentido, como meramente secundárias – certas forças produtivas sociais vitais que são, desde o início, no sentido amplo, básicas.

Usos da totalidade

No entanto, devido às dificuldades da proposição mais difundida da base e da superestrutura, houve um desenvolvimento alternativo e bastante importante com a noção de "totalidade" social, uma ênfase associada principalmente a Lukács. A totalidade das práticas sociais se opunha à noção "em camadas" da base e de sua consequente superestrutura. Esse conceito de uma totalidade de práticas é compatível com a noção do ser social determinando a consciência, mas ele não interpreta esse processo, necessariamente, nos termos de uma base e de uma superestrutura. A linguagem da totalidade tornou-se comum e é de fato, em muitos aspectos, mais aceitável do que a noção de base e superestrutura. Mas com uma reserva bastante importante. É muito fácil que a noção de totalidade tenha o seu conteúdo essencial esvaziado da proposição original marxista. Pois se dissermos que a sociedade é composta por um grande número de práticas sociais que formam um todo social concreto, e se dermos a cada prática um certo reconhecimento específico, acrescentando apenas que elas interagem, se relacionam e se combinam de modo bastante complexo, estamos de modo muito mais óbvio falando, em um plano, sobre a realidade, mas estamos, em outro plano, nos afastando da alegação de que há um processo de determinação. Eu, por exemplo, relutaria muito em dizer isso. Na verdade, a questão-chave sobre qualquer noção de totalidade na teoria da cultura é se essa noção inclui a de intenção.

Se a totalidade é simplesmente concreta, se é simplesmente o reconhecimento de uma grande variedade de práticas diversas e contemporâneas, então ela é em essência vazia de qualquer conteúdo que poderia ser chamado de marxista. A intenção, a noção de intenção, recupera a questão-chave, ou melhor, a ênfase central. Pois embora seja verdade que qualquer sociedade é um todo complexo de tais práticas, também é verdade que toda sociedade tem uma organização e uma estrutura específicas, e que os princípios dessa organização e estrutura podem ser vistos como diretamente relacionados a certas intenções sociais, pelas quais definimos a sociedade, intenções que, em toda a nossa experiência, têm sido regidas por uma classe particular. Uma das consequências inesperadas da crueza do modelo de base e superestrutura é a aceitação muito fácil de modelos que parecem ser menos toscos – modelos de totalidade ou de um todo complexo –, mas que excluem os fatos da intenção social, do caráter de classe de uma determinada sociedade e assim por diante. Isso nos lembra do quanto perdemos se abandonarmos por completo a ênfase na superestrutura. Assim, tenho grande dificuldade em ver os processos da arte e do pensamento como superestruturais no sentido da fórmula tal como ela é comumente usada. Mas em muitas áreas do pensamento social e político – certos tipos de teoria ratificadora, de lei e de instituição que, afinal, nas formulações originais de Marx, eram de fato parte da superestrutura –, em todo esse tipo de aparato social e em uma área decisiva da atividade e construção política e ideológica, se não formos capazes de ver um elemento superestrutural, não seremos capazes de reconhecer a realidade. Essas leis, constituições, teorias e ideologias que são tão frequentemente defendidas como naturais ou como tendo validade ou significância universal devem ser vistas como simplesmente expressando e ratificando a dominação de uma classe particular. Na verdade, a dificuldade da revisão da fórmula de base e superestrutura tem muito a ver com a percepção de muitos militantes – que têm de lutar contra tais instituições e conceitos tanto quanto têm de travar batalhas econômicas – de que se essas instituições e suas ideologias não forem percebidas como tendo esse tipo de relação de dependência e ratificação, se suas reivindicações por uma validade ou legitimidade universal não forem negadas e combatidas, então o caráter de classe da sociedade não poderá mais ser visto. E esse tem sido o efeito de algumas versões da totalidade como uma descrição do processo cultural. Creio que podemos usar corretamente a noção de totalidade apenas quando a combinamos com o conceito marxista crucial de "hegemonia".

A complexidade da hegemonia

A grande contribuição de Gramsci foi ter enfatizado a hegemonia, bem como tê-la compreendido com uma profundidade que creio ser rara. Pois a hegemonia supõe a existência de algo verdadeiramente total, não apenas secundário ou superestrutural, como no sentido fraco de ideologia, mas que é vivido em tal profundidade, que satura a sociedade a tal ponto e que, como Gramsci o coloca, constitui mesmo a substância e o limite do senso comum para muitas pessoas sob sua influência, de maneira que corresponde à realidade da experiência social muito mais nitidamente do que qualquer noção derivada da fórmula de base e superestrutura. Pois se a ideologia for apenas um conjunto abstrato e imposto de noções, se as nossas ideias, pressupostos e hábitos sociais, políticos e culturais forem meramente o resultado de uma manipulação específica, de um tipo de formação aberta que pode ser simplesmente encerrado ou removido, então seria muito mais fácil mover ou alterar a sociedade do que na prática sempre o foi ou é. Essa noção de hegemonia, que satura profundamente a consciência de uma sociedade, parece ser fundamental para mim. E, ao contrário das noções gerais de totalidade, a hegemonia possui a vantagem de enfatizar, ao mesmo tempo, a realidade da dominação.

Contudo, há momentos em que ouço discussões sobre hegemonia e sinto que ela também, como um conceito, está sendo arrastada de volta à noção relativamente simples, uniforme e estática que a "superestrutura", em seu uso comum, adquiriu. Na verdade, creio que devamos dar uma explicação muito complexa de hegemonia se estamos falando de formações sociais reais. Acima de tudo, devemos oferecer uma explicação que permita a seus elementos uma mudança real e constante. Temos de enfatizar que a hegemonia não é única; ao contrário, suas próprias estruturas internas são muito complexas e devem ser renovadas, recriadas e defendidas de forma contínua; pelo mesmo motivo, podem ser constantemente desafiadas e, em certos aspectos, modificadas. É por isso que, ao invés de simplesmente falar "da hegemonia" ou "de uma hegemonia", gostaria de propor um modelo que permite esse tipo de variação e contradição, com seus conjuntos de alternativas e seus processos de mudança.

Pois algo que é evidente em algumas das melhores análises marxistas culturais é que elas estão muito mais à vontade no que poderia ser denominado como *questões de* época do que no que temos de chamar de *questões históricas*. Ou seja, tais análises são normalmente muito mais eficientes na distinção das características mais amplas de diferentes épocas da sociedade, como em geral entre o feudalismo e a burguesia, do que na distinção entre fases diversas da sociedade burguesa e momentos distintos dentro dessas fases: esse verdadeiro processo histórico que exige uma precisão e delicadeza na investigação muito maior do que a sempre surpreendente análise de época, a qual se preocupa com seus traços e características principais.

Esse é o modelo teórico com o qual tenho tentado trabalhar. Gostaria de iniciar dizendo que em qualquer sociedade e em qualquer período específicos há um sistema central de práticas, significados e valores que podemos chamar apropriadamente de dominante e eficaz. Isto não implica nenhuma presunção sobre o seu valor. O que estou dizendo é que ele é central. Na verdade, eu o chamaria de um sistema corporativo, mas isso pode ser confuso, uma vez que Gramsci utiliza "corporação" para significar o subordinado em oposição aos elementos gerais e dominantes da hegemonia. De qualquer forma, o que tenho em mente é o sistema central, efetivo e dominante de significados e valores que não são meramente abstratos, mas que são organizados e vividos. É por isso que a hegemonia não pode ser entendida no plano da mera opinião ou manipulação. Trata-se de todo um conjunto de práticas e expectativas; o investimento de nossas energias, a nossa compreensão corriqueira da natureza do homem e do seu mundo. Falo de um conjunto de significados e valores que, do modo como são experimentados enquanto práticas, aparecem confirmando-se mutuamente. A hegemonia constitui, então, um sentido de realidade para a maioria das pessoas em uma sociedade, um sentido absoluto por se tratar de uma realidade vivida além da qual se torna muito difícil para a maioria dos membros da sociedade mover-se, e que abrange muitas áreas de suas vidas. Mas não se trata, de forma alguma, de um sistema estático, exceto na execução de um momento de uma análise abstrata. Ao contrário, só podemos entender uma cultura efetiva e dominante se compreendermos o processo social real do qual ela depende: refiro-me ao processo de incorporação. Os modos de incorporação são de grande importância social. As instituições educacionais são geralmente as principais agências de transmissão de uma cultura dominante eficaz, e essa é agora uma atividade tanto econômica quanto cultural prioritária; na verdade, são ambas ao mesmo tempo. Além disso, em um plano filosófico, no plano teórico verdadeiro e no plano da história das várias práticas, há um processo que chamo de "tradição seletiva": o que, nos termos de uma cultura dominante efetiva, é sempre assumido como "a tradição", "o passado significativo". Mas sempre o ponto-chave é a seleção – a forma pela qual, a partir de toda uma área possível do passado e do presente, certos significados e práticas são escolhidos e enfatizados, enquanto outros significados e práticas são negligenciados e excluídos. De modo ainda mais importante, alguns desses significados e práticas são reinterpretados, diluídos ou colocados em formas que dão suporte ou, ao menos, não contradizem os outros elementos dentro da cultura dominante eficaz. Os processos de educação; os processos de uma formação social muito mais ampla no seio de instituições como a família; as definições práticas e a organização do trabalho; a tradição seletiva em um plano intelectual e teórico: todas essas forças estão envolvidas no contínuo fazer e refazer de uma cultura dominante eficaz cuja realidade, como algo vivido e construído em nossa vida, delas depende. Se o que então aprendemos fosse apenas uma ideologia imposta, ou se fossem apenas os significados e práticas isoláveis da classe dominante ou de uma fração da classe dominante impostos às outras classes ou membros da sociedade, ocupando apenas o topo de nossas mentes, isso seria – e muitos ficariam felizes – algo muito mais fácil de ser derrubado.

Não se trata apenas da profundidade que esse processo alcança, selecionando, organizando e interpretando nossa experiência. O processo está continuamente ativo e adaptando-se; não se trata apenas do passado, de embalagens vazias de uma ideologia que pode ser mais facilmente descartada. O processo só pode funcionar, em uma sociedade complexa, se for algo mais substancial e flexível do que qualquer ideologia abstrata imposta. Assim, temos de reconhecer os significados e valores alternativos, as opiniões e atitudes alternativas, até mesmo alguns sentidos alternativos do mundo, que podem ser acomodados e tolerados dentro de uma determinada cultura efetiva e dominante. Isso tem sido muito subestimado em nossas noções de uma superestrutura, e mesmo em algumas noções de hegemonia. E a falta de ênfase abre o caminho para o recuo a uma complexidade indiferente. Na prática da política, por exemplo, há certos modos verdadeiramente incorporados do que são, no entanto, dentro desses termos, oposições reais sentidas e travadas. Sua existência dentro da incorporação é reconhecível pelo fato de que, seja qual for o grau de conflito ou variação interna, eles não se estendem, na prática, além dos limites das definições centrais efetivas e dominantes. Isso ocorre, por exemplo, na prática da política parlamentar, embora suas oposições internas sejam reais. Isso também ocorre em todo um conjunto de práticas e argumentos, em qualquer sociedade real, que não podem de forma alguma ser reduzidos a uma cobertura ideológica, mas que podem, no entanto, ser devidamente analisados dentro de meu sentido de corporação, se descobrirmos que, seja qual for o grau de controvérsia interna e variação, eles não excedam os limites das definições corporativas centrais.

Mas se estamos afirmando isso, temos de pensar novamente sobre as fontes daquilo que não é corporativo; nas práticas, experiências, significados e valores que não são parte da cultura dominante efetiva. Podemos expressar isso de dois modos. Há claramente algo que podemos chamar de alternativo à cultura dominante, e há outra coisa que podemos chamar de opositora em seu verdadeiro sentido. O grau de existência dessas formas alternativas e opositoras é ele mesmo uma questão da variação histórica constante em circunstâncias reais. Em certas sociedades, é possível encontrar áreas da vida social em que as alternativas bastante reais são, no mínimo, deixadas de lado. (Se elas estiverem disponíveis, fazem parte, obviamente, da organização corporativa.) A existência da possibilidade de oposição e de sua articulação, o seu grau de abertura, e assim por diante, mais uma vez dependem de forças sociais e políticas bastante precisas. As formas alternativas de oposição à vida social e à cultura devem então ser reconhecidas como sujeitas a variações históricas, cujas fontes são muito significativas como um dado sobre a cultura dominante.

Culturas residuais e emergentes

Vou agora introduzir mais uma distinção, entre formas residuais e emergentes, tanto na cultura alternativa quanto na opositora. Por "residual" quero dizer que algumas experiências, significados e valores que não podem ser verificados ou não podem ser expressos nos termos da cultura dominante são, todavia, vividos e praticados como resíduos – tanto culturais quanto sociais – de formações sociais anteriores. Há exemplos reais disso em determinados valores religiosos, em contraste com a incorporação bastante evidente da maioria desses significados e valores ao sistema dominante. O mesmo é verdade, numa cultura como a da Grã-Bretanha, para certas noções derivadas de um passado rural que possuem uma popularidade bastante significativa. Uma cultura residual está geralmente a certa distância da cultura dominante efetiva, mas é preciso reconhecer que, em atividades culturais reais, a cultura residual pode ser incorporada à dominante. Isto porque alguma parte dela, alguma versão dela – sobretudo se o resíduo é proveniente de alguma área importante do passado – terá de ser, em muitos casos, incorporada se a cultura dominante quiser fazer sentido nessas áreas. Também porque, em certos aspectos, uma cultura dominante não pode permitir que muitas dessas práticas e experiências fiquem fora de seu domínio sem correr certo risco. Assim, as pressões são reais, mas certos significados e práticas genuinamente residuais, em alguns casos importantes, sobrevivem.

Por "emergente" quero dizer, primeiramente, que novos significados e valores, novas práticas, novos sentidos e experiências estão sendo continuamente criados. Mas há, então, uma tentativa muito anterior de incorporá-los, apenas por eles fazerem parte – embora essa seja uma parte não definida – da prática contemporânea efetiva. Com efeito, é significativo em nosso período o quão cedo essa tentativa ocorre, o quão alerta a cultura dominante está hoje em relação a tudo o que pode ser visto como emergente. Temos então de ver, primeiramente, como se realiza essa relação temporal entre, por um lado, a cultura dominante e, por outro, a cultura residual ou a emergente. Mas só podemos entender essa relação se fizermos distinções que, normalmente, exigem análises bastante precisas entre o residual incorporado e o residual não incorporado, e entre o emergente incorporado e o emergente não incorporado. É um fato importante sobre qualquer sociedade específica o quanto ela é capaz de englobar todo o conjunto das práticas e experiências humanas em sua tentativa de incorporação. Talvez seja verdade que em algumas fases anteriores da sociedade burguesa, por exemplo, tenha havido algumas áreas de experiência que ela estivesse disposta a dispensar e preparada para designá-las como a esfera privada ou artística da vida, não sendo de interesse para a sociedade ou para o Estado. Isso caminhou lado a lado com certos tipos de tolerância política, mesmo se a realidade dessa tolerância fosse uma negligência maligna. Mas estou certo de que a sociedade que veio à existência desde a última guerra abarca progressivamente, devido aos desenvolvimentos no caráter social do trabalho, das comunicações e das decisões, muito mais do que em qualquer outro momento da sociedade capitalista, determinadas áreas da experiência, da prática e do significado até então abandonadas. Assim, a decisão eficaz sobre se uma prática é alternativa ou opositora é hoje frequentemente realizada dentro de um escopo muito mais restrito. Há uma distinção teórica simples entre o alternativo e o opositor, isto é, entre alguém que meramente encontra um jeito diferente de viver e quer ser deixado só e alguém que encontra uma maneira diferente de viver e quer mudar a sociedade. Essa é geralmente a diferença entre as soluções individuais e de pequenos grupos para a crise social e as soluções que pertencem à prática política e, sobretudo, revolucionária. Frequentemente, contudo, a linha entre o alternativo e o opositor é, na realidade, muito estreita. Um significado ou uma prática pode ser tolerado como um desvio e, ainda assim, ser visto apenas como mais um modo particular de viver. Mas à medida que a área necessária de dominação efetiva se estende, esse mesmo significado ou prática pode ser visto pela cultura dominante não apenas como desrespeitando-a ou desprezando-a, mas como um modo de contestá-la.

É fundamental para qualquer teoria marxista da cultura ter condições de oferecer uma explicação adequada para as fontes dessas práticas e significados. Podemos entender, a partir de uma abordagem histórica amplamente divulgada, ao menos algumas das fontes dos significados e práticas residuais. Esses são os resultados das formações sociais antigas, nas quais determinados significados e valores reais foram gerados. No padrão subsequente de uma fase particular da cultura dominante, há então um retorno aos significados e valores que foram criados em sociedades reais do passado e que ainda parecem ter alguma relevância por representarem áreas da experiência, aspiração e realização humana que a cultura dominante despreza ou aos quais se opõe – ou mesmo não consegue reconhecer. Mas nossa tarefa mais difícil, teoricamente, é encontrar uma explicação não metafísica e não subjetivista para a prática cultural emergente.

BASE E SUPERESTRUTURA NA TEORIA DA CULTURA MARXISTA   59

Além disso, parte de nossa resposta a essa questão incide sobre
o processo de persistência de práticas residuais.

A prática humana e de classe

Temos uma fonte à mão no corpo central da teoria marxista:
a formação e a tomada de consciência de uma nova classe. Esse
tópico ainda é central e muito importante. É evidente que esse
processo de formação complica qualquer modelo simples de base
e superestrutura. Ele também complica algumas das versões mais
difundidas da hegemonia, embora tenha sido o objetivo central
de Gramsci visualizar e criar, pela organização, a hegemonia do
tipo proletária que fosse capaz de desafiar a hegemonia burguesa.
Temos então uma fonte central de nova prática no surgimento
de uma nova classe. Mas temos também de reconhecer outros
tipos de fonte e, na prática cultural, algumas delas são muito
importantes. Eu diria que podemos reconhecê-las com base na
seguinte proposição: nenhum modo de produção e, portanto,
nenhuma sociedade dominante ou ordem da sociedade e, des-
tarte, nenhuma cultura dominante pode esgotar toda a gama
da prática humana, da energia humana e da intenção humana
(essa gama não é o inventário de alguma "natureza humana"
original, mas, ao contrário, é aquela gama extraordinária de
variações práticas e imaginadas pelas quais seres humanos se
veem como capazes). Parece-me que essa ênfase não é apenas
uma proposição negativa, permitindo-nos considerar certas
coisas que acontecem fora do modo dominante. Pelo contrário,
é fato que os modos de dominação selecionam e, consequentemente, excluem parte da gama total da prática humana real e
possível. As dificuldades da prática humana fora ou em oposição
ao modo dominante são, obviamente, reais. Elas dependem

muito da prática estar ou não em uma área em que a classe e a cultura dominantes têm um interesse e uma participação. Se o interesse e a participação são explícitos, muitas novas práticas serão alcançadas e, se possível, incorporadas – ou então extirpadas com extraordinário vigor. Mas em certas áreas haverá, em períodos determinados, práticas e significados que não serão alcançados. Haverá áreas da prática e do significado que a cultura dominante, quase sempre devido ao seu próprio caráter limitado ou à sua deformação profunda, não será capaz, sob qualquer circunstância, de reconhecer. Isso nos dá uma indicação da diferença observável entre, por exemplo, as práticas de um Estado capitalista e de um Estado como a União Soviética contemporânea em relação aos escritores. Uma vez que, por toda a tradição marxista, a literatura é vista como uma atividade importante e, de fato, essencial, o Estado soviético é muito mais incisivo na investigação de áreas em que versões diferentes da prática e significados e valores diferentes são experimentados e expressos. Na prática capitalista, se a coisa não está dando lucro, ou se não está sendo amplamente divulgada, então ela pode ser, por algum tempo, deixada de lado, ao menos enquanto permanecer alternativa. Ao tornar-se explicitamente opositora ela é, evidentemente, abordada ou atacada.

Estou então dizendo que, em relação ao leque total da prática humana em qualquer momento, o modo dominante é uma seleção e organização consciente. Ao menos em seu estado plenamente formado, é consciente. Mas há sempre fontes da prática humana que ele negligencia ou exclui. Elas podem divergir, em qualidade, dos interesses articulados e em desenvolvimento de uma classe em ascensão. Elas podem incluir, por exemplo, percepções alternativas de outros, em relações pessoais imediatas, ou novas percepções do material ou dos meios na arte e na ciência. Dentro de certos limites, essas novas percepções podem ser praticadas. As relações entre os dois tipos de fonte – de um lado, a classe dominante, de outro, as práticas por ela excluídas ou

BASE E SUPERESTRUTURA NA TEORIA DA CULTURA MARXISTA   61

as novas práticas – não são, de forma alguma, necessariamente contraditórias. Às vezes elas podem estar muito próximas, e muito da prática política depende da relação entre elas. Mas culturalmente e como uma questão teórica, ambas as áreas podem ser vistas como distintas.

Agora, se voltarmos à questão cultural na sua forma mais usual – quais são as relações entre arte e sociedade, ou entre literatura e sociedade? – à luz da discussão anterior, temos de dizer, em primeiro lugar, que não há relações entre literatura e sociedade nessa forma abstrata. A literatura apresenta-se, desde o início, como uma prática na sociedade. De fato, até que ela e todas as outras práticas estejam presentes, a sociedade não pode ser vista como completamente formada. A sociedade não está totalmente disponível para análise até que cada uma das suas práticas esteja incluída. Mas ao adotarmos essa ênfase, devemos adotar uma outra correspondente: que não podemos separar a literatura e a arte de outros tipos de prática social de modo a torná-las sujeitas a leis muito especiais e distintas. Elas podem ter características bastante específicas como práticas, mas não podem ser separadas do processo social geral. Uma forma de enfatizar isso é dizer, é insistir que a literatura não se limita a operar em qualquer um dos setores que tenho procurado descrever neste modelo. Seria fácil dizer, e isso é uma retórica familiar, que a literatura opera no setor cultural emergente, que representa os novos sentimentos, os novos significados, os novos valores. Poderíamos nos convencer teoricamente disso por meio de argumentos abstratos, mas quando lemos muita literatura dos mais diversos tipos, sem o artifício de chamar de literatura apenas aquilo que já foi selecionado como incorporando certos significados e valores em uma determinada escala de intensidade, somos obrigados a reconhecer que o ato de escrever, as práticas do discurso na escrita e na fala, a elaboração de romances, poemas, peças de teatro e teorias, toda essa atividade ocorre em todas as áreas da cultura.

A literatura não aparece, de forma alguma, apenas no setor emergente – o que é, na verdade, bastante raro. Grande parte da escrita literária é de um tipo residual, e isso é profundamente verdadeiro a respeito de boa parte da literatura inglesa nos últimos cinquenta anos. Alguns dos seus significados e valores fundamentais pertenceram às conquistas culturais de estágios da sociedade bastante distantes no tempo. Esse fato é tão difundido, bem como os hábitos da mente que ele estimula, que em muitas mentes "literatura" e "passado" adquirem uma certa identidade, e então é dito que agora não há literatura: toda a glória é passada. Contudo, a maioria da escrita literária, em qualquer período, inclusive no nosso, é uma forma de contribuição para a cultura dominante efetiva. De fato, muitas das qualidades específicas da literatura – a sua capacidade de incorporar, ordenar e representar certos significados e valores, ou de criar em uma forma específica o que seria, em outras situações, apenas verdades gerais – permitem-lhe cumprir essa função com grande eficácia e poder. Devemos, obviamente, acrescentar à literatura as artes visuais e a música, e em nossa própria sociedade as artes poderosas do cinema e da radiotceledifusão. Mas a questão teórica geral deve estar clara. Se estivermos buscando as relações entre literatura e sociedade, não poderemos nem separar essa prática de um corpo formado por outras práticas, nem, ao identificamos uma prática particular, deveremos entendê-la como possuindo uma relação uniforme, estática e a-histórica com algumas formações sociais abstratas. As artes da escrita e as artes de criação e da representação são, em todo o seu leque, partes do processo cultural em todos os modos e setores diversos que estou tentando descrever. Elas contribuem para a cultura dominante efetiva e são uma dentre suas articulações centrais. Elas encarnam significados e valores residuais, nem todos eles incorporados, embora muitos o sejam. Elas também expressam, significativamente, algumas práticas e significados emergentes, embora alguns dentre eles venham a ser eventualmente incorporados ao atingirem as pessoas e começarem a movê-las. Assim, ficou bastante evidente na década de 1960, em algumas das artes emergentes de representação, que a cultura dominante procurou alcançá-las para transformá-las, ou tentar transformá--las. Nesse processo, obviamente, a cultura dominante se altera, não em sua formação central, mas em muitos de seus traços articulados. Mas então, em uma sociedade moderna, ela deve sempre mudar nesses moldes se quiser manter-se dominante, se ainda quiser ser sentida como realmente central em todas as nossas atividades e interesses.

A teoria crítica como consumo

Quais são então as implicações dessa análise geral para a análise de obras de arte específicas? Essa é a questão à qual a maioria das discussões da teoria da cultura parece estar dirigida: a descoberta de um método, talvez mesmo de uma metodologia, por meio da qual obras de arte específicas possam ser entendidas e descritas. Eu não concordo que esse seja o uso central da teoria da cultura, mas vamos, por um momento, considerá-lo. O que me parece bastante surpreendente é que quase todas as formas de teoria crítica contemporânea são teorias de *consumo*. Ou seja, elas estão preocupadas com a compreensão de um objeto de tal forma que ele possa ser consumido correta ou proveitosamente. O estágio inicial da teoria do consumo foi a teoria do "gosto", na qual a ligação entre a prática e a teoria era direta, como expressa na própria metáfora. Do gosto surgiu a noção mais elevada da "sensibilidade", na qual o consumo pela sensibilidade de obras elevadas ou inspiradoras que era considerado a prática essencial da leitura, sendo que a atividade crítica aparecia, então, como uma função dessa sensibilidade. Surgiram então teorias mais desenvolvidas, na década de 1920, com I. A. Richards e, mais tarde, com a Nova Crítica, na qual os efeitos do consumo foram estudados diretamente. A linguagem da obra de arte como objeto tornou-se, então, mais evidente. "Qual o efeito que esta obra ("o poema", como era comumente descrito) causa em mim?" Ou, "qual o impacto que ela tem sobre mim?", como posteriormente seria colocado na área muito mais ampla dos estudos da comunicação. Naturalmente, a noção da obra de arte como *objeto*, como *texto*, como um artefato isolado, tornou-se central em todas essas teorias posteriores de consumo. Não se tratava apenas do fato de que as práticas de *produção* eram então ignoradas, embora isso tenha se fundido com a noção de que a literatura mais importante, todavia, pertencia ao passado. As condições sociais reais de produção foram, em todo caso, negligenciadas, porque se acreditava que elas fossem, na melhor das hipóteses, secundárias. A verdadeira relação era sempre entendida como estando entre, por um lado, o gosto, a sensibilidade ou a formação do leitor e, por outro, a obra isolada, esse objeto "como realmente é em si mesmo", conforme muitas pessoas observaram. Mas a noção de obra de arte como objeto tinha outro grande efeito teórico. Se questionamos a obra de arte como objeto, perguntas poderão ser incluídas sobre os componentes da sua produção. Houve, então, um uso da fórmula de base e superestrutura que justamente alinhava-se a essa perspectiva. Os componentes de uma obra de arte eram as atividades reais da base, e poderíamos estudar o objeto para descobrir esses componentes. Às vezes, poderíamos mesmo estudar os componentes e, em seguida, projetar o objeto. Mas, em todo caso, a relação buscada era entre um objeto e seus componentes. Isso não era apenas verdade com relação às suposições marxistas sobre a base e a superestrutura. Era também verdade em vários tipos de teoria psicológica, seja na forma de arquétipos, seja nas imagens do inconsciente coletivo, seja ainda nos mitos e símbolos que eram vistos como os *componentes* de obras de arte em particular. Ou ainda, havia a

BASE E SUPERESTRUTURA NA TEORIA DA CULTURA MARXISTA

biografia ou psicobiografia e similares, em que os componentes estavam na vida da pessoa e a obra de arte era um objeto no qual os componentes desse tipo podiam ser encontrados. Mesmo em algumas das formas mais rigorosas da Nova Crítica e da crítica estruturalista, esse procedimento essencial de considerar a obra como um objeto a ser reduzido aos seus componentes, mesmo que para ser mais tarde reconstituído, veio para ficar.

Objetos e práticas

Creio que a verdadeira crise na teoria da cultura, em nossa época, esteja entre esse ponto de vista da obra de arte como objeto e a visão alternativa da arte como uma prática. Claro que se argumenta prontamente que a obra de arte é um objeto: que diversas obras sobreviveram ao passado, esculturas específicas, pinturas específicas, edifícios específicos, e eles são objetos. Isso é, obviamente, verdadeiro, mas a mesma forma de pensar é aplicada a obras que não têm a mesma existência única. Não há *Hamlet*, *Os irmãos Karamazov* ou *Morro dos ventos uivantes* da mesma forma como há uma grande pintura única. Não há *Quinta sinfonia*, não há nenhum trabalho em toda a área da música, da dança e do teatro que seja um objeto de alguma forma comparável às obras de arte visuais que sobreviveram. Contudo, o hábito de tratar todas as obras como objetos persistiu porque esse é um pressuposto básico teórico e prático. Mas na literatura (sobretudo no teatro), na música e em uma larga área das artes representativas, o que mantém a permanência não são objetos, mas *notações*. Essas notações devem então ser interpretadas de uma forma ativa, de acordo com as convenções específicas. Mas isso é verdade em um campo ainda mais amplo. A relação entre a feitura de uma obra de arte e sua recepção é sempre ativa e sujeita a convenções que são, elas mesmas, formas (em transformação) de organização social e de relacionamento, algo radicalmente distinto da produção e consumo de um objeto. Trata-se de uma atividade e de uma prática que, em suas formas disponíveis – embora possam, em algumas artes, ter o caráter de um objeto material –, ainda são acessíveis apenas por meio da percepção e da interpretação ativa. Isso torna o caso da notação nas artes como o teatro, a literatura e a música apenas um caso específico de uma verdade muito mais ampla. O que isso nos mostra sobre a prática da análise é que temos de romper com a ideia difundida do isolamento do objeto para, então, descobrir-mos seus componentes; temos de descobrir a natureza de uma prática e, então, as suas condições.

Frequentemente esses dois processos podem, em parte, assemelhar-se, mas, em muitos outros casos, são de natureza radicalmente diversa. Gostaria de concluir com uma observação sobre o modo como essa distinção aparece na tradição marxista da relação entre práticas econômicas e sociais primárias e práticas culturais. Se supusermos que o que é produzido na prática cultural é uma série de objetos, nós, como na maioria das formas atuais de procedimento crítico sociológico, iniciaremos o movimento de descoberta de seus componentes. Dentro de uma ênfase marxista, esses componentes pertencerão ao que temos o hábito de chamar de base. Isolaremos, então, certas características reconhecíveis, digamos, na forma de *componentes*, e nos perguntaremos por quais processos de transformação ou mediação esses componentes passaram antes de chegarem a esse estado acessível.

Mas estou dizendo que não devemos olhar para o compo-nentes de um produto, mas sim para as condições de uma prática. Quando nos vemos analisando uma obra particular, ou um grupo de obras, com frequência percebendo a da comunidade essencial de que faz parte e sua individualidade irredutível, deve-mos primeiro nos voltar para a realidade da sua prática e para as

BASE E SUPERESTRUTURA NA TEORIA DA CULTURA MARXISTA 67

condições da prática tal como foi realizada. A partir daí, creio que faremos perguntas essencialmente diferentes. Tomemos, por exemplo, o modo pelo qual um objeto – "um texto" – está relacionado a um gênero na crítica ortodoxa. Nós o identificamos devido a certas características dominantes, vinculando-o então a uma categoria maior, o gênero; podemos, então, encontrar os componentes do gênero em uma história social específica (embora em algumas variantes da crítica nem isso é feito, e o gênero é entendido como uma categoria constante da mente).

Não é esse o modo de proceder que é agora exigido. O reconhecimento da relação entre um modo coletivo e um projeto individual – e essas são as únicas categorias que podemos inicialmente presumir – é um reconhecimento de práticas relacionadas. Ou seja, os projetos irredutivelmente individuais que são obras específicas podem, na experiência e na análise, mostrar semelhanças que nos permitam agrupá-los em modos coletivos. Esses não são sempre, de forma alguma, gêneros. Podem existir como semelhanças dentro e entre os gêneros. Eles podem ser a prática de um grupo em um período, ao invés da prática de uma fase em um gênero. Mas ao descobrirmos a natureza de uma prática particular, bem como a natureza da relação entre um projeto individual e um modo coletivo, descobrimos que estamos analisando, como duas formas de um mesmo processo, tanto a sua composição ativa quanto as condições dessa composição, e em ambas as direções essa é uma relação ativa complexa e em transformação. Isso significa, obviamente, que não temos um processo internamente construído do tipo que é indicado pelo caráter fixo de um objeto. Nós temos os princípios das relações das práticas dentro de uma organização vista como intencional, e temos as hipóteses disponíveis do dominante, do residual e do emergente. Mas o que estamos ativamente buscando é a prática efetiva que foi alienada em um objeto e as verdadeiras condições dessa prática – seja como convenção literária, seja como relações sociais – que foram alienadas em seus componentes ou em meros panos de fundo.

Como uma proposição geral, essa é apenas uma ênfase, mas parece-me sugerir simultaneamente o ponto de ruptura e o ponto de partida, no trabalho prático e teórico, dentro de uma tradição cultural marxista ativa e autorrenovável.

MEIOS DE COMUNICAÇÃO COMO MEIOS DE PRODUÇÃO

Como uma questão de teoria geral, é útil reconhecermos que os meios de comunicação são, eles mesmos, meios de produção. É verdade que os meios de comunicação, das formas físicas mais simples da linguagem às formas mais avançadas da tecnologia da comunicação, são sempre social e materialmente produzidos e, obviamente, reproduzidos. Contudo, eles não são apenas formas, mas meios de produção, uma vez que a comunicação e os seus meios materiais são intrínsecos a todas as formas distintamente humanas de trabalho e de organização social, constituindo-se assim em elementos indispensáveis tanto para as forças produtivas quanto para as relações sociais de produção.

Além disso, os meios de comunicação, tanto como produtos quanto como meios de produção, estão diretamente subordinados ao desenvolvimento histórico. Isso porque, primeiramente, os meios de comunicação têm uma produção histórica específica, que é sempre mais ou menos diretamente relacionada às fases históricas gerais da capacidade produtiva e técnica. E também é assim, em segundo lugar, porque os meios de comunicação, historicamente em transformação, possuem relações históricas variáveis com o complexo geral das forças produtivas e com as relações sociais gerais, que são por eles produzidas e que as forças produtivas gerais tanto produzem quanto reproduzem. Essas variações históricas incluem tanto as homologias relativas entre os meios de comunicação e as forças produtivas e relações sociais mais gerais quanto, mais especificadamente, em certos períodos, as contradições gerais e particulares.

Três bloqueios ideológicos

Essa visão teórica dos meios de comunicação, dentro de uma perspectiva materialista histórica, é, em nosso tempo, obscurecida ou bloqueada por três posições ideológicas características.

Primeiramente, os meios de comunicação, reduzidos em seu *status* de meios de produção social, são vistos apenas como "mídia": dispositivos para passar "informação" e "mensagens" entre pessoas, as quais, de modo geral ou nos termos de um ato de produção mais específico, são abstraídas do processo de comunicação como "transmissores" ou "receptores" não problemáticos. As pessoas são vistas, então, como indivíduos abstratos que são representados de maneira gráfica nos termos dessas funções abstratas ou, na melhor das hipóteses, amplamente caracterizados como (i) possuidores de uma sociabilidade ("humana") generalizada – a comunicação como a "socialização" ou o "processo social" abstrato –; (ii) como possuidores de uma sociabilidade específica, mas ainda abstrata – a comunicação entre "membros" de um grupo social, em geral nacional ou cultural, sem referência intrínseca às relações sociais diferenciais dentro de cada grupo –; (iii) ou em uma forma extrema relacionada às teorias "expressivistas" da linguagem, como "indivíduos" não especificados – a comunicação como transmissão, mas implicando a recepção, por indivíduos abstratos, cada qual com "algo próprio a dizer". Muitas pesquisas, sofisticadas sob outros aspectos, sobre a teoria da informação e da comunicação baseiam-se e frequentemente escondem essa primeira posição ideológica profundamente burguesa.

A segunda posição, em uma tentativa mais plausível de reconhecer *alguns* meios de comunicação como meios de produção, baseia-se em uma distinção hoje habitual entre os meios de comunicação "naturais" e os "tecnológicos": os primeiros caracterizados, e dessa maneira frequentemente negligenciados, como "comuns, do dia a dia" em situações "face a face"; os últimos, agrupados em volta de aparelhos mecânicos ou eletrônicos de comunicação desenvolvidos e então generalizados – com uma mudança ideológica particularmente visível dos meios técnicos para as relações sociais abstratas – como "comunicação de massa". Essa posição dominou uma grande área da ciência cultural burguesa moderna, mas foi também, sob o mesmo título de "comunicação de massa", importada acriticamente por áreas importantes do pensamento socialista, sobretudo em suas formas mais aplicadas.

Isto é teoricamente inadmissível por duas razões. Em primeiro lugar, porque a separação entre a "comunicação de massa" e a prática da "linguagem comum do dia a dia" esconde o fato de que os processos de "comunicação de massa" incluem em muitos casos, necessariamente, formas do uso da "linguagem comum do dia a dia" em modos diferenciais variáveis; e inclui também a simulação ou a produção convencional de *situações* de comunicação em geral significativas. Em segundo lugar, porque o agrupamento de todos ou quase todos os meios mecânicos e eletrônicos como "comunicação de massa" esconde (sob a cobertura de uma fórmula tirada da prática capitalista, na qual uma "audiência" ou um "público", sempre socialmente específico e diferenciado, é visto como um "mercado massificado" de opinião e de consumo) as variações radicais entre os diferentes tipos de meios mecânicos e eletrônicos. De fato, em suas divergências, eles carregam necessariamente tanto relações variáveis com a "linguagem comum do dia a dia" e com "situações face a face" (o exemplo mais óbvio é a diferença radical de uso e de situação comunicativa entre a imprensa e a televisão), quanto relações variáveis entre as relações comunicativas específicas e outras formas de relação social (a extensão e composição variável do público e a variabilidade das condições sociais de recepção – o público reunido do cinema; a audiência televisiva com base nos lares; a leitura em grupo; a leitura isolada).

Uma variante dessa segunda posição ideológica, particularmente associada a McLuhan, reconhece as diferenças específicas entre "meios", mas então sucumbe em um determinismo tecnológico localizado, no qual usos e relações sociais são determinados tecnicamente pelas propriedades de meios diversos, desconsiderando o todo complexo das forças produtivas e relações sociais dentro das quais eles são desenvolvidos e empregados. Assim, os meios de comunicação são reconhecidos como meios de produção, mas de modo abstrato, e são de fato projetados ideologicamente como os únicos meios de produção nos quais será produzida a "retribalização", a suposta restauração da "aldeia global", do homem natural "não caído". A atração superficial dessa posição, além do materialismo essencialmente abstrato da sofisticação de sua mídia, apoia-se no isolamento característico retórico da "comunicação de massa" e do desenvolvimento histórico complexo dos meios de comunicação como partes intrínsecas, relacionadas e determinadas de todo o processo histórico, social e material.

Há então, em terceiro lugar, a posição ideológica que se disseminou em algumas variantes do marxismo e que permite certa acomodação ao conceito burguês de "comunicação de massa". Ela reside em uma separação abstrata e apriorística entre os meios de comunicação e os meios de produção. Relaciona--se, primeiramente, ao uso especializado do termo "produção", como se suas únicas formas fossem produção capitalista – quer

MEIOS DE COMUNICAÇÃO COMO MEIOS DE PRODUÇÃO

dizer, a produção de mercadorias ou, de forma geral, produção "para o mercado", na qual tudo o que é produzido ganha a forma de objetos isoláveis e dispensáveis. Dentro do marxismo, essa posição é relacionada a, e mesmo dependente de, formulações mecânicas da base e da superestrutura, nas quais o papel inerente dos meios de comunicação em toda a forma de produção, incluindo a produção de objetos, é ignorada, e a comunicação se torna um processo de segunda ordem ou uma segunda etapa, que entra no processo apenas *após* estabelecerem-se das relações produtivas e sociomateriais decisivas.

Essa posição herdada deve ser amplamente corrigida para que as formas variáveis, dinâmicas e contraditórias tanto da "base" quanto da "superestrutura" possam ser vistas historicamente – e não subsumidas, algo habitual no pensamento burguês –, como formas e relações necessariamente universais. Nas sociedades do século XX, essa posição requer também uma correção contemporânea particularmente aguda, uma vez que os meios de comunicação como meios sociais de produção – e, em relação a isso, a produção dos próprios meios de comunicação – assumiram uma importância nova dentro da característica comunicativa em geral ampliada das e entre as sociedades modernas. Isso pode ser visto especialmente na totalidade da produção "econômica" e "industrial" moderna, pois, nas indústrias de transporte, de impressão e de eletrônicos, a "produção de comunicação" alcançou um lugar qualitativamente diferente em sua relação à – mais estritamente, em proporção à – produçao em geral. Além disso, esse desenvolvimento eminente ainda está em uma fase relativamente inicial e, sobretudo na indústria de eletrônicos, certamente irá muito além. O fracasso em reconhecer essa mudança qualitativa não apenas adia as correções das formulações mecânicas de "base" e "superestrutura", mas também impede ou desloca a análise das relações significativas entre os meios e processos comunicacionais para as crises e os problemas das sociedades capitalistas avançadas e – aparentemente – para as diversas crises e dificuldades das sociedades socialistas industriais também avançadas.

Para uma história da "produção comunicativa"

Uma ênfase teórica nos meios de comunicação como meios de produção dentro de um complexo de forças socioprodutivas gerais deveria permitir e encorajar novas abordagens para a história dos próprios meios de comunicação. Essa história é ainda relativamente pouco desenvolvida, embora em algumas áreas haja um trabalho empírico notável. Dentro das posições ideológicas esboçadas anteriormente, os tipos de história mais familiares especializaram-se nos estudos técnicos do que é visto como a nova "mídia" – da escrita ao alfabeto e da impressão aos filmes, ao rádio e à televisão. Muitos detalhes indispensáveis foram reunidos nessa história especializada, mas são, em geral, relativamente isolados da história do desenvolvimento da forças produtivas gerais e das ordens e relações sociais. Um outro tipo familiar de história é a história social de "audiências" e "públicos": novamente contendo detalhes indispensáveis, mas usualmente tomados dentro de uma perspectiva do "consumo" que é incapaz de desenvolver as relações sempre significativas, e por vezes decisivas, entre os modos de consumo, que também são, em geral, formas de uma organização social mais ampla, e os modos específicos de produção, que são ao mesmo tempo tecnológicos e sociais.

O principal resultado de uma posição teórica reformulada deveria ser uma investigação histórica embasada sobre a história geral do desenvolvimento dos meios de comunicação que abarcasse aquela fase histórica particularmente ativa que inclui desenvolvimentos atuais em nossa própria sociedade.

MEIOS DE COMUNICAÇÃO COMO MEIOS DE PRODUÇÃO 75

Esses avanços consideráveis já dirigiram a atenção do leitor, obviamente, às crises e dificuldades dos sistemas de comunicação modernos. Mas, em geral, dentro dos termos de uma ou de outra das posições ideológicas iniciais, essas crises e dificuldades tendem a ser tratadas de forma estática ou a ser discutidas como meros efeitos de outros sistemas e desenvolvimentos históricos acabados (ou, com frequência, totalmente compreendidos). Em poucas áreas da realidade social contemporânea há tamanha falta de entendimento histórico. A popularidade de aplicações ideológicas e superficiais de outras histórias e de outros métodos e termos analíticos é uma consequência direta e prejudicial dessa falta. O trabalho necessário, tão imenso em escopo e variedade, será colaborativo e relativamente longo. O que é viável fazer agora, em uma intervenção teórica, é indicar algumas das direções possíveis.

Assim, é possível indicarmos teoricamente, ao considerarmos os meios de comunicação como meios de produção, os limites entre os meios técnicos diversos que, ao serem esboçados, apontam para diferenças básicas nos próprios modos de comunicação. Deveria também ser possível levantar as questões principais sobre as relações desses modos com modos produtivos mais gerais, com tipos diferentes de ordens sociais e (que em nosso período são cruciais) entre as questões básicas das habilidades, da capitalização e do controle.

É útil, primeiramente, distinguir os modos de comunicação que dependem dos recursos físicos humanos imediatos daqueles que dependem da transformação, pelo trabalho, de material não humano. Os primeiros, evidentemente, não podem ser abstraídos como "naturais". As línguas faladas e a rica área dos atos comunicativos físicos, hoje comumente generalizados como "comunicação não verbal", são elas mesmas, inevitavelmente, formas de produção social: desenvolvimentos qualitativos e dinâmicos fundamentais dos recursos humanos evolucionários; desenvolvimentos que, além disso, não são apenas pós-evolucionários, mas que foram processos cruciais na própria evolução humana. Todas essas formas ocorreram cedo na história humana, mas a sua centralidade não diminuiu durante as etapas posteriores notáveis nas quais, pelo trabalho social consciente, os homens desenvolveram meios de comunicação que dependiam do uso ou transformação do material não humano. Em todas as sociedades modernas e imagináveis, a fala física e a comunicação física não verbal ("a linguagem do corpo") mantêm-se como meios centrais e decisivos de comunicação.

É, então, possível distinguir tipos de uso ou de transformação de material não verbal para finalidades comunicativas em relação a essa centralidade direta persistente. Isso pede uma tipologia diversa da indicada pela simples sucessão cronológica. Há três tipos principais de tal uso ou transformação: (i) amplificador; (ii) durável (armazenamento); e (iii) alternativo. Alguns exemplos tornarão mais clara essa classificação preliminar. Assim, em relação à centralidade persistente dos meios físicos de comunicação direta, o tipo *amplificador* abrange desde aparelhos simples, como o megafone, até tecnologias avançadas de transmissão direta de rádio e televisão. O tipo *durável*, em relação a recursos físicos diretos, é, em geral, um desenvolvimento comparativamente recente; alguns tipos de comunicação não verbal tornam-se duráveis na pintura e na escultura, mas a fala, com exceção do caso específico e importante da transmissão oral pela repetição (convencional), ganhou durabilidade apenas após a invenção da gravação do som. O tipo *alternativo*, por outro lado, ocorreu comparativamente cedo na história humana: o uso ou transformação convencional dos objetos físicos como sinais; e o desenvolvimento rico e historicamente crucial da escrita, dos gráficos e dos meios para a sua reprodução.

Essa tipologia, embora ainda abstrata, foca centralmente as questões das relações sociais e da ordem social dentro do processo comunicativo. Dessa forma, em um primeiro plano de generalidade, tanto o tipo amplificador quanto o durável podem ser diferenciados socialmente do alternativo. Ao menos em cada polo do amplificador e da maioria dos processos duráveis, as habilidades envolvidas – e então o potencial geral para o acesso social – são de um tipo já desenvolvido na comunicação social primária: falar, ouvir, gesticular, observar e interpretar. Muitos blocos sobrevêm, mesmo em um primeiro plano, como nas linguagens diversas e sistemas gestuais em sociedades diferentes, mas dentro do próprio processo comunicativo não há uma diferenciação social *a priori*. Problemas de ordem e relação sociais nesses processos destacam questões de controle e de acesso para os meios de amplificação e de duração desenvolvidos. Esses são, por sua própria característica, de interesse direto para a classe dominante; todos os tipos de controle e de restrição de acesso são repetidamente praticados. Mas qualquer classe excluída precisa percorrer um caminho mais curto para conseguir um uso ao menos parcial desses meios do que no caso dos meios alternativos. Nestes últimos, não apenas o acesso, mas uma habilidade primária crucial – por exemplo, a escrita ou a leitura – deve também ser dominada.

O problema da ordem social não pode ser considerado como um problema de simples diferenciação de classe. Há uma relação razoavelmente direta e importante entre os poderes relativos de amplificação e de duração e a quantidade de capital em sua instalação e uso. É obviamente muito mais fácil estabelecer um monopólio capitalista ou de capitalismo de Estado com a radiodifusao do que com o uso de megafones. Tais monopólios ainda são de importância social e política crucial. Contudo, dentro dos meios amplificador e durável, há muitas contradições históricas. O caráter direto do acesso em cada polo do processo permite uma flexibilidade considerável. O receptor de ondas curtas de rádio, e especialmente o rádio transistor, permitem que muitos de nós ouçamos vozes além de nosso próprio sistema social. A fase crucial do desenvolvimento do monopólio capitalista, incluindo o controle capitalista das tecnologias avançadas de amplificação e gravação centralizadas, também abarcou o desenvolvimento intensivo de aparelhos como os rádios transistores e os gravadores, que foram construídos para os canais comuns de consumo capitalista. Porém, como aparelhos envolvendo apenas as habilidades comunicativas primárias, eles ofereceram meios limitados para a fala, a escuta e a gravação alternativa, bem como para certa produção autônoma direta. Essa ainda é apenas uma área marginal em comparação com os sistemas centralizados imensos de amplificação e gravação baseados em graus de controle e seleção variados, mas sempre relevantes para os interesses de uma ordem social central. Contudo, embora marginal, ela não é insignificante na vida política contemporânea.

Além disso, há muitos avanços técnicos que, dentro do processo produtivo social sempre contraditório, estão ampliando esse escopo: radiotransmissores mais baratos, por exemplo. A partir de uma perspectiva socialista, esses meios de comunicação autônoma podem ser vistos não apenas como alternativos para os sistemas centrais amplificadores e duráveis dominantes, como no capitalismo ou nos difíceis estágios iniciais do socialismo, mas na perspectiva do uso comunitário democrático no qual, pela primeira vez na história humana, eles poderiam estabelecer uma correspondência potencial plena entre os recursos comunicativos físicos primários e as formas de criação de trabalho da amplificação e da duração. Além disso, esse ato profundo de liberação social seria ele mesmo um desenvolvimento qualitativo dos recursos físicos diretos existentes. É nessa perspectiva que podemos alcançar, de modo razoável e prático, o sentido dado por Marx ao comunismo como "a produção da forma mesma da comunicação", na qual, com o término da divisão do trabalho dentro dos próprios modos de produção e de comunicação, os indivíduos falariam "*como* indivíduos", como seres humanos integrais.

Há dificuldades maiores, mas não insuperáveis, nesses processos comunicativos que são tecnicamente *alternativos* ao uso dos recursos comunicativos físicos diretos. O fato mais notável da

MEIOS DE COMUNICAÇÃO COMO MEIOS DE PRODUÇÃO

tecnologia das comunicações eletrônicas é que, chegando muito mais tarde na história humana do que as tecnologias da escrita e da impressão, ela possui uma correspondência de modalidade muito mais próxima (há certas exceções críticas que ainda discutiremos) com as formas comunicativas físicas diretas: a fala, a escuta, a gesticulação, a observação. Isso significa que há, de fato, poucos obstáculos para a abolição da divisão técnica do trabalho dentro desse modo geral. Os problemas da abolição ampla – revolucionária – da divisão social e econômica do trabalho são, obviamente, comuns a todas as modalidades, mas há aqui, como em outras áreas da produção, diferenças técnicas significativas que, mesmo dentro de uma sociedade revolucionária, afetarão ao menos o *timing* para a abolição prática dessas divisões.

O primeiro fato sobre os modos comunicativos alternativos é que eles requerem, para o seu funcionamento, habilidades adicionais àquelas desenvolvidas nas formas mais básicas de interação social. A escrita e a leitura são exemplos óbvios, e a dimensão do analfabetismo ou do alfabetismo deficiente, mesmo nas sociedades industriais avançadas, para não falar das sociedades pré-industriais ou em processo de industrialização, é evidentemente um grande obstáculo para a abolição da divisão do trabalho dentro dessa área vital das comunicações. Os programas de alfabetização são então básicos dentro de qualquer perspectiva socialista. Mas o seu sucesso, que é essencial, chega apenas ao ponto já alcançado dentro dos processos comunicativos físicos diretos, uma vez que há então acesso potencial em ambos os polos do processo. Os problemas encontrados nas modalidades diretas mantêm-se ainda sem solução: problemas do acesso efetivo, das alternativas ao controle e seleção pela classe e pelo Estado, e da economia da distribuição geral. Teoricamente esses problemas são da mesma ordem dos encontrados na democratização dos modos diretos, mas os custos dos processos de transformação que são inerentes a todas as formas alternativas podem afetar significativamente ao menos o *timing* de sua solução.

Também aqui, contudo, os avanços técnicos tornam mais simples certos tipos de acesso comum. Formas mecânicas e eletrônicas de impressão e de reprodução estão agora disponíveis a custos de capital relativamente baixos. Além delas, há uma área dinâmica de desenvolvimento técnico que é, social e economicamente, mais ambígua. Da composição de caracteres por computador à digitação eletrônica direta – e, indo além, embora talvez isso esteja ainda um tanto distante, ao intercâmbio eletrônico direto entre voz e texto –, há hoje alterações nos meios de produção de comunicação que tanto afetam as relações de classe dentro dos processos quanto conduzem a alterações – um rápido crescimento, ao menos na primeira fase – no nível necessário de capitalização. Assim, a relação entre a escrita e a impressão, desenvolvida na tecnologia tradicional, tem sido uma instância eminente do que é uma divisão técnica e social do trabalho, na qual escritores não imprimem, mas isto é visto como uma questão meramente técnica, e, crucialmente, os tipógrafos não escrevem, e são vistos apenas como meios instrumentais na transmissão da escrita para outros. As relações de classe dentro dos jornais, por exemplo – entre editores e jornalistas, que têm algo a dizer e o escrevem, e uma gama de profissionais que produzem e reproduzem tecnicamente as palavras daqueles –, são óbvias e agudas. Há hoje uma crise ideológica dentro da imprensa capitalista sempre que, em ocasiões importantes, os profissionais técnicos da imprensa afirmam sua presença como mais do que instrumento, recusando a imprimir o que outros escreveram ou, mais raramente, se oferecendo também para escrever. Isso é denunciado, dentro da ideologia burguesa, como uma ameaça à "liberdade de imprensa", mas os termos nos permitem ver como essa definição burguesa de liberdade é profundamente fundada em uma suposta divisão permanente não apenas do trabalho, mas do *status* humano (os que têm algo a dizer e os que não têm).

Contudo, agora, com a nova tecnologia, jornalistas que "escrevem" podem também, em um processo direto, tipografar.

As habilidades tradicionais estão ameaçadas e há um tipo familiar de disputa industrial. Seus termos são limitados, mas em qualquer sociedade pré-revolucionária os limites são uma consequência inevitável da divisão social básica do trabalho. Em teoria, a solução é evidente. Qualquer ganho em acesso imediato à imprensa é um ganho social comparável àqueles da transmissão e recepção direta da voz. Mas os custos são altos, e a realidade do acesso estará em relação direta com as formas de controle do capital e com a ordem social geral a elas relacionada. Mesmo onde essas formas se democratizaram, há ainda uma gama de questões sobre os custos reais desse acesso em mídias diversas. Muito da tecnologia avançada está se desenvolvendo dentro de relações sociais firmemente capitalistas, e o investimento, embora de forma variável, é direcionado dentro de uma perspectiva de reprodução capitalista, tanto em termos imediatos quanto em termos mais gerais. No momento, parece mais provável que os sistemas de comunicação autoadministráveis, com formas de acesso universal que genuinamente transcenderam as divisões do trabalho culturais herdadas, chegarão mais rapidamente aos sistemas de voz do que aos sistemas de impressão, e continuarão a ter vantagens econômicas importantes.

Comunicação "direta" e "indireta"

Até o momento, fizemos uma comparação apenas em um primeiro plano entre, por um lado, os sistemas amplificadores e duráveis e, por outro, os sistemas alternativos. Essa comparação avança bastante em direção ao problema, mas há um importante segundo plano comparativo ao qual devemos agora nos voltar.

As formas técnicas que são, primeiramente, amplificadoras e duráveis incluem, como vimos, certas condições sociais que restringem suas definições abstratas de disponibilidade geral em qualquer sociedade baseada na divisão de classes. A amplificação pode ser, e quase sempre é, altamente seletiva; apenas algumas vozes são amplificadas. A duração é radicalmente afetada por esse e por outros processos seletivos. Mas o que deve então ser distinguido teoricamente é uma diferença qualitativa, dentro dos meios de comunicação como meios de produção, entre o amplificador (e, em menor grau, o durável) e os sistemas alternativos que hoje incluem não apenas modos como a escrita e a impressão, mas modos que, em alguns de seus usos, parecem apenas amplificadores ou duráveis.

Assim, no rádio e na televisão, podem existir tecnicamente (deixando de lado, no momento, os processos poderosos de controle e seleção social) a transmissão e a recepção direta de meios de comunicação já generalizados: a fala e os gestos. Mas muito do rádio e da televisão – e essa tendência é necessariamente fortalecida quando uma função durável está em questão – envolve um trabalho posterior de um tipo transformador ou parcialmente transformador. Os processos de edição, em seu sentido amplo – do corte e reordenação até a composição de novas sequências deliberadas –, são qualitativamente similares, ao menos em efeito, a sistemas plenamente alternativos. Contudo, isso é muito difícil de ser percebido, porque o que é então transmitido tem a aparência da transmissão e recepção direta dos meios de comunicação mais generalizados. Ouvimos um homem falando com a sua própria voz, e ele "aparece como ele mesmo" na tela. Contudo, o que está de fato sendo comunicado, após os processos normais de edição, é um modo no qual os recursos primeiramente físicos são transformados – normalmente por processos que são, por definição, invisíveis; palavras retiradas não podem ser ouvidas – por um trabalho intermediário posterior, no qual os meios de comunicação primários tornaram-se materiais com os quais, e nos quais, um outro comunicador trabalha.

Não se trata apenas de exclusão e seleção. Novas relações positivas de um tipo significativo podem ser realizadas pelos

MEIOS DE COMUNICAÇÃO COMO MEIOS DE PRODUÇÃO   83

processos de reorganização e justaposição, e isso pode ser verdade mesmo nos casos pouco usuais nos quais as unidades primárias originais são deixadas em seu estado original. No filme, no qual por definição não há transmissão direta de recursos comunicativos físicos primários – uma vez que tudo é intermediariamente gravado –, há uma variação dessa posição geral, e o ato comunicativo central é habitualmente tomado como, precisamente, essa composição na qual os processos comunicativos primários de alguns, com ou sem direção específica, são matéria-prima para a transformação da comunicação por outros.

É nesse sentido que o rádio e a televisão, em todas as formas diversas da transmissão direta mais simples (e então o vídeo e o filme), devem ser vistos como modos alternativos ao invés de modos simplesmente amplificadores ou duráveis. Mesmo na transmissão televisiva direta, assuntos aparentemente tão técnicos como o posicionamento da câmera são um elemento significativo crucial. Em um confronto entre a polícia e manifestantes é inteiramente relevante, por exemplo, se a câmera é colocada (como ocorre com tanta frequência) atrás da polícia ou, como pode ocorrer em uma perspectiva social diferente, atrás dos manifestantes, ou ainda, e que pode ocasionalmente ocorrer, em relações imparciais com ambos. O que está "sendo visto" no que parece ser uma forma natural é em parte, ou em grande parte, o que "é feito para ser visto". Os sistemas alternativos tradicionais, nos quais a fala é submetida ou registrada pela impressão, ou nos quais, por costume, há uma composição comunicativa direta voltada para a impressão, são mais fáceis de serem *reconhecidos* como sistemas alternativos, com todas as dificuldades sociais iniciais para a obtenção das habilidades necessárias, do que esses sistemas efetivamente alternativos nos quais a aparência da comunicação direta foi, de fato, produzida por processos específicos de trabalho técnico.

Assim, a perspectiva revolucionária de Marx, segundo a qual a comunicação universal moderna pode ser subordinada por indivíduos apenas se for subordinada por todos eles, levanta questões de um novo tipo a serem adicionadas aos problemas que são inerentes a qualquer transformação social desse tipo. Podemos prever um estágio do desenvolvimento social no qual a apropriação geral dos meios de produção comunicativa pode ser praticamente atingida, com movimentos integrados de revolução social e de utilização de novas capacidades técnicas. Por exemplo, a criação de sistemas de radiocomunitária democráticos, autônomos e autoadministrados já está ao nosso alcance, para incluir não apenas a "radioteledifusão" em seus termos tradicionais, mas também modos interativos variados bastante flexíveis e complexos, que podem nos levar além da transmissão "representativa" e seletiva para uma comunicação direta de pessoa para pessoa ou de pessoas para pessoas. Sistemas similares, embora talvez mais caros, podem ser previstos para o teletexto, em que há uma ampla área para a apropriação geral dos meios de produção comunicativa, sobretudo os duráveis. Contudo, ao mesmo tempo, dentro de outros sistemas alternativos modernos, que incluem muitos dos atos e processos comunicativos mais valiosos, há problemas nas modalidades de qualquer apropriação que seja de um tipo menos manipulável. É fato que modos de autonomia e autogestão comunitária avançarão consideravelmente, conforme os processos transformativos intrínsecos, para a alteração do caráter geral existente de tais produções. Mas enquanto nos modos mais simples e diretos há formas prontamente acessíveis de apropriação verdadeiramente gerais (universais) – pelo acesso direto a uma tecnologia que utiliza apenas recursos comunicativos primários e já distribuídos –, nos processos que dependem de transformações, deve por um longo tempo ser o caso de uma apropriação abstrata relativa ser mais prática e, dessa forma, mais provável do que a apropriação mais substancial – geral e universal – dos meios de produção detalhados que tais sistemas necessariamente empregam. A discussão e demonstração embasada dos processos transformadores inerentes envolvidos, por exemplo, na televisão

MEIOS DE COMUNICAÇÃO COMO MEIOS DE PRODUÇÃO   85

e no filme, são de importância fundamental nesse tópico e o terreno necessário para uma transição efetiva. Os modos de "naturalização" desses meios de produção comunicativa necessitam ser continuamente analisados e enfatizados, pois eles são de fato tão poderosos – e novas gerações estão se tornando tão habituadas a eles – que aqui, tão fortemente quanto em qualquer outro local do processo socioeconômico moderno, as atividades e relações reais dos homens estão ocultadas atrás de uma forma reificada, uma modalidade reificada, uma "mídia moderna".

Mas a desmistificação crítica pode levar-nos apenas até uma parte do caminho. A reificação terá de ser distinguida da composição aberta e consciente das obras, ou o único resultado será negativo, como em algumas tendências semióticas contemporâneas que desmistificam as práticas, colocando-as todas em questão e, então, previsivelmente, recorrem a ideias da alienação universal (inerente e intransponível) dentro dos termos de uma psicologia pessimista e universalista. A desmistificação crítica deve continuar, mas sempre associada à prática: à prática regular, como parte da educação normal nesse processo de trabalho transformador; a prática na produção de "imagens" alternativas de um "mesmo evento"; a prática nos processos de edição básica e de construção de sequências; e a prática, seguindo essa linha, na composição autônoma direta.

Talvez já tenhamos entrado em um novo mundo social quando colocamos os meios e sistemas da comunicação mais direta sob nosso próprio controle direto e geral. Talvez já tenhamos transformado-os de suas funções contemporâneas normais em mercadoria ou em elementos de uma estrutura de poder. Podemos ter resgatado esses elementos centrais de nossa produção social das mãos de muitos tipos de expropriadores. Mas o socialismo não é apenas sobre a "recuperação" teórica e prática dos meios de produção, incluindo os meios de produção comunicativa, que foram expropriados pelo capitalismo, e que implica, no caso das comunicações, sobretudo (mas não apenas, embora possa incluí-la), a redescoberta de uma integridade e comunidade "primitiva". Mesmo nos modos diretos, deveria prevalecer muito mais a instituição do que a recuperação, pois eles terão de incluir os elementos transformadores do acesso e extensão em uma ampla gama social e intercultural sem precedentes.

Nisso, mas muito mais nos modos de comunicação avançados indiretos, o socialismo é, então, não apenas a "recuperação" geral de capacidades humanas especificamente alienadas, mas também, e de modo muito mais decisivo, a instituição necessária para capacidades e relações de comunicação novas e bastante complexas. Ele é, sobretudo, uma produção de novos meios (novas forças e novas relações) de produção em uma parte central do processo material social; e por esses novos meios de produção, é uma realização mais avançada e mais complexa das relações produtivas decisivas entre comunicação e comunidade.

3

IDEIAS SOBRE A NATUREZA

Um pouco de natureza pode tornar-nos a todos uma grande família, mas, normalmente, quando dizemos "natureza", temos a intenção de incluir a nós mesmos? Conheço algumas pessoas que diriam que o outro tipo de natureza – árvores, montanhas, riachos, animais – causa um efeito agradável. Mas noto que elas muitas vezes contrastam-no com o mundo dos humanos e seus relacionamentos.

Eu inicio com esse problema comum de sentido e referência porque gostaria que essa investigação fosse ativa e porque tenho a intenção de enfatizar que a ideia de natureza contém, embora muitas vezes de modo despercebido, uma quantidade extraordinária da história humana. Assim como outras ideias fundamentais que expressam a visão da humanidade de si mesmo e de seu lugar no mundo, a "natureza" possui uma continuidade nominal, por muitos séculos, mas pode ser vista, pela análise, como complexa e em mudança, à medida que outras ideias e experiências se modificam. Eu já tentei analisar algumas ideias semelhantes crítica e historicamente. Entre elas estavam a cultura, a sociedade, a classe, o indivíduo, a arte e a tragédia. Mas devo dizer desde já que, embora essas ideias sejam difíceis, a de natureza faz com que pareçam relativamente simples. Essa tem sido uma questão central, por um período muito longo, para muitos tipos diversos de pensamento. Além disso, ela possui algumas dificuldades bastante radicais já nos estágios iniciais de sua expressão: dificuldades que me parecem persistir.

Algumas pessoas, quando veem uma palavra, pensam que a primeira coisa a fazer é defini-la. Dicionários são produzidos e, com uma demonstração de autoridade não menos confiante por ser normalmente tão limitado no tempo e no espaço, o que é denominado um significado apropriado é atribuído. Mas embora seja possível fazer isso de modo mais ou menos satisfatório com algumas palavras simples que nomeiam certas coisas e efeitos, essa operação é não apenas impossível, mas irrelevante no caso de ideias mais complexas. O que importa nelas não é o significado mais adequado, mas a história e a complexidade dos significados: as alterações conscientes ou seus usos conscientemente diversos; e, com a mesma frequência, aquelas mudanças e diferenças que, marcadas por uma continuidade nominal, expressam radicalmente mudanças diversas muitas vezes despercebidas, em um primeiro momento, na experiência e na história. É então melhor dizer que qualquer análise razoavelmente completa dessas mudanças na ideia de natureza iria muito além do âmbito de uma palestra, mas eu gostaria de tentar indicar alguns dos principais pontos – as linhas gerais desta análise – e checar quais efeitos eles podem ter sobre alguns dos nossos argumentos e preocupações contemporâneos.

O ponto central da análise pode ser expresso pela formação singular do termo. Entendo que temos aqui um caso de uma definição de qualidade que se torna, pelo uso real e com base em certas hipóteses, uma descrição do mundo. Um pouco de sua história linguística inicial é de difícil interpretação, mas ainda temos, como nos usos iniciais, duas posições bastante diversas. Talvez eu possa ilustrá-las com uma passagem bastante conhecida de Burke:

IDEIAS SOBRE A NATUREZA

Em um estado *rude* de natureza não há tal coisa como um povo [...] A ideia de um povo é a ideia de uma corporação. É completamente artificial; e construída, como todas as outras ficções legais, pelo comum acordo. O que foi a natureza particular desse acordo pode ser rememorado pela forma como uma sociedade em particular foi organizada.

Talvez "rude", ali, faça uma pequena diferença, mas o que mais impressiona é a coexistência da ideia comum de "um estado de natureza" com o uso quase despercebido, por ser tão habitual, de "natureza" para indicar a qualidade inerente do acordo. Esse sentido de natureza como a qualidade intrínseca e essencial de qualquer coisa em particular é muito mais do que acidental. Na verdade, há evidências de que esse tenha sido, historicamente, seu primeiro uso. Em latim, teria sido dito *natura rerum*, mantendo "natureza" para a qualidade essencial e adicionando a definição das coisas. Mas então, também em latim, *natura* passou a ser usado isoladamente para expressar o mesmo significado geral: a constituição essencial do mundo. Muitas das primeiras especulações sobre a natureza parecem ter percorrido esse sentido físico, mas com a suposição de que no curso das investigações físicas estava-se descobrindo as leis essenciais, inerentes e, de fato, imutáveis do mundo. A associação e, então, a fusão de um nome para a qualidade com um nome para as coisas observadas possui uma história precisa. É uma formação central do pensamento idealista. O que se buscava na natureza era um princípio essencial. A multiplicidade das coisas e dos processos de vida poderiam então ser mentalmente organizados em torno de uma única essência ou princípio: a natureza.

Eu não gostaria de negar, mas preferiria enfatizar que essa abstração singular foi um grande avanço para a consciência. Mas creio que estamos tão acostumados a ela, em uma continuidade nominal por mais de dois milênios, que nem sempre percebemos muito a que ela nos submete. Um nome específico para a multiplicidade real das coisas e dos processos vividos pode ser entendido, com certo esforço, como neutro, mas tenho certeza de que muito frequentemente o caso que é oferecido, desde o início, é um tipo de interpretação dominante: idealista, metafísica ou religiosa. E creio que isto seja especialmente evidente se olharmos para a sua história subsequente. Temos registros, em muitas culturas primitivas, do que hoje chamaríamos de espíritos da natureza ou deuses da natureza: seres que se acredita encarnar ou comandar o vento, o mar, a floresta ou a lua. Sob o peso da interpretação cristã, acostumamo-nos a denominar esses deuses ou espíritos como pagãos: manifestações diversas e variáveis anteriores à revelação do Deus único e verdadeiro. Mas, assim como na religião, o momento do monoteísmo é um desenvolvimento crítico, ou seja, nas respostas humanas ao mundo físico, é o momento de uma Natureza singular.

O singular, o abstraído e o personificado

Quando a própria Natureza, como as pessoas aprenderam a dizer, tornou-se uma deusa, uma Mãe divina, passamos a ter algo bastante diferente do espírito do vento, do mar, da floresta e da lua. É ainda mais surpreendente que esse princípio singular abstrato e muitas vezes personificado, baseado em respostas ao mundo físico, teve (se a expressão for permitida) um concorrente no ser religioso singular, abstrato e personificado: o Deus monoteísta. A história dessa interação é imensa. No mundo ocidental ortodoxo medieval, uma fórmula geral que preservava a singularidade de ambos foi alcançada: Deus é o primeiro absoluto, mas a Natureza é a sua ministra e deputada. Como em muitos outros tratados, essa relação passou a ser controversa. Houve uma longa discussão, que precedeu o renascimento da investigação física sistemática – o que hoje chamamos de ciência – relativo à propriedade e, então, ao modo da investigação dessa ministra, com a

IDEIAS SOBRE A NATUREZA

questão óbvia de saber se a soberania definitiva estava sendo violada ou insuficientemente respeitada. Agora, esse é um argumento antigo, mas é interessante que, ao ser revivido no século XIX, nas discussões sobre a evolução, mesmo os que estavam preparados para descartar o primeiro princípio singular – a ideia de Deus – com frequência retiveram, e mesmo enfatizaram, o outro princípio bastante semelhante a ele: a Natureza singular e abstrata, ainda muitas vezes, e em algumas formas novas, personificada.

Talvez isso não surpreenda aos outros tanto quanto me intriga. Mas eu poderia mencionar, nesse momento, um de seus efeitos práticos mais evidentes. Em alguns argumentos sérios, mas ainda mais na polêmica popular e em diversos tipos de retórica contemporânea, deparamo-nos continuamente com proposições do tipo "a Natureza é...", "a Natureza mostra..." ou "a Natureza ensina...". O que geralmente é evidenciado sobre o que se diz é que se trata de uma seleção em acordo com o objetivo geral do falante. "A Natureza é..." – o quê? O vermelho nos dentes e nas garras; uma impiedosa luta pela existência; um sistema interligado extraordinário de benefício mútuo; um paradigma de interdependência e cooperação.

"A Natureza é" qualquer uma dessas coisas de acordo com o processo que selecionamos: a cadeia alimentar, dramatizada no tubarão ou no tigre; o emaranhado de plantas competindo por espaço, luz e ar; o polinizador – a abelha e a borboleta – ou o simbionte e o parasita; mesmo o animal carniceiro, o controlador populacional, o regulador da provisão dos alimentos. No que hoje é visto, com tanta frequência, como a crise de nosso mundo físico, muitos de nós seguimos, atentamente, os últimos relatórios dos que estão observando e são qualificados para observar esses processos e efeitos específicos, essas criaturas, fatos, ações e consequências. E eu estou preparado para acreditar que algumas das generalizações daí decorrentes podem ser mais verdadeiras do que outras, uma maneira melhor de olhar para os processos nos quais também nós estamos envolvidos e dos quais se pode dizer que dependemos. Mas tenho de dizer que eu me sentiria mais em contato com a situação real se as observações, feitas com grande habilidade e precisão, não fossem tão rapidamente reunidas – quero dizer, evidentemente, no plano da generalização necessária – em declarações singulares de características essenciais, inerentes e imutáveis, ou seja, em princípios de uma natureza singular. Não tenho competência para falar diretamente de qualquer um desses processos, mas posso colocá-lo em uma experiência comum: quando ouço que a natureza é uma competição implacável, lembro-me da borboleta, e quando ouço dizer que ela é, em última instância, um sistema de vantagem mútua, lembro-me do ciclone. Exércitos de intelectuais podem munir-se com um ou outro dentre esses exemplos selecionados; mas inclino-me a refletir sobre os efeitos da ideia que partilham: a de uma natureza singular e essencial, com leis consistentes e conciliáveis. Na verdade, vejo-me, nesse ponto, refletindo sobre o significado pleno do que comecei a dizer: que a ideia de natureza contém uma quantidade extraordinária de história humana. Parece-me que o que é frequentemente argumentado na ideia da natureza é a ideia do homem; e isso não apenas de modo geral ou absoluto, mas a ideia do homem na sociedade e, de fato, as ideias de tipos de sociedade.

O fato de tornarmos a natureza singular, abstrata e personificada oferece-nos ao menos uma conveniência: permite-nos olhar, com uma clareza incomum, para algumas interpretações bastante fundamentais de toda a nossa experiência. A natureza pode ser algo simples, uma força ou um princípio, mas essas definições possuem uma história real. Eu já mencionei a Natureza como ministra de Deus. Conhecer a Natureza implicava em conhecer a Deus, embora houvesse uma controvérsia radical com relação aos meios para esse conhecimento: se pela fé, pela especulação, pela razão correta, ou pela investigação e experimento físico. Mas a Natureza, ministra ou deputada, precedeu ou foi amplamente sucedida pela Natureza do monarca absoluto. Essa é uma

IDEIAS SOBRE A NATUREZA

característica de certas fases do fatalismo em muitas culturas e períodos. Não é que a Natureza seja incognoscível: como súditos, conhecemos nosso monarca. Mas seus poderes são tão grandes, e seu exercício, às vezes, aparentemente tão caprichoso, que não pretendemos controlá-los. Ao contrário, confinamo-nos a diversas formas de petição ou apaziguamento: a oração contra a tempestade ou pela chuva; o manuseio supersticioso ou a abstenção do manuseio de certos objetos; o sacrifício pela fertilidade ou o plantio de salsa na Sexta-Feira Santa. Como tantas vezes, há uma área indeterminada entre esse monarca absoluto e a noção mais manejável de ministra de Deus. Uma incerteza de propósito é tão evidente na Natureza personificada quanto no Deus personificado: é ele previdente ou indiferente, regularizador ou caprichoso? Todos dizem que no mundo medieval havia uma concepção de ordem que atingia cada parte do universo, da mais elevada à mais baixa: uma ordem divina, da qual as leis da natureza eram a expressão prática. Certamente, muitas vezes se acreditou nisso, e talvez ainda mais frequentemente isso tenha sido ensinado. Na peça *Natureza*, de Henry Medwall, ou em *Os quatro elementos*, de Rastell, a Natureza instrui o homem para as suas funções, sob o olhar de Deus; ele pode encontrar sua própria natureza e local a partir das instruções da Natureza. Mas, na peste ou na fome, no que pode ser convenientemente chamado não de leis naturais, mas de catástrofes naturais, a figura bastante diversa do monarca absoluto e caprichoso pode ser visualizada, e a forma da luta entre um Deus ciumento e um Deus justo lembra muito a luta na mente dos homens entre as experiências reais de uma "Natureza" providente e de uma destrutiva. Muitos estudiosos acreditam que a concepção de uma ordem natural durou até a era elisabetana e o início da jacobina, dominando-as, mas o que é impressionante no *Lear* de Shakespeare, por exemplo, é a incerteza do significado de "natureza":

Não permita à natureza mais do que ela necessita,
A vida do homem é tão vulgar quanto a do animal [...]

[...] uma filha
Que redime a natureza da maldição geral
Que ambos a ela trouxeram. [...]
Essa natureza, que contém a sua origem,
Não pode ser contida nela mesma; [...]
[...] Todos os trovões tremendo [...]
Rompa os moldes da natureza, todas as sementes de uma vez derrame,
Que fazem o homem ingrato! [...]
[...]Ouça, natureza, ouça; querida deusa, ouça![...]

Com esses poucos exemplos, temos toda uma gama de significados: desde a natureza como uma condição primitiva anterior à sociedade humana; passando pelo sentido de uma inocência original na qual houve uma queda e uma maldição que exige redenção; passando pelo sentido particular de uma qualidade de nascimento, como na raiz latina; passando também pelo sentido das formas e moldes da natureza que podem paradoxalmente ser destruídos pela força natural do trovão; até a forma simples e persistente da deusa personificada, a própria Natureza. A análise de John Danby dos significados de "natureza" no *Rei Lear* mostra um alcance ainda maior.[1]

O que pode ser visto como uma confusão ou como uma sobreposição na história do pensamento é muitas vezes o momento exato do impulso dramático, uma vez que o modo dramático é mais poderoso porque nele os significados e as experiências são incertos e complexos, e inclui mais do que poderia qualquer outra narrativa ou exposição: não a ordem abstraída, embora as suas formas estejam presentes, mas a ordem, os significados conhecidos, e a experiência da ordem e dos significados que está no limite da inteligência e dos sentidos, uma interação

---

1 Danby, *Shakespeare's Doctrine of Nature*.

complexa que é a forma nova e dramática. De súbito, a natureza é agora inocente, desprovida, segura, insegura, fértil, destrutiva, uma força pura, maculada e maldita. Não consigo pensar em um melhor contraste ao modo do significado único, que é a história mais acessível da ideia.

No entanto, as ideias simplificadas continuaram a surgir. A deputada de Deus ou o monarca absoluto (e monarcas absolutos também foram, pelo menos na imagem, deputados de Deus) foram sucedidos por essa Natureza que, ao menos no mundo culto, domina o pensamento europeu do século XVII ao XIX. É uma figura menos grandiosa e imponente: na verdade, um advogado constitucional. Ainda que haja uma falsa devoção ao doador original das leis (e em alguns casos, não podemos duvidar, trata-se de mais do que uma falsa devoção), toda a atenção prática é dada aos detalhes das leis: a sua interpretação e classificação, previsões a partir de precedentes, descoberta ou revitalização de estatutos esquecidos e, em seguida, e mais importante, a produção de novas leis a partir de novos casos: as leis da natureza num sentido constitucional bastante novo, não tanto ideias adaptáveis e essenciais, mas uma acumulação e classificação de casos.

A nova ideia de evolução

O poder dessa nova ênfase dificilmente precisa ser enfatizado. Sua praticidade e seus detalhes obtiveram resultados bastante transformadores no mundo. Em seu crescente secularismo, ou melhor, naturalismo, ela às vezes conseguiu escapar ao hábito da personificação singular, e a natureza, embora muitas vezes ainda singular, tornou-se um objeto e mesmo uma máquina. Em suas fases iniciais, as ciências dessa nova ênfase foram predominantemente físicas: o complexo constituído pela matemática, física e astronomia, e que foi chamado de filosofia natural. O que classicamente observava-se era um estado fixo, ou as leis fixas do movimento. As leis da natureza eram constitucionais, mas, diferentemente de muitas das constituições reais, não possuíam uma história efetiva. Nas ciências da vida, a ênfase recaia sobre propriedades constitutivas e, significativamente, sobre classificações de ordens. O que alterou essa ênfase foi a evidência e a ideia de evolução: as formas naturais tinham não apenas uma constituição, mas uma história. A partir do final do século XVIII, e muito acentuadamente no XIX, a personificação da natureza foi alterada. Da imagem subjacente do advogado constitucionalista, a ideia alterou-se para uma outra figura: a do criador seletivo; a Natureza como criadora seletiva. Na verdade, o hábito da personificação, que exceto em usos bastante formais visivelmente se enfraquecia, foi fortemente reavivado por esse novo conceito de uma força ativamente ordenadora e interventora. A seleção natural poderia ser interpretada tanto com o natural como uma simples descrição não enfática de um processo, quanto com a implicação da natureza como uma força específica que poderia fazer algo tão consciente como selecionar. Há outras razões, como veremos, para o vigor das personificações do final do século XVIII e do XIX, mas essa nova ênfase, a de que a própria natureza possuía uma história e poderia ser vista como uma força histórica, talvez *a* força histórica, foi outro momento importante no desenvolvimento das ideias.

Já é evidente, se olharmos apenas para algumas das grandes personificações ou quase personificações, que a questão do que é abarcado pela natureza, o que ela inclui, é crítica. Pode haver mudanças de interesse entre o mundo físico e o orgânico, a distinção entre eles sendo uma das formas da organização da investigação. Mas a questão mais crítica, nesse âmbito, era se a natureza incluiria o homem. Esse era, afinal, um dos principais fatores na controvérsia sobre a evolução: se o homem poderia ser visto adequadamente em termos de processos estritamente naturais; se ele poderia ser descrito, por exemplo, nos mesmos termos dos animais. Embora a controvérsia hoje apresente formas diversas, penso que essa questão continua a ser crítica, por razões detectáveis na história da ideia.

O homem foi, evidentemente, incluído no conceito medieval ortodoxo da natureza. A ordem da natureza, que expressava a criação de Deus, incluía, como um elemento central, a noção de hierarquia: o homem possuía um lugar preciso na ordem da criação, mesmo sendo constituído a partir dos elementos universais que compunham a natureza como um todo. Indo além, essa inclusão não era meramente passiva. A ideia de um lugar na ordem universal implicava em um destino. A constituição da natureza declarava a sua finalidade. Ao conhecer o mundo inteiro, a começar pelos seus quatro elementos, o homem poderia conhecer o valor de seu próprio lugar nesse processo, e a definição desse valor estava na descoberta de sua relação com Deus.

Contudo, há uma diferença marcante entre a noção idealista de uma natureza fixa que contenha leis permanentes e a mesma noção com a ideia de um futuro, de um destino, como a lei mais fundamental dentre todas. Esta última, para dizer o mínimo, é menos propensa a encorajar a investigação física como uma prioridade; o propósito das leis e, portanto, a sua natureza, já são conhecidos: ou seja, já são pressupostos. Não é então de se estranhar que seja o anjo mau que diga, em Marlowe:

> Vá em frente, Fausto, àquela arte famosa
> Onde todos os tesouros da Natureza estão contidos.

O que era preocupante, obviamente, era que, ao negociar com a natureza, o homem pode ver-se como

> Senhor e Comandante desses elementos.

Essa foi uma dificuldade real e prolongada:

A Natureza que nos moldou dos quatro elementos
Lutando em nosso peito por ordem
Deve ensinar-nos a ter mentes aspirantes.

Mas, embora possa ser assim, a aspiração era ambígua: seja a aspiração pelo conhecimento da ordem da natureza, seja pelo conhecimento de como nela intervir e tornar-se seu comandante; ou, dito de outra forma, saber nosso lugar e valor na ordem da natureza ou aprender a ultrapassá-lo. Pode parecer um argumento fictício. Por milhares de anos, os seres humanos intervêm e aprendem a controlar a natureza. Desde o início da agricultura e da domesticação de animais esse processo foi realizado conscientemente, independentemente das muitas consequências secundárias que emergiram quando o ser humano buscou o que lhe parecia ser suas atividades normais.

A abstração do homem

Hoje é notório que, como uma espécie, nós crescemos com confiança em nosso desejo e em nossa capacidade de intervir. Mas não podemos entender esse processo, não podemos nem mesmo descrevê-lo, até que estejamos cientes do que a ideia de natureza inclui e, em particular, se ela inclui o homem. Pois falar do homem "intervindo" no processo natural implica na suposição de que ele possa crer não ser possível fazê-lo, ou possa decidir não fazê-lo. A natureza tem de ser pensada, então, como separada do homem antes de qualquer questão sobre intervenção ou comando, para que o método e a ética de cada um possam surgir. É isso que vemos acontecer no desenvolvimento da ideia. Isso pode, à primeira vista, parecer paradoxal, mas o que podemos chamar de ideias mais seculares e mais racionais sobre natureza dependeram de uma nova abstração bastante específica: a abstração do Homem. Não se trata tanto de uma mudança de uma visão metafísica para uma naturalista, apesar de essa distinção ter importância, como a mudança de uma noção abstrata para outra bastante similar na forma.

É claro que houve uma longa discussão sobre as relações entre a natureza e o homem social. No pensamento grego antigo, esse é o argumento sobre a natureza e a convenção; em certo sentido, trata-se de um contraste histórico entre o estado de natureza e um estado formado por humanos, com suas convenções e leis. Uma grande parte de toda a teoria política e jurídica posterior baseia-se em algum aspecto dessa relação. Mas então é evidente que o estado de natureza, a condição do homem natural, tem sido interpretada de forma bastante diversa. Sêneca viu o estado da natureza como uma era de ouro, na qual os homens eram felizes, inocentes e simples. Esse poderoso mito muitas vezes coincidiu com o mito do Éden: do homem antes da queda. Mas, às vezes, não: a queda da inocência poderia ser vista como uma queda na natureza; o animal sem graça divina, ou o animal necessitando dessa graça. Natural, em outros termos, pode significar condições totalmente opostas: o homem inocente ou o mero animal.

Na teoria política, ambas as imagens foram utilizadas. Hobbes visualizou o estado do homem na natureza como baixo, e a vida do homem pré-social como "solitária, pobre, sórdida, embrutecida e curta". Ao mesmo tempo, a razão correta era uma lei da natureza, em um sentido constitutivo um pouco diferente. Locke, opondo-se a Hobbes, viu o estado de natureza como de "paz, boa vontade, assistência mútua e cooperação". Uma sociedade justa organizava essas qualidades naturais, ao passo que em Hobbes uma sociedade eficaz havia superado as desvantagens naturais. Rousseau viu o homem natural como instintivo, inarticulado e sem propriedade, e o contrastou à sociedade competitiva e egoísta de seu próprio tempo. O tópico sobre a propriedade possui uma longa história. Foi uma ideia medieval muito difundida a de que a propriedade comum era mais natural do que a propriedade privada, que era uma espécie de queda da graça, e sempre houve radicais, de Diggers a Marx, que confiaram em alguma forma dessa ideia como um programa ou como uma crítica. É nesse problema da propriedade que muitas das questões cruciais sobre o homem e a natureza foram levantadas, muitas vezes quase inconscientemente. Locke desenvolveu uma defesa da propriedade privada baseada no direito natural do homem ao que ele produziu com seu próprio trabalho, e milhares de pessoas acreditaram e repetiram isso nos períodos em que deve ter sido óbvio para todos que os que misturaram seu trabalho com a terra de forma mais frequente e plena foram aqueles que não possuíam propriedade, e quando as marcas e manchas desse trabalho eram, efetivamente, uma definição dos despossuídos. O argumento pode seguir por dois caminhos, o conservador ou o radical. Mas quando falamos de seres humanos misturando seu trabalho com a terra, estamos em um mundo de novas relações entre o homem e a natureza, e separar a história natural da história social torna-se extremamente problemático.

Creio que a natureza teve de ser vista como separada do homem por vários motivos. Talvez a primeira forma de separação tenha sido a distinção prática entre natureza e Deus: a distinção que, por fim, tornou possível a descrição dos processos naturais em seus próprios termos; examiná-los sem qualquer hipótese prévia de propósito ou desígnio, mas simplesmente como processos, ou, no uso historicamente anterior do termo, como máquina. Poderíamos descobrir como a natureza "funciona"; o que a criou, ou, como alguns ainda dizem, "seu tique-taque" (como se o relógio de Paley ainda estivesse conosco). Poderíamos ver melhor como ela funciona alterando ou isolando certas condições em experiências ou em melhorias. Algumas dessas descobertas foram passivamente concebidas: uma mente separada observando uma matéria separada; o homem olhando para a natureza. Mas muitas delas foram ativas: não apenas observação, mas experimento; e, evidentemente, não apenas a ciência, o conhecimento puro da natureza, mas a ciência aplicada, a intervenção consciente para fins humanos. A melhoria da agricultura e a Revolução Industrial foram claramente desencadeadas a partir dessa ênfase, e muitos dos efeitos práticos dependiam de um olhar sobre a natureza como, clara e até mesmo friamente, um conjunto de objetos que os homens poderiam operar. É claro que temos ainda de nos lembrar de algumas das consequências desse modo de ver as coisas. O isolamento do objeto a ser tratado conduziu, e ainda conduz, a consequências imprevisíveis e negligenciadas. Isso também conduziu, de maneira muito clara, a um desenvolvimento importante da capacidade humana, incluindo aquela de sustentar e zelar pela vida de formas bastante novas.

Mas a ideia de natureza em si produziu um resultado muito curioso. Os cientistas físicos e os inovadores, embora de formas diversas, não tinham dúvida de que estavam trabalhando com a natureza, e seria difícil negar esse fato tomando qualquer um dos significados gerais. Contudo, no primeiro pico desse tipo de atividade, um outro significado de natureza, agora bastante popular, emergiu. A natureza era, nesse novo sentido, tudo o que não era humano, tudo o que não fora tocado ou estragado pelo homem: a natureza como os locais solitários, como o selvagem.

O natural e o convencional

Eu gostaria de descrever esse desenvolvimento em detalhes, mas por estarmos ainda tão influenciados por ele, é necessário que eu primeiro chame a atenção para o caráter convencional dessa natureza imaculada, para as características convencionais pelas quais ela é dissociada do humano. Há regiões de fato ermas, locais essencialmente não tocados. Quase por definição, pessoas que vão à "natureza" vão a esses locais. Mas aqui, alguns dos sentidos iniciais de "Natureza" e de "natural" surgem como uma ajuda duvidosa. Ouvimos dizer que essa natureza selvagem é essencialmente pacífica e quieta. Além disso, que é inocente; ela contrasta com o homem, exceto presumivelmente com o homem que a observa. Ela é imaculada, mas também estável: um tipo de estabilidade primordial. E certamente há lugares onde isso ocorre.

Mas é também bastante surpreendente que o mesmo é dito em relação a lugares que são, em todos os sentidos, produzidos pelo homem. Lembro-me de alguém dizendo que não era natural cortar cercas vivas, que este era um tipo de loucura científica moderna; eu concordo que elas não deveriam ser cortadas. Mas o que interessa é que essas cercas eram vistas como naturais, embora creia que qualquer um saiba que elas foram plantadas e cuidadas, e não seriam cercas se não tivessem sido cultivadas com esse objetivo. Uma parte considerável do que chamamos "paisagem natural" possui a mesma história. Trata-se de um produto do planejamento e do trabalho humano e, ao ser admirado como natural, importa muito se suprimimos dele o trabalho ou se o reconhecemos. Algumas formas dessa ideia popular moderna da natureza parecem depender de uma supressão da história do trabalho humano, e o fato de estarem sempre em conflito com o que é visto como exploração e destruição da natureza pode, ao cabo, ser menos importante do que o fato não menos certo de elas com frequência confundirem-nos sobre o que são e o que deveriam ser a natureza e o natural.

É fácil contrastar o que pode ser chamado de "aperfeiçoadores" da natureza com os seus amantes e admiradores. No final do século XVIII, quando esse contraste começou a ser largamente realizado, houve ampla evidência de ambos os tipos de resposta e de atividade. Mas embora eles possam, ao cabo, ser distinguidos, e o precisam ser, penso haver outras relações de interesses entre eles.

Devemos inicialmente lembrar-nos que, por volta do século XVIII, a ideia da natureza tornou-se, no essencial, um princípio filosófico da ordem e da razão correta. A visão de Basil Willey sobre as bases fundamentais dessa ideia, e de seus efeitos e alterações em Wordsworth, não pode, creio, ser melhorada.[2] Contudo, não são prioritariamente as ideias que têm uma história, mas as sociedades. O que muitas vezes parecem ser ideias opostas podem, ao cabo, ser vistas como partes de um único processo social. Há o problema conhecido sobre o século XVIII: fala-se bastante que ele é entendido como um período de ordem e em estreita relação com a ordem da natureza. Contudo, não se trata apenas do fato de que, em qualquer plano real, esse foi um período notavelmente desordenado e corrupto; mas também que ele gerou, de dentro dessa desordem, algumas das mudanças humanas mais profundas. A utilização da natureza, no sentido físico, foi consideravelmente estendida, e temos de nos lembrar – e geralmente não nos lembramos, porque uma imagem de sucesso nos foi imposta – que a nossa primeira classe capitalista realmente cruel, que tomou as coisas e os homens dentro do mesmo espírito e impôs uma ordem sobre ambos simultaneamente lucrativa e empobrecedora, foi a dos proprietários rurais do século XVIII, que se denominaram uma aristocracia e estabeleceram as bases reais, no espírito e na prática (ambos, obviamente, articulando-se), para os capitalistas industriais que os sucederiam.

Um estado de natureza poderia ser uma ideia reacionária contra a mudança, ou uma ideia reformista contra o que era visto como decadência. Mas, no local onde as novas ideias e imagens estavam sendo fomentadas, havia uma perspectiva bastante diversa. É significativo que o ataque bem-sucedido à ideia antiga

---

2 Willey, *The Eighteenth Century Background.*

da lei natural tenha ganhado terreno naquele momento. Não que não houvesse necessidade de atacá-la; ela era, na prática, frequentemente mistificadora. Mas os utilitaristas que a atacaram estavam criando uma ferramenta nova e muito mais afiada e, no fim, o que desapareceu foi qualquer concepção positiva de uma sociedade justa, ideia esta que foi substituída por novos conceitos ratificadores de um mecanismo e um mercado. Que estes, por sua vez, foram deduzidos das leis da natureza é uma das ironias com as quais constantemente nos deparamos na história das ideias. As novas leis econômicas naturais – a liberdade natural do empresário para seguir adiante sem interferência – tiveram, em sua projeção do mercado como regulador natural, um remanescente – não necessariamente uma distorção – nas ideias mais abstratas de harmonia social, nas quais o interesse próprio e o interesse comum poderiam idealmente coincidir. Mas o que é gradualmente deixado, com os utilitaristas, é a sombra de um princípio pelo qual uma justiça mais elevada – um recurso contra qualquer atividade ou consequência particular – poderia ser efetivamente imaginada. Assim, temos uma situação com grandes interferências, algumas das mais eficazes de todos os tempos, proclamando a necessidade da não interferência: uma contradição que, ao desenvolver-se, produziu efeitos assustadores em pensadores posteriores da mesma tradição, de John Stuart Mill aos fabianos.

Pró e contra melhorias

É apenas nesse momento, e primeiramente na filosofia dos aperfeiçoadores, que a natureza é vista como decisivamente separada dos homens. Muitas ideias anteriores de natureza haviam incluído, de forma integral, ideias da natureza humana.

IDEIAS SOBRE A NATUREZA

Mas agora a natureza cada vez mais estava "lá fora", e era natural remodelá-la para uma necessidade dominante, sem a obrigação de ponderar muito profundamente o que essa remodelação poderia trazer para os homens. As pessoas falam de ordem nessas propriedades e parques paisagísticos "aperfeiçoados", mas o que estava sendo movido e reorganizado não era apenas terra e água, mas os homens. Devemos dizer, de imediato, que isso não implica em qualquer estado anterior de inocência social. Os homens foram mais cruelmente explorados e subordinados na grande era da lei natural e da ordem universal; mas não mais minuciosamente, pois isso dependia de novas forças e meios físicos. Evidentemente, esse processo foi rapidamente denunciado como não natural: de Goldsmith a Blake, e de Cobbett a Ruskin e Dickens, esse tipo de ataque à nova civilização "não natural" foi poderosamente realizado. O negativo era claro o bastante, mas o positivo sempre era mais duvidoso. Conceitos de ordem e harmonia natural continuaram a ser repetidos contra a desordem cada vez mais evidente da sociedade. Outros apelos foram tentados: à fraternidade cristã e à cultura – a nova ideia de crescimento humano em uma analogia com o mundo natural. No entanto, em contraste com a prática das ideias dos aperfeiçoadores, eles foram sempre insuficientes. A ação sobre a natureza produzia riqueza, e objeções às suas outras consequências poderiam ser descartadas como sentimentais. De fato, as objeções com frequência eram, e ainda são, sentimentais. Pois é uma marca do sucesso da nova ideia da natureza – da natureza como separada do homem – que os erros reais, as consequências reais, poderiam ser descritos inicialmente apenas em termos marginais. A natureza, em qualquer outro sentido que não o dos aperfeiçoadores, moveu-se para as margens: para as áreas remotas, inacessíveis e relativamente estéreis. A natureza estava onde a indústria não estava, e então, naquele sentido real mas limitado, tinha muito pouco a dizer sobre os procedimentos na natureza que estavam ocorrendo alhures.

Muito pouco para dizer. Mas, em outro sentido, havia muito a se dizer. Novos sentimentos para a paisagem: uma poesia da natureza nova e mais específica; a visão verde de Constable; a linguagem verde de Wordsworth e Clare. Thomson em *The Seasons* [As estações], como Cobbett em seus passeios rurais, viram a beleza na terra cultivada. Mas tão cedo quanto Thomson, e então com cada vez mais força em Wordsworth e além dele, veio o sentido da natureza como refúgio, o refúgio do homem; o lugar da cura, do conforto, do recolhimento. Clare não resistiu à tensão, pois possuía uma desvantagem significativa: ele não podia viver no processo e fugir de seus produtos, como alguns estavam fazendo e que acabou por tornar-se um meio de vida – uma ironia bastante amarga – para alguns dos exploradores mais bem-sucedidos. À medida que a exploração da natureza continuava em ampla escala, e sobretudo nos novos processos extrativos e industriais, as pessoas que conseguiam maior lucro voltaram-se (e foram bastante engenhosas) para uma natureza ainda virgem, para terras compradas e refúgios rurais. Desde então, passou a existir essa ambiguidade na defesa do que é chamado de natureza e das ideias associadas de conservação, em seu sentido fraco, e de reserva natural. Alguns a favor dessa defesa são os que melhor entendem a natureza, insistindo na criação de conexões e relações plenas. Mas um número significativo de pessoas a favor são, falando abertamente, hipócritas. Estabelecidos em posições de poder no próprio processo que cria a desordem, eles trocam as suas roupas nos finais de semana ou quando podem ir ao campo; participam de apelos e campanhas para manter verde e intocado um último pedaço da Inglaterra; e voltam espiritualmente refeitos para investir na fumaça e na destruição.

Eles não poderiam caminhar despercebidos por tanto tempo se a ideia que usam e abusam não fosse ela mesma inadequada. Quando a natureza é separada das atividades humanas, ela deixa mesmo de ser natureza, em qualquer sentido pleno e efetivo. Projetamos então na natureza nossas próprias atividades e consequências não reconhecidas. Ou a natureza é dividida em partes não relacionadas: minas de carvão e matagais; a favor ou contra o vento. A divisão real talvez esteja nos próprios homens: vendo e vendo-se como produtores e consumidores. O consumidor quer apenas o produto desejado, e deve afastar-se de todos os outros produtos e subprodutos, se puder. Mas afastar-se – isso não pode ser desconsiderado – para tratar a natureza restante no mesmo espírito: para consumi-la como cenário, paisagem, imagem, ar fresco. Há mais similaridade do que costumamos notar entre o empreendedor industrial e o paisagista, cada um alterando a natureza para uma forma consumível: e o cliente ou beneficiário do paisagista que, por sua vez, possui uma visão ou paisagem para desfrutar está em geral no lado feliz de um processo comum, podendo consumir porque outros produziram, em um lazer que se segue a um trabalho bastante preciso.

Não tenho dúvida de que projetamos na natureza, como dito anteriormente, as nossas próprias atividades e consequências não reconhecidas. Projetamos, em uma natureza verde a calma, muito de nossos sentimentos mais profundos, nosso sentido de crescimento, de perspectiva e de beleza. Mas é então um acidente que uma versão oposta da natureza ganhe força e se manifeste? Nada é mais notável, na segunda metade do século XIX, do que a versão radicalmente oposta da natureza como cruel e selvagem. Como Tennyson coloca:

> Um monstro, um sonho,
> Discórdia. Dragões do primórdio
> Rasgam-se no lodo.

Essas imagens de ferimento e de fúria, da natureza selvagem, vieram para dominar muito do sentimento moderno. Disney, em alguns de seus filmes sobre a natureza, seleciona-os com o que parece ser uma precisão obsessiva. A natureza verde continua existindo, em lugares privilegiados, mas nela e a sua volta há luta e fúria, essa competição implacável pelo direito de viver, a sobrevivência dos mais aptos. É bastante interessante ver como a noção darwiniana da seleção natural passou para o imaginário popular – e, ao dizer "popular", refiro-me aos pensamentos e sentimentos comuns de pessoas instruídas. "Os mais aptos" – os mais bem adaptados em um ambiente dado e variável – tornam-se "os mais fortes" e "os mais cruéis". A selva social, a corrida dos ratos, os guardiões de território, os macacos nus; foi assim que, amargamente, a ideia de homem fez parte novamente da ideia de natureza. Por meio de exemplos seletivos, uma experiência genuína da sociedade foi projetada sobre uma natureza recém-alienada. Sob o verniz da civilização, havia essa natureza selvagem: de Wells a Golding pode-se acreditar nisso de formas cada vez mais banais. O que foi um dia uma ratificação, uma certa tolerância natural do egoísmo econômico implacável – a ideologia genuína do capitalismo e do imperialismo iniciais –, tornou-se também, nos nossos dias, uma desesperança, um desespero, o fim do esforço social significativo; pois se a vida é assim, se é naturalmente assim, qualquer ideia de sociabilidade torna-se fútil. Construamos então um novo refúgio, esvaziemos uma outra praia. Mantenhamos distantes não tanto o tubarão e o tigre (a não ser quando necessário), mas outros homens, os gananciosos, os predadores, os egoístas, os desorganizados, o rebanho. Deixe a região central do País de Gales despovoar-se e então chame-a de área selvagem: uma região selvagem para irmos ao deixarmos a selva das cidades.

Ideias sobre a natureza, mas trata-se de projeções das ideias dos homens. E creio que quase nada possa ser feito, quase nada possa ser dito, até que possamos visualizar as causas dessa alienação da natureza, dessa separação entre a natureza e a atividade humana que tenho tentado descrever. Mas essas causas não podem ser vistas, de forma prática, retornando para qualquer estágio anterior da ideia. Em reação contra a nossa situação real, muitos escritores criaram a ideia de um passado rural: talvez inocente, como na primeira mitologia da Idade do Ouro; mas ainda mais orgânico, com o homem indissociado da natureza. O impulso é compreensível, mas deixando de lado seus elementos de fantasia – pode-se mostrar que o local mencionado em cada período é continuamente retroativo –, essa é uma séria subestimação da complexidade do problema. Uma separação entre o homem e a natureza não é apenas o produto da indústria e do urbanismo modernos; trata-se de uma característica de muitos tipos anteriores de trabalho organizado, incluindo o trabalho rural. Também não podemos olhar com vantagem para aquela outra reação que, corretamente identificando uma parte do problema da ideia da natureza como um mecanicismo, busca um retorno para uma teleologia tradicional, na qual a unidade do homem com a natureza é estabelecida por meio de sua relação com o criador. Esse sentido de um fim e de uma finalidade é, em certos aspectos relevantes, mais alienado do que o mundo frio do mecanicismo. A abstração específica aqui implicada tem muito em comum com o materialismo abstrato. Ela afasta nossa atenção das relações reais e variáveis e pode ser entendida como ratificando a separação ao tornar uma de suas formas permanente e a sua finalidade, imutável.

O aspecto que deve ser considerado sobre a separação entre o homem e a natureza, característico de tantas ideias modernas, é que, não importa o quão difícil seja expressá-la, essa separação é função de uma interação real cada vez maior. É fácil percebermos uma unidade limitada nas esferas das relações limitadas, seja no animismo, no monoteísmo ou em formas modernas de panteísmo. Apenas quando as relações reais são extremamente ativas, diversas, autoconscientes e efetivamente continuadas – como podem ser hoje vistas as nossas relações com o mundo físico – a separação entre a natureza humana e a natureza torna-se realmente problemática. Posso ilustrar isso de duas maneiras.

Em nossa relação complexa com o mundo físico, achamos bastante difícil reconhecer todos os produtos de nossas atividades. Reconhecemos alguns dos produtos e chamamos outros de subprodutos; mas a pilha de escombros é um produto tão real quanto o carvão, da mesma forma como o odor fétido do rio com esgoto e detergente é tão produto quanto a represa. A terra cercada e fértil é nosso produto, mas também o são as terras reservadas para caça das quais os cultivadores pobres foram retirados para deixar o que pode ser visto como uma natureza deserta. Além disso, nós próprios somos, de certa forma, produtos: a poluição da sociedade industrial pode ser encontrada não apenas na água e no ar, mas também nas favelas, nos engarrafamentos; não apenas como objetos físicos, mas como nós neles e nos relacionando com eles. Nesse mundo real, não há muita relevância na contraposição ou na reafirmação da grande abstração Homem e Natureza. Fundimos nosso trabalho com a terra, nossas forças com suas forças, tão profundamente que não é mais possível recuarmos e dela separarmo-nos. A não ser que, se nos afastarmos mentalmente, se mantivermos a abstração singular, formos poupados do esforço de olhar, de modo ativo, ao todo complexo das relações sociais e naturais que é, simultaneamente, nosso produto e nossa atividade.

O processo, podemos dizer, deve ser visto como um todo, mas não em termos singulares abstratos. Temos de olhar para todos os nossos produtos e atividades, bons e maus, e observar as relações entre eles que são nossas próprias relações reais. Marx, mais claramente que qualquer outro, indicou essa necessidade, embora ainda em termos de forças bastante singulares. Penso que devamos desenvolver esse tipo de indicação. Na indústria, por exemplo, não podemos dizer que um carro é um produto, mas que o ferro velho é um subproduto, tanto quanto não podemos tomar os gases das tintas e dos combustíveis, os engarrafamentos, a mobilidade, a autoestrada, o centro decadente da cidade, a linha de montagem, o tempo e estudo do movimento [*time-and-motion study*], os sindicatos e as greves como subprodutos, e não como os produtos reais que, de fato, eles são. Mas então, para expressar isso, precisaríamos não apenas de uma narrativa mais sofisticada do que qualquer uma dentre as que temos agora, mas de uma narrativa mais radicalmente honesta. Será irônico se uma das últimas formas de separação entre o Homem abstrato e a Natureza for uma separação intelectual entre a economia e a ecologia. Por outro lado, será um sinal de que estamos começando a pensar em formas mais relevantes quando pudermos concebê-las como compondo, como deveriam compor, uma única disciplina.

Mas o processo é ainda mais difícil. Se apenas dissermos que fundimos nosso trabalho com a terra, nossas forças com as suas forças, estaremos bastante distantes da verdade de que fizemos isso de forma desigual: para um mineiro e para um escritor, a fusão ocorre de formas diversas, embora real em ambos os casos; e para o trabalhador e a pessoa que administra o trabalho, ou para o produtor e o negociador de seus produtos, a diferença é ainda mais ampla. Nos processos pelos quais interagimos com o mundo físico, criamos não apenas uma natureza humana e uma ordem natural alterada; também criamos sociedades. É bastante significativo que a maior parte dos termos que usamos nessa relação – a conquista da natureza, a dominação da natureza, a exploração da natureza – são derivados de práticas humanas reais: relações entre os homens. Mesmo a ideia do equilíbrio da natureza possui suas implicações sociais. Se falarmos apenas do Homem e da Natureza singulares, podemos compor uma história geral, mas ao preço da exclusão das relações sociais reais e em mutação. Evidentemente, o capitalismo confiou nos termos da dominação e exploração; também o imperialismo, na conquista, viu os homens e os produtos físicos de modo similar, como matéria-prima. Mas esta é uma medida do quanto ainda devemos percorrer diante do fato dos socialistas ainda falarem da conquista da natureza que, em qualquer termo real, sempre incluirá a conquista, a dominação e a exploração de alguns homens por outros. Se alienarmos os processos de vida dos quais somos parte, terminamos, mesmo que de forma desigual, alienando a nós mesmos.

Necessitamos de ideias diferentes por necessitarmos de relações diferentes.

Natureza e suas leis ocultadas na noite.
Disse Deus, nasça Newton, e tudo foi luz.[3]

Agora, sobre um mundo pela metade
A Natureza parece morta.[4]

Sentimos, entre a confiança viva e a reflexão meditada desses versos, nossas próprias vidas balançarem. Estamos, talvez, começando a visualizar ideias diferentes e sentimentos diversos, e precisamos encontrá-los se quisermos conhecer a natureza como variada e variável, como as condições mutáveis de um mundo humano.

---

3 Alexander Pope, *Epitaph Intended for Sir Isaac Newton*. [Do inglês: *Nature and Nature's laves lay hid in night. / God said, let Newton be, and all was light.* – N. T.]
4 Shakespeare, *Macbeth*, ato II, cena i. [Do inglês: *Now o'er the one half world / Nature seems dead.* – N. T.]

DARWINISMO SOCIAL

"Darwinismo social" é o termo convencional para uma variante da teoria social que surgiu na década de 1870, sobretudo na Inglaterra e nos Estados Unidos, e que infelizmente não está extinta; de fato, sob outros nomes, ela tem sido amplamente revivida. Vou descrever suas ideias no contexto de uma análise das várias aplicações da teoria da evolução na teoria social e de seu uso na literatura criativa. Descreverei primeiro o darwinismo social que é convencionalmente conhecido por esse nome e que foi tão estudado por Richard Hofstadter em *Social Darwinism in American Thought* [O darwinismo social no pensamento norte-americano]; então, discutirei algumas de suas variantes.

Em certo sentido, podemos oferecer uma análise bastante adequada do darwinismo social nos termos dos erros de ênfase efetuados com a extensão da teoria da seleção natural para a teoria social e política. Podemos dizer: essa é uma extensão falsa ou uma aplicação falsa da biologia. Mas, embora isso seja verdade, há aqui uma simplificação um pouco exagerada, uma vez que a própria biologia possui, desde o seu início, um forte componente social, como Robert Young mostrou em detalhes.[1] De fato, minha própria posição é a de que as teorias biológicas da evolução e da seleção natural tiveram um componente social antes que houvesse qualquer sugestão de sua reaplicação na teoria social e política. Temos de pensar nesse movimento dialético entre duas áreas de estudo como um fato desde o início. Por exemplo, no caso do próprio Darwin, temos o registro impressionante sobre a sua leitura de Malthus, que ele resolveu ler por diversão – não é o motivo mais provável para se ler Malthus, mas foi o que ocorreu. Ele escreve:

> Estando bem preparado para apreciar a luta pela existência que prossegue em todos os lugares, desde as observações contínuas de plantas e animais, surpreendi-me um dia pelo fato de que, sob essas circunstâncias, as variações favoráveis tenderiam a ser preservadas, enquanto as não favoráveis tenderiam a ser destruídas; o resultado seria a formação de novas espécies.

O codescobridor da seleção natural, Wallace, diz que Malthus deu a ele a tão buscada pista para o agente efetivo na evolução das espécies orgânicas. Isto tem sido questionado: muitos historiadores da ciência argumentam que a pista de Malthus representou um elemento de menor importância. Mas para mim é significativo que uma teoria sobre a relação entre as populações e os recursos – uma teoria explicitamente social que influenciou de maneira ampla o pensamento social do século XIX – foi, de qualquer forma, um dos elementos organizadores para o surgimento da grande generalização sobre a seleção natural.

Mas então devemos deixar claro que o darwinismo social, a aplicação popular da ideia biológica para o pensamento social, não tem sua origem especificamente em Darwin, mas em toda a tradição da teoria da evolução, que é muito mais antiga do que Charles Darwin e que pode ser traçada ao menos até o seu

---

1 Young, The Human Limits of Nature. In: Benthall. (org.). *The Limits of Human Nature*, 1973.

DARWINISMO SOCIAL 117

bisavô, Erasmus, no final do século XVIII, e que, na primeira metade do século XIX, já aparece como um sistema de pensamento bem fundamentado. A explicação dos meios da evolução teria de esperar por descobertas futuras, mas a ideia da evolução estava lá. Ela foi, em muitos casos, construída por sistemas – sobretudo com o objetivo da compreensão do darwinismo social em seu sentido restrito –, como o de Herbert Spencer. Foi Spencer, como filósofo social, quem primeiro, em 1864, cunhou a expressão que viria a ter uma história tão importante no debate, "a sobrevivência dos mais aptos".

A visão de Spencer sobre o progresso que, como ele disse, não era um acidente, mas uma necessidade, uma evolução visível na história humana, trouxe algumas consequências que são a origem genuína do tipo estreito de darwinismo social. Ele acreditava, por exemplo, que havia um princípio de seleção natural operativo na história humana e que, por ser assim, era extremamente importante que os homens não interferissem nele e, em especial, que os governos não o fizessem. Ele se opôs ao auxílio do Estado aos pobres com base no argumento de que isso preservaria os membros mais fracos e malsucedidos da raça.

Seja o que for que pensarmos da ética social dessa posição, ela foi vista como uma consequência logicamente dedutível da teoria da evolução progressiva pela seleção natural. Os membros da sociedade mais fracos ou menos habilidosos não deveriam ser preservados, pois o processo de seleção social que criava os tipos mais vigorosos e autoconfiantes era algo que não deveria sofrer interferência: sua realização final seria a felicidade humana de um tipo geral. Assim, Spencer era particularmente contra o que chamou de preservação artificial dos menos capazes de cuidarem de si mesmos: uma teoria spenceriana que suponho ainda sobreviver em nossa década no conceito do "pato manco" e, indo além da metáfora curiosa da empresa fracassando, nas versões mais virulentas da economia de mercado e sua ordem social subsequente que estão sendo novamente colocadas em prática.

Se realmente acreditarmos nisto, se realmente acreditarmos que há um sistema de seleção social progressiva em andamento, pode parecer uma infâmia interferir. Essa é a confiança de que a evolução está caminhando para esse desenvolvimento que forma o componente ético ou quase-ético do que se torna o darwinismo social. Visto de outra forma, isso parece a mais gratuita crueldade e racionalização.

A ideia da competição como um princípio social fundamental não é, obviamente, nova. Ela foi prefigurada de modo mais vigoroso no pensamento inglês por Hobbes, que acreditava que a vida é a guerra de todos contra todos até que um poder soberano intervenha e assuma o controle do que seria, em outras condições, uma horda autodestrutiva. Até que haja a intervenção do poder para controlar os homens e preveni-los de se autodestruírem, essa é a sua condição natural. Um componente crítico da teoria darwiniana social plena foi a confiança crescente, no século XIX, de que o caráter era determinado de forma simples pelo ambiente: a doutrina de Robert Owen, por exemplo, defendia que se poderia reformar completamente o caráter de toda uma população em um breve período de tempo pela alteração de seu ambiente. Se unirmos os dois pontos de vista, ainda não teremos o darwinismo social em seu sentido pleno, mas teremos a competição, a competição inerente, como um estado natural; e a ideia do caráter influenciável pelas circunstâncias pode facilmente ser alterada para a de o caráter ser selecionado por circunstâncias favoráveis. Se adicionarmos a isto a teoria do desenvolvimento progressivo da história, temos o darwinismo social em sua forma desenvolvida.

O próprio Darwin não tomou uma posição consistente em qualquer dessas aplicações. Em uma carta, ele observou com ironia que havia recebido apenas "uma charge", publicada em um jornal, mostrando que "eu provei que o poder é correto e, consequentemente, que Napoleão e todos os negociantes desonestos estão corretos" – obviamente uma reação contra um dos primeiros e mais cruéis tipos de darwinismo social. Ele era contra

DARWINISMO SOCIAL

qualquer coisa que parecesse políticas egoístas e contenciosas. Contudo, a partir de sua longa experiência na criação de animais domésticos, seus famosos pombos, ele assumiu que a sociedade estava sob certo perigo, por não fazer, de modo consciente, a seleção e o descarte. Disse: "Nós, homens civilizados, fazemos o máximo para frear o processo de eliminação. Isso deve ser altamente prejudicial à raça humana". Em outros termos, se as variações fracas e desfavoráveis são, como Spencer colocou, artificialmente preservadas, a condição geral da raça provavelmente se deteriorará. De outro lado, Darwin era demasiadamente humano para pensar em termos que viriam a se tornar possíveis – os da eliminação das variações desfavoráveis, ou da política social nesse sentido consciente, para a qual ele jamais se voltou.

No entanto, quase imediatamente, as expansões começaram a ser realizadas, afastando-se das ideias sociais de Spencer e ganhando muito apoio do clima geral do individualismo competitivo agressivo como uma ideologia social naquele estágio do capitalismo industrial e do desenvolvimento industrial geral. Podemos rastrear o processo, em parte, na obra de pensadores específicos, mas também no crescimento abrupto de certos tipos de opinião pública. Observemos, por exemplo, *Physics and Politics* [Física e política] de Bagehot, publicado em 1876. Bagehot foi um banqueiro rural, editor do *Economist*, ensaísta literário e o autor de *The English Constitution* [A Constituição inglesa]. *Physics and Politics* é uma obra que tem como subtítulo "Considerações sobre a aplicação dos princípios da herança e seleção natural na sociedade política". Esse foi um dos primeiros esforços conscientes nesse tópico e, em certo sentido, é surpreendente que venha de Bagehot, que sempre foi um homem comedido. Sua famosa análise da Constituição inglesa foi, de certa forma, um trabalho extraordinário de desmistificação, mas de um tipo especial: uma desmistificação para uma nova mistificação. Ele analisou a Constituição inglesa nos termos de seu espetáculo teatral – escreveu com agudeza sobre "Widow at Windsor" – e observou e aprovou toda a panóplia do Estado britânico como uma forma de gerar deferência em seus súditos. Ele então defendeu, em um tom bastante original para o argumento social vitoriano, que isso era necessário em qualquer Estado bem ordenado. De certa forma, as conclusões de *Physics and Politics*, após o que parecem ser especulações audaciosas, são essencialmente similares. Ele toma de Spencer a ideia do progresso da sociedade humana em certos estágios bem ordenados. Primitivo ou preliminar: o estágio militar no qual as relações humanas são basicamente as do conflito armado. Há então um estagio civilizado em que ele pensava estar vivendo, um estágio de ordem no qual o conflito é resolvido pelo debate. Bagehot realmente acreditava que nas sociedades humanas havia uma competição intrínseca: não exatamente de todos contra todos, de indivíduo contra indivíduo, mas uma competição intrínseca pela melhor forma de sociedade. Uma noção de como uma sociedade deveria ser teve de competir com todas as outras noções e, de certo modo, o que emergiu como uma noção constitucional de qualquer Estado particular foi a noção superior. Mas só poderia ser assim, contudo, em um período de discussão ordenada, distinto de um período de conflito militar no qual uma ideia superior poderia ser destruída por um inimigo fisicamente superior. A Europa, por ser uma área central de conflito entre Estados fundados sobre noções e ideias diversas de política social e de religião, era também o centro do progresso. O conflito e o progresso estavam diretamente relacionados.

Isso foi logo ultrapassado por algo que possui um tom mais sinistro, embora muitas das ideias do estágio seguinte possam ser encontradas em Spencer. Sumner, na década de 1880, oferece o que se tornou, se observarmos o período, uma definição bastante familiar: a de que a civilização é a sobrevivência dos mais aptos, e a sobrevivência dos não aptos é a anticivilização. O socialismo é uma noção absurda por propor tanto o desenvolvimento da civilização quanto a sobrevivência dos não aptos, o que seria, para Sumner, manifestadamente contraditório. A competição é uma lei da natureza, de forma que interferir nos resultados da competição seria minar radicalmente a civilização. Portanto, não seria possível alguém acreditar na civilização se, em algum nível, quiser defender a intervenção. Os milionários, disse Sumner, são um produto da seleção natural. Podemos então ver que em vinte anos de formulação da ideia biológica da seleção natural, nós atingimos uma expressão bastante nova – não que as antigas deixassem de racionalizar a riqueza – para descrever a lógica interna e a necessidade do processo social.

Não surpreende que Sumner quase de imediato ecoado por John D. Rockefeller, que disse que o crescimento de um grande negócio é meramente a sobrevivência do mais apto, e fez uma analogia de certa beleza com uma roseira florescendo que teve de ter seus botões menores arrancados antes de atingir a perfeição. Os processos de monopólio industrial que estavam ocorrendo naquele tempo poderiam ser racionalizados como produtos dos melhores florescimentos ou do próximo estágio da espécie social.

É evidente que se tratava de uma analogia conscientemente em oposição tanto às tendências igualitárias liberais por medidas de reforma e bem-estar social quanto, classicamente, às ideias socialistas. Por ser uma ideologia, nem todas as implicações dessa teoria relativamente austera e poderosa foram sempre bem-vindas, mesmo para alguns de seus expoentes. É bastante significativo que por todo esse processo – passando por Spencer até Bagehot, Sumner e outros – a principal herança genética assumida como biológica é a de Lamarck, e não a de Darwin: em outros termos, a herança física de características adquiridas ao invés do tipo de variação na adaptação ao meio em que Darwin confiava. Spencer continuou a acreditar em Lamarck muito depois de Darwin, e o conceito da herança física deu aos ideólogos do darwinismo social, nesse sentido, uma oportunidade particularmente afortunada para alterar uma modalidade de competição absolutamente aberta quando o assunto fosse a preservação da propriedade familiar. Pois, se tomarmos seus argumentos com seriedade, a guerra de todos contra todos jamais deveria parar, uma vez que tal intervenção impediria o surgimento dos tipos mais fortes. Assim, a propriedade familiar herdada, que significa que alguém que talvez não tenha fortes talentos individuais a serem desenvolvidos em um tipo mais elevado de homem iniciaria com uma vantagem, é um tipo de interferência na competição. Mas, se tivermos uma noção lamarckiana da herança física, então podemos racionalizar a família e a propriedade familiar como precisamente a continuação do que podemos ver como a melhor e mais forte espécie.

Isto ocorreria da mesma forma com a herança do capital: ninguém poderia olhar para o século XIX e supor que se tratava de uma sociedade na qual, certo dia, alguém deu um tiro de pistola e disse: "Prossigam, compitam economicamente, e os mais fortes chegarão ao topo". Evidentemente, fortunas imensas já estavam lá no início do jogo, e a grande maioria dos jogadores chegou à mesa não possuindo nada além de suas mãos. Se deve mesmo haver uma competição em seu sentido implacável e pleno, então devemos todos chegar à mesa com as mãos vazias. Mas a herança financeira é defendida pela ideologia porque a posse de capital garante a continuidade. É bastante doloroso acompanhar essas convoluções dos homens que se comprometeram com uma teoria poderosamente retórica que racionalizou a competição como um princípio da sociedade, desconsiderando como sentimentalismo todas as objeções aparentemente éticas ou morais, para então vermos-lhes tendo de defender atitudes que eram limitações evidentes ao princípio competitivo.

Contudo, temos a sobrevivência dos mais aptos, a luta pela existência – ninguém teve de inventar essas descrições como descrições da sociedade do século XIX, uma vez que elas eram a experiência diária da maioria das pessoas. Milhões de pessoas deste país saíam cada dia sabendo que deveriam ser mais fortes e mais astutos que seus colegas se quisessem sobreviver ou levar algo para sua família. A ideia é, de certa forma, tão popular entre as vítimas desse tipo de processo competitivo quanto entre os seus promotores, por corresponder muito diretamente à sua experiência de vida diária. Independente da possibilidade de alguém conceber uma ordem social melhor, a ideia parece se adequar à experiência da vida tal como ela é habitualmente vivida. A popularidade de expressões como "a raça dos ratos" para descrever nossa própria sociedade é uma continuação direta dessas descrições iniciais entre as vítimas. E, evidentemente, os bem-sucedidos, com ou sem vantagens, são propensos a invocar o princípio da "sobrevivência dos mais aptos".

Há duas aplicações específicas desse princípio que devem ser observadas antes de prosseguirmos a algumas das outras variantes. A primeira refere-se ao desenvolvimento da eugenia como um movimento. É uma consequência natural dessa teoria que devamos reproduzir apenas os tipos mais bem dotados. Todo o futuro da humanidade parecia depender desse tipo de herança física seletiva. Apesar de existirem sinais disto em toda a segunda metade do século XIX, é na década de 1890, e sobretudo no período da Primeira Guerra Mundial, no qual se realizou uma pequena seleção própria, que a eugenia passa a ser propagandeada por toda uma gama de pessoas que, sob outros aspectos, possuiam visões diferentes. A eugenia como uma política positiva é uma coisa: ela equivale a pouco mais do que o argumento de que todo o apoio deva ser dado para a reprodução dos mais favorecidos física e intelectualmente. O lado negativo da eugenia é uma questão mais séria. Há uma ligação direta com Malthus e a ideia de que o incapaz deve ser impedido de se reproduzir.

Tudo depende então do conceito de adequabilidade. Uma coisa é ouvir os argumentos eugênicos sobre a reprodução de crianças a partir de pessoas fisicamente malformadas ou que carregam alguma doença hereditária; é bem diferente ouvir o argumento de eugenia contra a reprodução dos desfavorecidos,

dos fracassados e dos social e economicamente fracos. Contudo, ambos os argumentos se misturam por se combinarem muito rapidamente com as teorias raciais, que novamente não têm uma origem específica no argumento biológico. O argumento de Gobineau sobre a desigualdade das raças apareceu em 1853, bem antes dessa fase, mas é prontamente aplicável para a raça porque Darwin usou, por vezes, "raça" como um termo biológico para as espécies – uma confusão persistente –, e então a ideia de uma determinada raça humana – a anglo-saxã era particularmente favorita – como a estirpe vigorosa, a sobrevivente da batalha competitiva, herdando um certo direito natural ao comando, tornou-se um componente muito poderoso na ideologia do imperialismo. No caso do imperialismo, era perfeitamente possível argumentar, e muitos o fizeram, que os melhores e mais fortes sobreviventes, a raça anglo-saxã, tinham o dever diante da humanidade de prosseguir impondo-se e de não limitar sua competição diante dos povos mais fracos devido a alguma consideração ética falsa ou a alguma noção legalista de seus direitos. Se a luta competitiva produz os tipos humanos mais fortes, então é claro que a raça mais forte não deve, de forma alguma, ceder.

Há uma variante interessante disso na teoria norte-americana de que um híbrido ainda mais vigoroso da raça anglo-saxã acabou por estabelecer-se nos Estados Unidos, e chegará o seu momento. A teoria geral dos arianos como uma raça com esses atributos tornou-se intensamente popular, e em um acometimento natural de autodefesa, alguém reinventou os celtas. Pois se acompanharmos a lógica do argumento grosseiro da força pela competição, então chegamos ao imperialismo e às teorias racistas, embora possam haver escolhas diversas quanto à raça mais favorecida de acordo com o local onde vivemos. Chegamos também à racionalização da guerra. Von Moltke argumentou que a guerra é o exemplo supremo, na história humana, da luta darwiniana pela existência, pois é nela, sob as condições mais intensas, que os homens são

DARWINISMO SOCIAL 125

colocados uns diante dos outros e os mais fortes sobrevivem, e é certo que assim ocorra porque o futuro da humanidade estará assegurado apenas se eles vencerem.

O darwinismo social, nesse sentido, não foi o único produto da aplicação dessas teorias. É bastante interessante observar que Marx, em 1860, analisando *A origem das espécies*, escreveu para Engels dizendo: "O livro de Darwin é muito importante e me serve como uma base nas ciências naturais para a luta de classes na história". De um só golpe as teorias são reviradas e percebemos que podem ser a base para uma teoria da luta de classes pela mesma analogia. Novamente, a história humana é uma luta – mas agora entre classes, e não entre raças ou indivíduos. De outro lado, Engels está entre os primeiros a verificar as falhas dessa analogia. Ao argumentar, talvez de modo muito simples, que

> toda a teoria darwiniana da luta pela existência é apenas a transferência, da sociedade para a natureza orgânica, da teoria do *bellum omnium contra omnes*, da teoria burguesa da competição e da teoria malthusiana da população.

Ele prossegue, em *A dialética da natureza*, mostrando que

> é muito fácil retornar novamente essas teorias da história natural para a história da sociedade e totalmente ingênuo sustentar que essas afirmações foram provadas como leis naturais eternas da sociedade.

A característica distintiva da sociedade humana foi a produção, e quando

> os meios de desenvolvimento são produzidos socialmente, as categorias tomadas do reino animal não são, de forma alguma, aplicáveis.

Contudo, o conceito da luta pela existência deve ser mantido. Ele expressa a luta dos produtores contra os capitalistas que se apropriaram de seus meios de produção e os reduziram à pobreza. Logo,

> a concepção da história como uma série de lutas de classe é muito mais rica em conteúdo e mais profunda do que a sua mera redução a fases dificilmente distinguíveis da luta pela existência.

Isso é complexo. A analogia é criticada e rejeitada, mas é então, de certa forma, reafirmada. Engels reconhecera antes que havia um tipo diferente de analogia a partir da natureza, seu trabalho cooperativo harmonioso, que muitos pensadores haviam enfatizado. Mas

> mal Darwin ganhou reconhecimento, essas mesmas pessoas não viram em nenhum lugar nada além da luta. Ambas as perspectivas são justificadas dentro de limites estreitos, mas ambas são, igualmente, unilaterais e parciais.

É verdade, mas seria muito difícil duvidar que Engels, em sua própria visão da história, baseou-se na força retórica – agora aplicada e direcionada de modo diverso – da analogia da "luta pela existência".

Um dos resultados do ideal spenceriano do desenvolvimento político foi a crença de que embora o progresso ocorrerá por um mecanismo evolucionário natural, ele não pode ser apressado. Não há nada que possamos fazer quanto a isto. No processo natural de seleção natural tipos mais elevados surgem de tempos em tempos: esse é o processo total, mas não podemos acelerá-lo. Assim, a evolução torna-se uma forma de descrever uma atitude de mudança social. Se alguém disser: "Aqui há uma condição deplorável, um caso de pobreza, corrupção ou exploração", a resposta será:

DARWINISMO SOCIAL

Sim, isso é muito triste, mas não há nada que possamos fazer quanto a isso. O processo evolucionário irá, por fim, nos tirar dessa situação e, se interferirmos agora, poderemos impedir que isso aconteça.

Essa visão levou a um contraste popular entre a evolução e a revolução, e a rima contribuiu. "Nós acreditamos", milhares de pessoas começaram a dizer, "na evolução, não na revolução". Contudo, dada a natureza bizarra das analogias com a biologia, não é surpreendente que quando De Vries estabeleceu a evolução das espécies a partir de mutações, escritores socialistas que estavam envolvidos contra os argumentos dos teóricos da evolução social rapidamente tomaram a mutação como uma justificativa precisamente para a ruptura revolucionária brusca. "Aqui está, vê?", eles disseram. "A natureza não trabalha pela inevitabilidade do gradualismo", que foi a suposição mais difundida e construída com parte da ideologia fabiana. "Ela trabalha com a mutação abrupta que instaura o novo"; então, dizemos "espécie" ou "ordem da sociedade" de acordo com o argumento no qual estamos envolvidos. O argumento entre a evolução e a revolução, que deveria ser um argumento social e político por ser sobre sociedades específicas e formas de mudá-las, atraiu desde muito cedo um forte componente pseudobiológico.

Voltemo-nos agora a algumas das reações de dentro dessa mesma tradição a algumas de suas aplicações. Veblen, por exemplo, em 1899, em *A teoria da classe ociosa*, disse: "É bastante verdadeiro que o nosso sistema seleciona certos homens", concordando com o argumento de Sumner de que os milionários são um produto da "seleção natural". Mas, Veblen argumentou, selecionam-se os traços humanos corretos? Nosso sistema social não poderia estar selecionando qualidades humanas totalmente erradas – por exemplo, a astúcia, a prática ardilosa e a dissimulação? Aceitos todos os argumentos sobre a inevitabilidade do mecanismo de seleção, não estaria o sistema social produzindo precisamente as más ênfases e oferecendo sucesso e poder aos tipos humanos errados? Esse argumento foi bastante desenvolvido na virada do século XIX para o XX.

Benjamin Kidd disse, em 1894, em seu livro *Social Evolution* [Evolução social]: "Devemos, acima de tudo, realizar ações sociais para preservar a competição real". Naquele momento, a maioria das pessoas estava fora da competição efetiva. Elas não possuíam os meios para competir na sociedade, não eram pessoas instruídas e não tinham dinheiro. Ele usa, então, um tipo de argumento social-democrata ou liberal sobre a extensão da educação, dando oportunidade, mas com a intenção de promover a competição, uma luta competitiva mais ativa e geral. W. H. Mallock, por outro lado, assumindo uma visão conservadora em seu livro *Aristocracy and Evolution* [Aristocracia e evolução], argumentou contra a evolução e a extensão da educação sob o fundamento de que – mais afinado com o darwinismo social convencional – um produto desejado do processo competitivo era o grande homem, o líder, e a única condição para este era que ele tivesse poder o suficiente, que fosse imediatamente obedecido e que tivesse os meios de controle para colocar suas visões grandiosas em operação. Se o grande homem não colocar suas visões em prática por ser arrastado de volta para a mediocridade da massa, a sociedade humana jamais resolverá seus problemas. Essa teoria, com seu componente biológico, tornou-se, no século XX, primeiramente uma teoria das elites e, então, uma teoria do fascismo.

Contudo, ao mesmo tempo houve uma resposta de um tipo bastante inesperado. Kropotkin, em *Mutual Aid* [Ajuda mútua] (1902), escreveu: "Sim, deixe-nos de fato aprender com a ordem da natureza. Se observarmos a natureza, veremos que ela está repleta de exemplos de ajuda mútua. Veja os rebanhos de cervos ou de gado. Veja as formigas, as abelhas e todos os insetos sociais. Veremos que em todos os lugares há exemplos de ajuda mútua". Evidentemente, tratava-se da cooperação entre as espécies. Muitas das teorias competitivas baseavam-se na luta *entre* espécies, então convertidas e aplicadas para a competição entre uma

DARWINISMO SOCIAL

espécie – a humana. Kropotkin reverteu o argumento: a ordem da natureza, argumentou, ensina o auxílio mútuo, o coletivismo e um tipo bastante diverso de ordem social.

Foi Thomas Huxley que tocou no ponto decisivo, em *Evolution and Ethics* [Evolução e ética] (1893). Ele disse: "Toda a confusão surgiu da identificação dos mais aptos com os melhores". "Mais aptos", no sentido darwiniano, embora não no sentido spenceriano, significava os mais adaptados em seu ambiente. Se "mais adequados" significasse os mais fortes e mais poderosos então, presumivelmente, os dinossauros ainda estariam aqui como senhores da terra. "Mais adequados", com a acepção de "adaptados ao ambiente", não significava, necessariamente, o que a expressão veiculava em sua analogia social – o mais forte, o mais implacável, o mais astuto, o mais resistente. Ao contrário, centrava na ideia dos mais bem adaptados para sobreviver em determinada situação. Se for assim, Huxley argumentou, percebemos que não podemos inferir nenhum princípio ético de um processo de sobrevivência extensivamente arbitrário. Se observarmos o processo real da origem e sobrevivência das espécies, aprendemos que a adequabilidade ao ambiente não pode ser baseada em princípios abstratos e que, consequentemente, a ética não pode ser alicerçada sobre evidências biológicas.

Sociedades avançadas, Huxley argumentou, desenvolveram sistemas éticos cujo propósito específico é o de modificar as leis naturais. Huxley assume, e tenho dúvidas sobre isso, que a lei natural, a ordem da natureza, é um processo de luta não controlado, e que a ética é um mecanismo qualificador para aquilo que, descontrolado, seria uma lei cósmica. Huxley é, surpreendentemente, tão categórico quanto todos os outros a respeito da existência dessa lei cósmica, mas propõe a ética social e o desenvolvimento cultural como uma forma de modificá-la. Essa posição é repetida por seu neto Julian, o qual argumenta que a evolução cultural é hoje o processo fundamental, a evolução cultural dentro do humano.

Enquanto isso, esse clima de ideias penetrou a literatura imaginativa de modo bastante profundo, mas em muitas direções diversas. Podemos tomar como exemplo o prefácio da poderosa peça de Strindberg, *Miss Julie*, escrita em 1888, e que trata de uma única relação destrutiva. No prefácio, ele descreve o criado Jean como um tipo ascendente, um homem que está progredindo sexualmente. Vindo de uma família pobre, ele é vigoroso, adaptável e sobreviverá em sua luta com Lady Julie, uma aristocrata fraca que pertence a uma linhagem fixa e, consequentemente, decadente. Uma relação sexual de um tipo direto poderosamente acatada é então interpretada nos termos derivados de um contexto do argumento darwinista ou pseudodarwinista.

Não posso imaginar o número de sucessores para essa proposição: a ideia de um homem vigoroso, ascendendo da classe operária, ou de um homem pertencente a um grupo racial submerso, que entra em uma relação de sexo e conflito com uma representante de um extrato social comparativamente fraco, em declínio ou fixo. Uma resolução que poderia ser vista como destrutiva, como no caso do suicídio imposto de Julie, que é a culminação de Jean, pode ser racionalizada eticamente como a emergência de uma estirpe mais vigorosa. As metáforas para tal processo são visíveis em muitos momentos da literatura imaginativa subsequente.

Houve aplicações mais diretas para essa ideia, por exemplo, com Jack London, um socialista profundamente influenciado por Spencer e por Darwin – com experiência na luta sob condições bastante primitivas e também com experiência na selva social – que, dentro da mesma ordem de analogia, encontrou uma forma cada vez mais popular de descrever a cidade c o final do século XIX. London desenvolve uma estrutura imaginativa característica, na qual a luta é uma virtude. A sobrevivência do tipo vigoroso é vista simultaneamente como um tipo de primitivismo individual, nos termos da ascensão de classe, sobretudo aquela classe que estava, até então, submersa. Algumas de suas

DARWINISMO SOCIAL

obras – *Caninos brancos*, por exemplo – tratam da emergência do individuo poderoso que competiu sob condições selvagens; *O tacão de ferro* aborda a emergência da classe que foi por muito tempo suprimida, mas que está historicamente destinada a ascender.

As ideias de H. G. Wells nesse tópico derivam quase diretamente de Thomas Huxley, mas imaginativamente ele avança muito mais. Lembremo-nos, por exemplo, de *A máquina do tempo*, que é a projeção na imaginação de uma fase particular da evolução operando em diversos planos. Em certo sentido, é a projeção da divisão entre os ricos e os trabalhadores pobres na sociedade industrial do século XIX. Quando o viajante no tempo avança no futuro, ele descobre duas raças de criaturas vivendo na Terra. A raça que ele encontra primeiro é bela, semelhante a bonecos; ela pratica jogos com flores, possui modos charmosos e um estilo de vida, sob o sol, jocoso, porém fraco, como o das crianças. A princípio não notada, mas então subindo à superfície, surge a outra raça, a dos morlocks, que são escuros e bestiais.

Podemos ver nisso tudo a projeção evolucionária de uma população rica, ociosa e jocosa e de uma população trabalhadora submersa na escuridão, reduzida a condições animais. Mas toda a situação é invertida na imaginação, uma vez que os morlocks mantêm os elois como alimento: os belos brincalhões da superfície da Terra não são a raça dominante, pois os morlocks estão esperando o seu momento, em termos evolucionários, para voltar à superfície. Enquanto isso, eles se alimentam dos jocosos como gado.

Essa ideia da luta pela sobrevivência, projetada a partir de estratificações sociais profundas e resultando em uma ramificação da raça humana nesses dois extremos, é uma das ideias mais poderosas de Wells, expressadas de modo inesquecível com o tipo de horror com o qual tantas dessas ideias sobre a luta inevitável pela existência foram imaginativamente herdadas. Wells usa tudo em sua ficção imaginativa (e toda uma tradição da ficção científica e do romance científico o seguiu): a ideia da evolução em novos tipos físicos humanos, a ideia de espécies diferentes evoluídas de forma diferenciada em outros planetas e a ideia da competição entre elas.

Quando espécies alternativas se encontram, elas guerreiam: a ideia é profundamente instituída na ficção científica. *A guerra dos mundos*, bem como toda a vasta tradição da guerra intergaláctica que temos desde então em livros e filmes, representa, até certo ponto, uma reação à experiência da guerra no século XX. Mas a tradição iniciou-se antes da época das grandes guerras, e representa também uma reação à ideia da luta fundamental pela existência: se uma espécie encontra outra, inevitavelmente competirá com ela e tentará destruí-la. Os seres físicos extraordinários com os quais nos deleitamos na ficção científica são um produto dessa ideia de evolução jogando com situações de grande tensão, de grande medo.

As utopias são projetadas de forma bastante diversa. Ao invés das utopias estáticas dos escritos anteriores ao século XIX, em que o homem encontrava uma condição ideal, uma ilha ou algum ponto no futuro onde seus problemas sociais seriam resolvidos, as utopias mais recentes, como observou Wells, devem ser dinâmicas: elas não podem ficar imóveis. É o que aprendemos com Darwin, que disse: tem de haver progresso a estágios superiores. Além disso, estão carregadas com grandes ameaças: há nelas perigo e conflito inerente. As utopias de Wells são caracteristicamente alcançadas apenas após um período de conflito excepcionalmente destrutivo.

Alguns outros escritores devem ser mencionados. Shaw, por exemplo, vale-se de uma versão da evolução criativa que é, pode-se dizer, mais ingênua do que a de Spencer. A evolução do tipo ideal final em *Volta a Matusalém* poderia ser lida com satisfação como uma caricatura de Spencer. Mas é nítido, desde o prefácio, que o autor pede que acolhamos seriamente o surgimento desses anciões machos e fêmeas (e penso que não é apenas o pronome que nos lembra as cabras e os bodes)[2] que pressionam para a perfeição humana, ou seja, o objetivo da redenção da carne: a inteligência pura emancipada do corpo. Esse é o tipo de coisa que Wells imaginou em sua raça extraordinária dos selenitas na Lua, com sua enorme caixa craniana e suas pequenas pernas. Mas, com Shaw, era uma ideia evolucionária a de que o homem deveria se livrar de sua carne.

Em Ibsen e Hardy, há uma preocupação bastante interessante com a hereditariedade, diretamente influenciada por Darwin e pelo debate evolucionário, mas em cada caso a diferença imaginativa crítica é que a sobrevivência é tomada de forma não problemática como um critério de valor. Ibsen e Hardy estavam perfeitamente preparados para aceitar que há uma luta e uma competição intensas, que as pessoas são de fato derrotadas e que, em geral, os que mais desejam são os que mais sofrem derrotas. Quase todos os heróis de Ibsen desejam algo, ascendem (na maior parte dos casos, espiritualmente) e são derrotados no processo mesmo de escalada, esmagados por terem desejado ascender.

Em Hardy, são geralmente os personagens que desejam ou que possuem um caráter excepcionalmente puro – Jude, o Obscuro, ou Tess – que são os mais completamente destruídos. Não podemos ler Ibsen ou Hardy sem percebermos que a sobrevivência não é uma demonstração de valor: a luta é um processo necessário, mas em um sentido diverso da luta racionalizada dos darwinistas sociais. É o ímpeto constante em direção à luz, em direção a um tipo de vida humana diferente e mais elevada, que é repetidamente imaginado em Hardy e em Ibsen. A tentativa é derrotada, mas a forma da derrota é tal que o ímpeto para a luz é reafirmado, com um olhar bastante sóbrio e sombrio diante da possibilidade ou probabilidade de que a escuridão vença. Não se trata de uma

---

2 Em inglês, *He-Ancients* e *She-Ancients*. É comum esse uso pronominal quando se fala de animais (*he-dog* e *she-dog*, *he-goat* e *she-goat* etc.). (N. T.)

defesa da escuridão, nem de uma racionalização dos resultados da luta nua e crua.

O último exemplo que darei – um exemplo surpreendente nesse contexto, porque ele costumava dizer que não acreditava na evolução nem na ciência – é D. H. Lawrence. Como Strindberg, ele utiliza a ideia do tipo vital em ascensão e de um tipo social alternativo, de certa forma decadente, fixo ou aprisionado: em geral, o homem vigoroso em ascensão e a mulher sexual e socialmente aprisionada ou socialmente em declínio.

Ele faz do encontro um processo cósmico: em Lawrence, é precisamente o caráter cósmico das relações sexuais desse tipo que dá a elas a posição nessa tradição. Pois elas não são apenas relações pessoais; têm algo a ver com o futuro da raça, e a ascensão física de um tipo vigoroso é fortemente enfatizada. Mas, além disso, no final de *Mulheres apaixonadas*, ao ser atingido um beco sem saída nas relações humanas, ao ser presenciada a derrota da relação fria e decidida entre Gerald e Gudrun, ao ser reconhecido que o calor e a amizade da relação entre Birkin e Ursula eram limitados – que embora essa fosse uma relação mais decente, não seria necessariamente mais completa –, Lawrence repete subitamente, em uma versão que causa espanto, a conclusão imaginativa de muito dessa tradição: a de que talvez tenhamos que evoluir além de nossa realidade humana. O meramente humano é o que decepciona. Ele coloca o problema em termos diretamente evolucionários – como o cavalo tomou o lugar do mastodonte, o mistério criativo eterno descartará o homem:

> As raças vieram e se foram, as espécies morreram, mas espécies novas sempre surgiram, mais adoráveis, ou igualmente adoráveis, sempre indo além do imaginável. A fonte era incorruptível e não localizável. Ela não possuía limites. Podia fazer milagres, criar raças e espécies totalmente originais em seu próprio tempo, novas formas de consciência, novas formas de corpo, novas unidades do ser.

DARWINISMO SOCIAL 135

É uma ideia transformadora positiva a de que o mistério criativo poderia ir além do homem se este em sua condição atual falhasse e não atingisse uma consciência adequada. Nesse sentido, essa ideia está no polo diametralmente oposto das racionalizações pessimistas da luta. Mas todas essas questões – sobre sociedades, relações sociais, econômicas e políticas, e relações humanas entre indivíduos – foram afetadas, fundamentalmente e no plano de seu conteúdo persuasivo, por ideias do que pode ser entendido como um processo científico – que, como vimos, pode ser aplicado em muitas direções de acordo com as bases principais do argumento ou da obra.

Voltamos então a dizer (ou ao menos eu volto a dizer, particularmente lembrando os componentes sociais nas próprias teorias biológicas) que o homem não pode tirar lições e leis de processos que envolvem o que ele reconhece como uma natureza separada, lições e leis que deveriam ser a sua própria condição, com a qual ele deve, de alguma forma, se conformar. Os exemplos do século XIX e início do XX possuem, devido à distância, um certo ar apagado. Alguns deles, de fato, podem ser facilmente utilizados para entretenimento ou surpresas amenas. Contudo, em nosso próprio tempo, com o espetáculo de uma ciência mais avançada, as ideias mais toscas do darwinismo social e as interpretações e analogias mais cruas sobre as relações humanas em termos quase científicos têm sido notavelmente revividas e recebem uma publicidade extraordinária. Teorias sobre uma agressão incontrolável e, com efeito, sobre uma agressão natural incontrolável são novamente disseminadas com um comprometimento imaginativo extraordinário para com as mandíbulas dos predadores. Tipicamente, a publicidade utiliza o tigre como a imagem para uma marca de combustível, animalizando-a – tornado o carro, de fato, predatório. A territorialidade de algumas espécies é racionalizada como a base natural do Estado-nação e seu meio de defesa armada. As complexidades reais da territorialidade em animais diversos e em períodos diversos da sociedade humana são anuladas pelo que são, ao cabo, imagens cruas de propriedade e de defesa. Novamente, as relações internas altamente diversificadas entre os membros das espécies foram selecionadas e reduzidas a imagens cruas de uma hierarquia necessária – a "ordem das bicadas" [*Pecking order*] – que é usada para ideologizar e ratificar as relações atuais de classe e de *status*.

Em uma confusão e sobreposição familiar entre certas espécies animais e a pré-história da humanidade, há com frequência uma projeção retórica do "homem como caçador", que tipicamente anula as múltiplas evidências que temos do caráter das sociedades caçadoras, em suas relações internas e em suas atitudes finamente controladas para com os animais que eles matam e comem. Isso é importante porque evidências complexas são anuladas por uma imagem que não é exatamente aquela do caçador, mas a do caçador-matador agressivo, na qual não a comida mas a matança é tomada como determinante. Isso, por sua vez, é utilizado para interpretar a violência nas sociedades do século XX, como uma alternativa "mais profunda" – o peso do "cérebro animal" – para as investigações políticas, econômicas e históricas. Na cultura comercial de nosso período – uma cultura que inclui trabalhos que passam por científicos e teóricos –, a nova onda do darwinismo social, agora expandida para além de sua matriz original, é bastante persuasiva e deve ser vista como influenciadora.

Talvez seja necessário fazer mais do que dizer que a maioria das imagens é demonstravelmente falsa em sua característica seletividade e transferência acrítica. Esse é um tópico discreto; discreto e talvez insuficiente, enquanto as imagens cruéis se multiplicam. Há então um outro modo de colocar a questão, a que essa tradição parece convidar. Se devemos estabelecer uma analogia, essas teorias e analogias são como carniceiros: oportunistas velozes em volta do corpo da ciência genuína. Mas então, não é a ciência que está morta. É a teoria social do sistema que prometeu ordem e progresso, mas que produziu o século XX.

Ao invés de enfrentar esse fato, em toda a sua complexidade imensa, os racionalizadores e os retóricos da natureza tomaram a frente para nos atingir e nos desencorajar: não com o intuito de ratificar a ordem imperialista e capitalista, mas com o objetivo de universalizar o colapso e persuadir-nos de que não há alternativas, uma vez que a "natureza" é assim. A esse respeito, eles são piores do que seus predecessores e devem ser ainda mais resolutamente afastados.

PROBLEMAS DO MATERIALISMO

Há dificuldades inevitáveis em qualquer materialismo sério. Em suas primeiras fases, ele possui uma simplicidade análoga de definição, uma vez que se alicerça sobre uma rejeição de hipóteses presumíveis de causas primárias não materiais ou metafísicas e define as suas próprias categorias em termos de investigações físicas demonstráveis. Contudo, essas definições estão sujeitas a duas dificuldades: primeiramente, no processo contínuo de investigação, as categorias iniciais e sucessivas são intrinsecamente sujeitas a uma revisão radical, de modo que são distintas das categorias relativamente protegidas das verdades reveladas ou presumidas; em segundo lugar, no curso da oposição às explicações universais sistemáticas de muitos dos processos em solo comum, descobertas e procedimentos provisórios e seculares tendem a ser agrupados no que parece constituir-se como explicações universais e categóricas siste-máticas, embora nunca as sejam de fato. Assim, a investigação material, fundamentada na rejeição de hipóteses categóricas do tipo não verificável, e baseando a sua própria confiança em um conjunto de procedimentos de trabalho e demonstrações pro-visórios, encontra-se, no entanto, atraída por sistemas fechados e generalizantes: e vê-se como material*ismo* ou como *um* materialismo. Há então uma tendência, em qualquer materialismo, em qualquer momento de sua história, em descobrir-se preso em suas próprias generalizações recentes e, ao defendê-las, em confundir seu próprio caráter: supor que se trate de um sistema como os outros, de um tipo explanatório presumível, ou que seja razoável estabelecer contrastes com outros sistemas (categóricos) não no plano dos procedimentos, mas no de seus próprios "achados" ou "leis". O que então acontece é óbvio. Os resultados de novas investigações materiais são interpretados como tendo superado o "materialismo". Ou, ao contrário, a defesa da "visão materialista do mundo", especificada em determinadas posições agora congeladas no tempo, envolve tanto o desprezo pela rejeição de procedimentos e evidências aparentemente incompatíveis quanto a sua aproximação categórica a sistemas tomados como alternativos e do mesmo tipo – na retórica comum, a "idealismos". A confusão intelectual é, então, grave o bastante, mas é agravada tanto pelo fato de que, por um lado, muitos dos novos "procedimentos" e "evidências", sobretudo em sua forma interpretada e teoricamente presumida, são de fato incompatíveis não apenas (o que não é importante) com a "visão de mundo" congelada, mas também com os critérios significativos do empreendimento materialista; e, além disso, dentro dessa visão de mundo, mesmo que congelada, há ainda evidências assaz complexas bastante suscetíveis de serem sufocadas no difícil processo de busca de compatibilidades genuínas e de reformulações necessárias.

Essas dificuldades intelectuais estão entre as mais evidentes no argumento contemporâneo sobre o materialismo, mas há um outro grupo de considerações políticas e culturais. Modos materialistas de investigação têm sido historicamente conectados, embora nunca exclusivamente, a certas formas radicais de luta social e política. Sobretudo no marxismo, essa conexão foi elevada ao plano de uma aliança consciente. Logo, não se trata apenas de que possa haver confusão entre certas formas congeladas e certos tipos de engajamento e ação política: uma confusão que alcançou extremos bizarros na identificação do socialismo com generalizações eletivas herdadas – a equação brutal de certas "leis" (materiais) com determinadas fidelidades (políticas). Trata-se também de que, em outras áreas políticas, a filiação ao socialismo pareceu envolver a filiação ao "materialismo" não como um conjunto de evidências e procedimentos, mas como uma categoria verbal: ser um socialista era ser, por definição, um materialista, mesmo se as posições relevantes mantidas fossem de um tipo inapropriado ou inaplicável à investigação material (na verdade, às vezes por afirmação teórica prévia). Novamente, e de modo mais amplo, os processos necessários de investigação e de reinvestigação, estendendo-se das estratégias políticas aos problemas filosóficos e às práticas culturais, foram ora descartados como "antimaterialistas" ou "idealistas" dentro das categorias verbais herdadas, ora cuidadosamente afastados do materialismo ou do mais conveniente "materialismo vulgar" pelos seus próprios proponentes, em uma reação em prol das formas congeladas e de suas consequências políticas e culturais.

É nessa situação confusa e complexa, dentro das interações e das falhas de interação da política, da ciência e da filosofia, que a questão do "materialismo" deve ser novamente colocada, no plano mais geral possível. A importância do recente trabalho de Sebastiano Timpanaro é que ele não só colocou essa questão; se o lermos de modo adequado, ele a provocou.

A obra de Timpanaro está disponível em inglês em dois volumes: *On Materialism* [Sobre o materialismo] e *The Freudian Slip* [O lapso freudiano].[1] Ele também publicou estudos sobre a cultura italiana do século XIX, incluindo um importante relato sobre Leopardi. *On Materialism* é uma coletânea de ensaios dos quais os mais importantes são "Considerations on Materialism"

---

1 Timpanaro, *On Materialism*; Id., *The Freudian Slip*.

[Considerações sobre o materialismo] e "Structuralism and its Successors" [O estruturalismo e seus sucessores]. Os outros três ensaios estão em "Praxis and Materialism" [Práxis e materialismo], o materialismo de Engels, e de Korsch e Lênin. *The Freudian Slip* é um volume mais consecutivo, iniciando-se com uma análise filológica das interpretações de Freud dos erros verbais e prosseguindo com uma análise substancial das relações entre o materialismo e a psicanálise. O modo de escrever é, em seu melhor sentido, polêmico. Há declarações ocasionais substanciais de posição e outras referências e alusões significativas. Mas a escrita é mais forte quando se compromete com outra posição; de fato, no caso da investigação profissionalmente detalhada dos textos freudianos relevantes, tão forte a ponto de ser avassaladora. No entanto, no essencial, o texto não é uma crítica; é uma polêmica profundamente engajada, com implicações e intenções políticas substanciais contra as principais tendências contemporâneas no marxismo ocidental, notavelmente o trabalho e os efeitos da Escola de Frankfurt e de Althusser e, de modo mais amplo, contra o que Timpanaro chama de "voluntarismo" e de "cientificismo platônico". O ponto central de seu ataque é a questão do materialismo, de onde todas essas tendências são vistas como divergentes, e seu trabalho é incomum ao trazer para seu auxílio, no que permanece essencialmente um conjunto de argumentos filosóficos, o trabalho dos cientistas naturais. Por uma geração, existiu uma inquietação insólita quanto às relações entre o marxismo e as ciências naturais. Timpanaro lamenta o fato e constrói seu argumento para superá-lo, não apenas porque há brechas no conhecimento e falhas em seu desenvolvimento, mas também porque através dessas brechas de ambos os lados transpassam os inimigos do materialismo.

Essa é uma postura atraente e provocante. Seus muitos desafios merecem a mais cuidadosa consideração. Embora eu discorde de imediato de uma de suas formulações mais básicas, sobre "as relações entre a luta para o comunismo e a luta contra a natureza", encontro, no entanto, uma convergência tão próxima de interesses e simpatias que para mim não só é um prazer excepcional ler seus livros como também é importante debruçar-me sobre eles. Proponho discutir, em um plano central, as relações bastante difíceis entre a sua compreensão do materialismo e seus usos do conceito de "natureza"; e, em seguida e mais brevemente, sua crítica da psicanálise e sua crítica espirituosa e indispensável da linguística estrutural e de suas extensões ao estruturalismo.

O homem e a natureza

A definição dos fundamentos do materialismo mais geral de Timpanaro pode ser aceita, à primeira vista, nos seguintes termos:

> Por materialismo entendemos, sobretudo, todo o reconhecimento da prioridade da natureza sobre a "mente", ou, caso se deseje, do plano físico sobre o plano biológico, e do plano biológico sobre o plano socioeconômico e cultural: tanto no sentido da prioridade cronológica (o extenso tempo que sucedeu antes que a vida aparecesse na Terra, e entre a origem da vida e a origem do homem), quanto no sentido do condicionamento que a natureza ainda exerce sobre o homem e continuará a exercer, ao menos em um futuro previsível.[2]

É difícil imaginar como alguém poderia negar a intenção da primeira proposição, embora seja mais bem expressa em seus termos específicos do que em seus termos gerais. A notação cuidadosa de "mente" deve também ser estendida à "natureza", mas não pode haver nenhum argumento sério contra a existência

---

2 Id., *On Materialism*, p.34.

de um mundo físico antes da vida e de outras formas de vida antes do homem. E é importante que esses fatos, embora estes não sejam em nenhum momento negados, são em qualquer área relevante do argumento com muita frequência descartados como banalidades que possuem pouco significado prático em relação às questões posteriores mais interessantes. Uma das desculpas para essa impaciência é que os termos gerais utilizados para resumir o corpo enorme e complexo de fatos sobre o qual as proposições necessariamente se alicerçam estão impregnados de interpretações subsequentes de natureza inerentemente filosófica e cultural. Assim, é problemático dizer que a "natureza" tem "prioridade sobre" a "mente", e só podemos abordar esses problemas honestamente se tivermos, com plena seriedade, aceitado o peso das evidências astronômicas, geológicas e biológicas antes de entrarmos no terreno mais congenial das categorias humanistas. É nessa área, à primeira vista, que o efeito da contribuição decrescente das ciências naturais para a cultura geral do marxismo é mais visível. Enquanto o senso de proporção imposto por esse materialismo fundamental estiver esquecido ou descartado como uma banalidade preliminar, o caminho estará aberto para todo tipo de obscurantismo e de evasão.

Mas é na área dessa segunda proposição que o dano mais grave é efetuado. Isso é mais difícil de ser visto porque a linguagem em que a sua intenção, indubitavelmente correta, é expressa é ainda mais inerentemente problemática. "O condicionamento que a natureza ainda exerce sobre o homem": o problema aqui está no uso da "natureza", emergindo na linguagem como a personificação humanista de tudo o que "não é o homem" para descrever um conjunto de condições bastante complexo que é, em parte, bastante extrínseco ou extrínseco apenas com qualificações marginais (o escopo percorre do sistema solar, através da composição física do planeta, até a atmosfera), mas que também é fundamentalmente intrínseco aos seres humanos (órgãos físicos evoluídos, a herança genética). Assim, uma determinada

PROBLEMAS DO MATERIALISMO 145

estrutura linguística, a separação e o contraste entre a "natureza" e o "homem", desenvolvida sobretudo em períodos em que há a predominância do pensamento idealista e humanista, torna muito difícil para nós movermo-nos dos fatos complexos e diferenciais que compõem as nossa condições físicas e materiais para qualquer afirmação da relação geral entre essas "condições" e o que, dentro do complexo linguístico, ainda isolamos como "condicionado".

Timpanaro escreve: "Não podemos [...] negar ou evadir o elemento de passividade na experiência: a situação externa que não criamos, mas que se impõe sobre nós".[3] Essa é mais uma tentativa de expressar "o condicionamento que a natureza ainda exerce sobre o homem". Mas ela deixa muita coisa em aberto. Há, de fato, uma "situação externa" que está além da escolha ou do controle humano: o horizonte distante e a meia distância de nosso ambiente material. É justo enfatizar isso, acrescentando que existem horizontes próximos, mesmo nesse plano, que interagem com o trabalho e a política humana. E é justo descrevermos todos esses horizontes como condições. Vê-los apenas como simples "matéria-prima" para a "conquista da natureza pelo homem", como no progressismo dominador compartilhado por diversas tendências no século XIX, mas agora – no final do século XX – mais exclusivo de um capitalismo predatório tardio ou, por outro lado, como meras pré-condições banais para o empreendimento social humano mais interessante, é realmente prejudicial. Sao condições necessárias e, como tais, elementos necessários das relações de qualquer vida. Mas então o que pode ser propriamente descrito como uma "situação externa" adapta-se, de modo complexo, ao que já é uma "situação interativa" e, fundamentalmente, a uma área de condições materiais em que é totalmente despropositado falar da "natureza" como distinta do "homem" ou, para fazer uso da linguagem (política)

---

3 Ibid.

da "imposição" e do "exercício", falar dos termos de uma relação (dualista) que deturpam justamente a materialidade constitutiva que o argumento propôs, em seu início, enfatizar.

Assim, "o elemento da passividade na experiência" surge como uma questão-chave. "Passivo" é uma descrição curiosa de nossas relações efetivas com o horizonte distante e a meia distância de nosso universo material, e seria enganador no horizonte mais próximo. Pois essa não é, nesse plano, uma questão da passividade ou da atividade como respostas humanas alternativas. Há dimensões que se estendem muito além de nós, ou existem forças básicas – os exemplos óbvios são a gravidade e a luz – que entraram tão profundamente em nossa existência constituída que são condições para tudo o que somos e fazemos dentro de toda a gama que percorre os modos do mais passivo até o mais ativo. O que "passivo" em um de seus sentidos – o relativamente "dado", o relativamente "instintivo" – poderia produtivamente enfatizar é, em primeiro lugar, o caráter de muitos dos nossos processos físicos básicos que são, de fato, condições de vida; e, em segundo lugar, embora com mais dificuldade, algo do caráter de nossa participação em assuntos como a nossa herança genética. Em ambos os casos, "constitutivo" seria melhor que "passivo", pois o que importa é o que decorre da colisão entre a perspectiva relacional e a emocional. Voltar a enfatizar, como um materialismo fundamental, as condições físicas inerentes – um universo específico, um planeta específico, uma evolução específica, vidas físicas específicas – a partir das quais todo o trabalho e toda a consciência devem originar-se, é correto e necessário. O fracasso não apenas em reconhecer essas condições, mas em continuar a tomá-las como ativas conduz, como indica Timpanaro, a tipos de marxismo e outros pensamentos políticos e sociais rasos e limitados, e deixa em aberto uma área de experiência e conhecimento grande e inevitável, que tem sido repetidamente ocupada por um positivismo indiferente ou, pior ainda, por tipos expressivamente populares do irracionalismo (astrologia, cultos da terra, novas

PROBLEMAS DO MATERIALISMO

teologias da subjetividade coletiva e as formas de automanipulação física organizada).

A direção da resposta de Timpanaro é então, inicialmente, muito bem-vinda. Mas o "passivo", logo vemos, carrega a sua própria carga. Quando ele argumenta, corretamente, que muitos marxistas ignoram ou reconhecem como meras banalidades a nossa existência e os nossos processos físico-materiais fundamentais, é notável quantas vezes ele especifica essa existência e esses processos em sua capacidade negativa e limitante, e como raramente o faz em qualquer outro sentido. Ele está, naturalmente, certo ao indicar os efeitos da velhice, da doença e das deficiências físicas herdadas; como também está certo ao especificar o fim previsível do sistema solar e a presença condicionante contínua de muitas forças naturais mais imediatas. Mas isso nos conduz a um argumento que já teve o seu lugar, em resposta ao existencialismo e suas interações com o marxismo. A ênfase existencialista na angústia, no isolamento e "no absurdo" foi respondida com ênfases socialistas na camaradagem, na solidariedade e no "futuro", ou com ênfases mais gerais no relacionamento, no amor e na "comunidade". Cada ênfase é uma versão da *resposta*, mas é apresentada como uma versão da verdadeira "condição humana". Um plano do argumento é, então, a troca de especificações alternativas. Mas o plano mais sério do argumento deve ser a análise de como as condições básicas de vida – as condições de existência física e da sobrevivência – são de fato percebidas, selecionadas e interpretadas.

Pois a questão crucial é a extensão na qual esses processos e condições físicas fundamentais afetam ou restringem as interpretações históricas e sociais e os projetos que são as especificações centrais do marxismo. Mas, então, é também necessário explicitarmos essa questão geral, que se alicerça nas categorias gerais da "natureza" e do "homem", em questões mais concretas e diferenciadas. Essas questões me parecem ser três. Primeiramente, qual é o efeito da evidência científica de natureza física, nomeadamente a do sistema solar e de nosso planeta e sua atmosfera, sobre a proposição (ideologia?) da "conquista da natureza" que tem sido frequentemente associada ao marxismo? Em segundo lugar, quais fatores em nossa herança evolutiva, se houver algum, exercem influência sobre o projeto (ideologia?) da libertação humana absoluta? Em terceiro lugar, qual é a relação real entre os projetos de libertação humana expressos em termos coletivos e de época e as condições físicas que determinam ou afetam vidas humanas individuais reais?

A "conquista da natureza"

Quanto à primeira questão, é inegável, historicamente, que o marxismo inclui uma versão triunfalista da "conquista da natureza pelo homem". Essa versão não é apenas uma variante da tradição; de uma forma ou de outra, ela encontra-se perto de sua fonte. Mas é então importante reconhecer que, tanto em suas formas moderadas quanto em suas formas extremas, a noção de "conquista da natureza" não pertence apenas ao marxismo, mas a todo um período do pensamento burguês. Na verdade, ela tornou-se uma generalização quase inevitável das realizações extraordinárias na transformação material da Revolução Industrial e dos avanços nas ciências físicas. Em uma ênfase relativamente não problemática, isso é uma generalização viável, dando substância à ênfase basilar do materialismo histórico. Os seres humanos afastaram-se e afastam-se, pelo trabalho associado e por milhares de caminhos, da dependência passiva de seu ambiente e da mera marginalidade adaptativa nas suas bordas. A remodelação, reconstrução e transformação inovadora do mundo material pré-humano é definitivamente significativa em termos históricos. Mas isso só pode ser descrito como a "conquista da natureza" se os termos

PROBLEMAS DO MATERIALISMO

149

iniciais de um "homem" e de uma "natureza" separados forem aceitos. É na medida em que eles são aceitos que as deformações teóricas reais ocorrem.

Pois é evidente, após todas as conquistas e realizações projetadas, que há forças naturais importantes não apenas no plano do universo físico e do sistema solar, que ainda estão, em qualquer projeção razoável, além de nosso controle. Além disso, mesmo dentro da definição mais prática do projeto de sustentação plena e livre da vida humana em nosso planeta dentro de termos históricos, a parte da "conquista" que é representada pelo conhecimento científico cada vez mais nos mostra a complexidade e os efeitos frequentemente indesejados da outra parte da "conquista", que é a apropriação e transformação do mundo físico. A versão triunfalista desconsidera todo esse conhecimento. Confrontada com o fim previsível do sistema solar, ela responde com a projeção de forma alguma exclusiva ou predominantemente marxista da emigração da espécie humana a novas estrelas, e desconsidera a questão de saber se esse projeto remoto não seria também uma mudança na espécie. Confrontada com os limites e as complexidades de apropriação e da transformação em nosso próprio planeta, ela estende a resposta correta e plausível de um melhor conhecimento e de um esforço renovado para o misticismo frágil da "superação de todos os obstáculos". Mas podemos ver claramente hoje que essa versão triunfalista é, em uma correspondência notavelmente estreita, a ideologia específica do imperialismo e do capitalismo, cujos conceitos básicos – a expansão ilimitada e colonizadora; a redução do processo de trabalho para a apropriação e transformação de matérias-primas – são aqui fielmente repetidos.

Como o marxismo, em qualquer de seus estágios, veio a se comprometer com essa visão? Engels, de modo influente na *Dialética da natureza*, enfatiza a *dominação* da natureza como "a distinção final e essencial" entre "o homem e os outros animais".

Contudo, no curso do mesmo argumento,[4] ele elaborou uma crítica necessária justamente dessa ideia. Lidando com os efeitos imprevisíveis de muitas dessas "conquistas", ele diz que:

> Assim, em qualquer estágio, somos lembrados de que de forma alguma governamos a natureza como um conquistador governa um povo estrangeiro – posicionando-se fora dele –, mas que nós, como carne, sangue e cérebro, pertencemos à natureza e existimos dentro dela, e que todo o nosso domínio sobre ela consiste no fato de termos a vantagem, sobre todas as outras criaturas, de poder conhecer e corretamente aplicar as suas leis.

Essa é uma correção profunda (embora ainda potencialmente ambígua) das noções comuns de "domínio" e "conquista". Movendo-se, de modo materialista, do trabalho para a ciência, Engels de fato viu o desenvolvimento da ciência como conhecimento e controle, conduzindo a uma situação na qual os homens "uma vez mais" (uma referência separável mas reveladora e indefensável) "não apena sentem, mas também têm consciência de serem um com a natureza, de forma que se tornará mais impossível a ideia sem sentido e antinatural da contradição entre a mente e a matéria, entre o homem e a natureza".

Essa é novamente uma correção profunda, mas a ideia de "controle" e de "domínio" ainda sobrevive em ambiguidades reais. No momento do argumento em que essas correções foram efetuadas, torna-se necessário abandonar a noção de "domínio", ver "controle" por uma perspectiva mais secular e mais limitada, e trazer, ao contrário, a consciência plenamente materialista do trabalho e da ciência associados dentro de condições materiais definitivas, embora cognoscíveis. Contudo, parcialmente aqui, mas ainda mais na tradição ortodoxa derivada, as noções intensificadas de "domínio" e de "conquista" foram poderosamente reivindicadas. Por um longo período, o marxismo fracassou

---

4 Engels, *The Dialectics of Nature*, p.241-3.

PROBLEMAS DO MATERIALISMO   151

na realização da reintegração da relação "homem-natureza": sua ênfase decisiva nos processos intrincados e constitutivos do "homem na natureza", com o trabalho como a instância especificadora de um conjunto de relações materiais sempre significativo, sempre dinâmico e sempre, embora de forma diversa, limitado. Nesse mundo de uma história propriamente materialista não há espaço para as categorias abstratas separadas da "natureza" e do "homem", mas então o que com frequência acontece é que elas são erguidas como falsamente equivalentes, ou o processo histórico é visualizado como a substituição de um – o "homem" – pelo outro. Isso se torna rapidamente um compromisso com o triunfalismo. Mas é então irônico ver o argumento apenas se desenvolvendo no sentido inverso. Timpanaro correta e valiosamente enfatiza novamente o peso das forças naturais que estão além do nosso controle real ou provável; no entanto, une-as como "opressão do homem pela natureza".[5] Dada essa relação, seu argumento move-se então para uma reflexão sobre a resposta filosófica e ética apropriada para esse tipo de "fato": um pessimismo materialista que acrescenta uma rejeição às consolações de triunfalismo à rejeição estabelecida das consolações religiosas.

Mas, em um aspecto, isso vai além da questão. Respostas emocionais ou filosóficas, consolidadas ou universais, para as complexidades do processo material real são, na verdade, residuais de uma religião ou filosofia pré-materialista. Nem o triunfalismo nem o pessimismo materialista contribui para os processos necessários de um conhecimento secular ampliado e de definições e redefinições de nossos processos sociais sob essa luz. Na medida em que esses processos forem verdadeiramente seculares e materialistas, passarão a envolver toda uma gama de novas oportunidades significativas do tipo que o triunfalismo generalizou – como o cultivo de plantas e a recuperação do

---

5 Timpanaro, *On Materialism*, p.67.

solo – até novas grandes dificuldades – como o armazenamento de plutônio. Em todos os termos seculares relevantes, o que é necessário nesse nível não é "filosofia", mas a associação da ciência e do trabalho em condições a serem alcançadas apenas pela transformação socialista do controle desses meios de produção.

Biologia e libertação

A segunda questão, sobre os fatores limitantes da nossa herança evolutiva, é amplamente retomada no pensamento burguês contemporâneo. Há um renascimento extraordinário de algumas das formas mais cruas de darwinismo social, com ênfase na força inerente e controladora do instinto agressivo, do imperativo territorial, do caçador geneticamente determinado, do cérebro inferior do "bruto", e assim por diante. Esses subterfúgios crus da variação histórica e cultural, essas racionalizações ainda mais cruas da crise da ordem social imperialista e capitalista, têm de ser analisados e refutados pacientemente, ponto a ponto. Mas a dificuldade para a qual Timpanaro chama a atenção também deve ser lembrada. Há de fato algum perigo, em resposta a essas confusões intoleráveis entre os fatos biológicos e os sociais, de um outro tipo de triunfalismo no qual a ênfase na história e na cultura humana simplesmente ignora ou trata como uma banalidade preliminar as condições biológicas relativamente estáveis que são, no mínimo, elementos de muito da atividade cultural humana. Timpanaro corretamente relaciona esse problema a algumas dificuldades bem conhecidas da fórmula de base e superestrutura e, em especial, a certos tipos de arte que claramente se relacionam com elementos da nossa condição biológica muitas vezes de modo muito mais forte do que com elementos de nossa experiência sócio-histórica. Obviamente, ao

PROBLEMAS DO MATERIALISMO

mesmo tempo é acrescentado que esses elementos da condição biológica são mediados pela experiência sócio-histórica e por suas formas culturais; mas Timpanaro está certo ao afirmar que essa mediação não fornece nenhuma base para o tipo ainda comum de redução no qual o biológico é um mero dado e todo o trabalho efetivo é social e histórico. Ele lembra-nos de maneira produtiva que certas obras de arte que expressam sentimentos de amor sexual, de medo da morte e de luto e perda com a morte de outros, embora cada qual o faça sem dúvida de maneira diversa devido a formas culturais específicas, retêm elementos de um conteúdo comum que lhes permite comunicar, ativamente e não apenas como documentos, para além e através de períodos históricos e culturas.

Timpanaro poderia, certamente, tomar exemplos ainda mais fortes, uma vez que essas são respostas culturais para e dentro de condições biológicas, e o que precisa ser avaliado, em cada caso, são as características da composição. O significado mais profundo de uma condição humana biológica relativamente imutável será provavelmente encontrado em alguns dos processos materiais básicos da feitura de arte: na importância do ritmo na música, na dança e na linguagem, ou de formas e cores na escultura e na pintura. Dado que a arte é sempre produzida, não pode haver, obviamente, qualquer redução de obras desse tipo a condições biológicas. Mas, igualmente, onde essas condições físicas e processos fundamentais são colocados em questão, não pode também haver redução a circunstâncias sociais e históricas simples. O que importa aqui – e essa é uma correção bastante significativa do pensamento marxista ortodoxo sobre a arte – é que a obra de arte é, em si mesma, antes de tudo, um processo material; e que, embora de forma diversa, o processo material da produção de arte inclui processos biológicos determinados, especialmente aqueles relacionados aos movimentos do corpo e da voz, que não são um mero substrato e são, às vezes, os elementos mais poderosos de uma obra.

Contudo, colocar a questão dessa forma implica, mais uma vez, em uma ênfase no reconhecimento e na investigação abertos e seculares. Não se trata de isolar a "natureza humana" como uma "onda longa" em oposição às "ondas curtas" da história, como Timpanaro quase sugere. Trata-se, ao contrário, de reconhecer – e, de fato, de enfatizar, contra as formas mais simples do reducionismo sociológico e superestrutural – o conjunto intrincado e variado de processos produtivos, bem como o conjunto das situações humanas que eles percebem e comunicam, situações nas quais os fatos físicos da condição humana são permanente e irredutivelmente importantes. Mais uma vez, a questão não é apenas dos limites. Além deles, embora essas condições físicas reais limitem alguns projetos de libertação absoluta – tais como a "libertação progressista da carne" nos moldes de Bernard Shaw –, é significativo que muitos dos projetos contemporâneos de libertação decididamente recuperem – embora às vezes de modo muito exclusivo, e mesmo como alternativas falsas para a libertação social – nossa existência física e nossa realização como indissociáveis de qualquer projeto significativo de libertação política e econômica.

Projetos sociais e o indivíduo

A segunda questão, anteriormente exposta, se mistura com a terceira, sobre a relação entre nossas condições físicas e nossos projetos sociais. Timpanaro defende enfaticamente o reconhecimento das realidades físicas que estão sempre presentes, haja mudança social ou não. Adoecemos, envelhecemos e morremos, e é de fato uma espécie de intimidação insignificante, quando não uma superficialidade aparentemente incurável, responder a essas condições com uma referência primordial à história, a uma

PROBLEMAS DO MATERIALISMO   155

causa ou a um futuro. Esse tipo de referência pertence às culturas do absolutismo ou às culturas contemporâneas mais próximas da burocracia. Morrer por uma causa, e ser honrado por isso, é uma coisa. Tentar contornar a realidade física que persiste em, através e além de todas as causas históricas é outra bem diferente. Na verdade, restaurar essa substância de vida humana a todas as perspectivas sociais efetivas é uma questão de grande urgência. Primeiramente, porque nenhuma perspectiva social significativa pode excluir essas experiências substanciais ou tratá-las como marginais. É apenas por uma infecção nas ordens sociais pelas quais lutamos que qualquer exclusão ou redução desse tipo é possível. Mas também, em segundo lugar, é pela perspectiva de que as sofremos, uma vez que as pessoas que defendem essas ordens, e que lutam dentro de suas regras, estão todas dentro dessas condições. O que acontece quando isso se torna claro, em milhões de vidas individuais, é muito difícil de analisar. Muitas pessoas dizem, ao envelhecer ou adoecer, e quando sabem que vão morrer, que o longo projeto histórico torna-se insignificante ou indiferente. Timpanaro mantém sua guarda contra isso, que é o mero inverso do erro de ignorar tais realidades em nome de uma causa histórica.

Contudo, a carga emocional que é trazida pela definição específica de Timpanaro de nossas condições físicas básicas exerce, justamente nesse momento, uma influência ambígua. Pois consideremos uma outra relação bastante relevante. Um outro fato inevitável de "nossa" condição física é o de que, por um certo período, "nós" somos jovens, saudáveis e ativos. É também um fato que essa condição nos oferece oportunidades abundantes de satisfação física que, embora obviamente relacionada ao caráter de nossa ordem social específica, quase nunca são inteiramente determinadas por ela. Assim, em uma definição igualmente relevante da nossa condição física básica, temos muitas – e, às vezes, mais imediatamente acessíveis – oportunidades de felicidade no exercício dos nossos recursos físicos do que no projeto de libertação social. Nos países capitalistas avançados, nos dias de hoje, uma dedução de prioridades a partir dessa versão das relações básicas tem sido amplamente realizado. Não é apenas quando nos deparamos com a morte ou com a invalidez que podemos questionar ou abandonar o esforço revolucionário. É também quando o amor sexual, o amor dos filhos e os prazeres do mundo físico estão presentes de forma imediata e bastante forte. Tentar negar a realidade dos tipos de realização possíveis nessas formas, mesmo sob ordens sociais repressoras, para não falar dos sistemas sociais que abriram um espaço significativo à sua realização, pode parecer um dogmatismo desesperado.

Mas então por que a questão é colocada dessa maneira, levando a todo o tipo de falsa solução? O objetivo de Timpanaro é, quase na mesma medida, verificar tanto as formas coletivas quanto as subjetivistas de triunfalismo. Intelectualmente, ele está pisando em um chão seguro e, talvez, já totalmente trabalhado. Mas emocionalmente o equilíbrio é menos certo. A tristeza profunda de nossa época se expressa de forma plena nos lembretes necessários de nossos contínuos limites físicos. No entanto, a verdadeira fonte da profundidade dessa tristeza é predominantemente histórica. Pois, nos termos físicos mais básicos, nossa época pode ser caracterizada (se o termo ético for apropriado) como uma época de ampliação da felicidade: os limites da velhice, da doença e da mortalidade infantil recuaram significativamente em uma grande área da sociedade mundial. Mais pessoas estão vivendo mais, são mais saudáveis e melhor alimentadas do que em qualquer outra época da história humana. As barreiras à extensão dessas condições dos países ricos aos países mais pobres são econômicas e políticas, e não de alguma especificidade física básica. Mesmo a relação entre a população e os recursos é uma questão política e econômica. Então, por que um pessimismo materialista? Há terreno para um sentido de tragédia na crise longa e sangrenta do fim de uma ordem capitalista e imperialista. Mas, no plano físico mais básico, há apenas a contradição intrínseca a qualquer processo consciente de vida, uma contradição dinâmica e não resolvida na qual a vida não só é negada pela morte, mas também é afirmada pelo nascimento, e a consciência prática define e redefine os seus próprios limites. Em qualquer perspectiva plenamente materialista parece então impossível confiar em qualquer dimensão política ou ética singular e, sobretudo, nas alternativas herdadas do triunfalismo ou do pessimismo. O processo propriamente objetivo ao qual essas alternativas são direcionadas é, ele mesmo, contraditório e dinâmico; contudo, em qualquer momento na vida de um indivíduo ou na história de um movimento, há uma variabilidade intrínseca de posições a partir das quais esse processo objetivo é visualizado. Uma ética materialista, como uma política materialista, deve então ser fundamentada nessas condições relacionadas e inerentes, não como relativismo, que responde apenas ao seu registro, mas como atividade – o esforço consciente para a sua realização comum como história humana.

Psicanálise e materialismo

Curiosamente, é em sua crítica à psicanálise que Timpanaro move-se mais claramente da seletividade pressuposta de um pessimismo materialista, basicamente derivado de Leopardi, às perspectivas materialistas mais abertas. Contudo, é de se esperar que essa parte do seu trabalho encontre as reações mais negativas, variando da suspeita e da hostilidade à indiferença. As raízes ideológicas e o vocabulário da psicanálise estão hoje muito arraigados na cultura ocidental. O advento das habilidades analíticas céticas e estratégicas de Timpanaro, bastante semelhantes às da "alta crítica" religiosa, parece tender à repetição de um momento da história cultural. Pois Timpanaro empenha-se primeiramente, diante de todo o sistema psicanalítico, na análise freudiana dos deslizes e erros verbais – sua persuasiva "psicopatologia da vida cotidiana". Alguns conceitos centrais da memória e do esquecimento e, em seguida, de recalque e de formas de superá-lo são abordados por uma perspectiva incomum.

Para qualquer pessoa treinada para a interpretação de textos, a análise freudiana de erros específicos deve ter sido sempre problemática. Lembro-me do meu próprio ceticismo na minha primeira leitura, e o diagnóstico imediato desse ceticismo que os epígonos exerceram. Mas Timpanaro é muito melhor do que um cético; ele utiliza, com rigor e precisão excepcionais, a evidência material de todo um conjunto de práticas e análises preocupado com erros e falhas de memória e, sobretudo, as evidências manifestas de textos sucessivos estudados em filologia e crítica textual. Assim, ele não só pode mostrar o caráter arbitrário e tendencioso de certas interpretações freudianas, mas, de modo muito mais produtivo, ele contribui com um corpo de conhecimentos especializados relativamente remotos para a tarefa central de classificação de diversos tipos de erro verbal e de falha de memória: uma classificação que não precisa ser tomada como excluindo certas hipóteses psicanalíticas por equivalerem a certos tipos de erro. Se isso for colocado ao lado das hoje extensas investigações fisiológicas dos processos da memória e, sobretudo, da memória a curto prazo, podemos chegar a uma posição plenamente materialista na qual as evidências da história cultural, da análise situacional e da investigação fisiológica podem ser reunidas, cruzadas e verificadas.

Contudo, o que tem acontecido com frequência, mesmo dentro da "psicologia", com sua variação no que são muitas vezes escolas não comunicativas, mas ainda mais na cultura geral, com sua dependência eclética de "conceitos cientificamente fundamentados" derivados de evidências e procedimentos nunca rigorosamente analisados, é a difusão de um conjunto de sistemas que, mesmo quando possuem um caráter materialista – e muitos dos mais amplamente difundidos evidente e mesmo orgulhosamente não o possuem –, tomam a aparência de explicações humanas gerais. Assim, pode-se perguntar, do mesmo modo que fazemos em relação a uma opinião de um filme ou de um romance, se "aceitamos os achados" de Freud, de Skinner ou de Lacan sem qualquer compreensão significativa de que todos esses "achados" dependem dos critérios das evidências e dos pressupostos teóricos (contestados) tanto das evidências quanto dos critérios. (Essas considerações seriam também importantes para a "opinião" sobre o filme ou o romance.) O que Timpanaro então fez foi indicar, especialmente para o leitor "literário" da psicologia e da teoria psicanalítica, algumas considerações indispensáveis sobre a natureza da análise verbal como evidência. Se às vezes ele parece estar pegando uma marreta para quebrar uma noz, não temos de ler muito mais adiante para nos certificarmos do grande número de nozes a serem quebradas.

Há duas considerações adicionais. Primeiramente que, na psicologia e na teoria psicanalítica, como nas áreas relacionadas da antropologia e da sociologia teórica, há problemas específicos para qualquer crítica materialista no seu emprego típico de conceitos – que podem ou não ser "teoria" – que possuem um caráter duplo singular, uma vez que são internamente vistos como "achados" da evidência empírica e, no entanto, ao mesmo tempo, são rapidamente difundidos em formas de discurso geralmente dependentes de conceitos fundados em um modo linguístico mais "normal", no desenvolvimento de uma linguagem na experiência social e histórica. "O inconsciente" é o exemplo mais evidente; o "isso", o "eu", a "fase do espelho" são outros. A análise materialista de conceitos linguísticos "normais" tomados do discurso político e cultural em geral é necessariamente histórica; seus procedimentos linguísticos são, então, diretamente científicos. Porém, nessa classe especial de conceitos com uma história muito limitada ou especializada, com uma circulação geral, mas com essa referência inerente à "evidência" de um tipo técnico situado muito além deles, as dificuldades metodológicas são agudas. Há também o problema daquela outra classe de conceitos que inclui principalmente a "memória", o "sexo" e o "recalque", que possuem tanto uma história geral significativa que precede as suas aplicações especializadas quanto significados altamente especializados e derivados dentro de sistemas intelectuais específicos. A análise dessas classes diversas de conceitos é fundamentalmente necessária como uma nova forma de linguística histórica e cultural. Não se pode dizer que Timpanaro estabeleça novos procedimentos; mas há tão poucos trabalhos desse tipo que alguns de seus modos de abordar o problema – nomeadamente o da "memória" – são extraordinariamente interessantes.

Em segundo lugar, e de modo mais geral, é fato que o marxismo clássico negligenciou, a um custo elevado, não apenas as condições físicas humanas básicas que Timpanaro enfatiza em sua reconsideração do materialismo, mas também as condições emocionais e as situações que compõem uma parte tão grande de toda a relação e prática humana direta. Problemas de sexualidade, incluindo a sexualidade problemática, estão entre as omissões mais proeminentes; e é dentro dessa área que as tentativas de completar, aprofundar e ir além do materialismo histórico inevitavelmente ocorreram. Isso é descrito, por vezes, como um movimento do "materialismo" para "considerações humanas", com alguma garantia, embora ineficiente, nas reduções materialistas fisioquímicas mais bizarras das experiências pessoais e relacionais. Mas o que também é cada vez mais defendido é que a psicanálise, ou certas variantes suas, são elas próprias "materialistas"; a descrição parece, por vezes, séria e, outras vezes, um tipo de filiação leal.

Duas coisas então devem ser ditas. Em primeiro lugar, que não é nada razoável continuar a afirmar como "materialista" (e, portanto, como um complemento ou algo compatível com o marxismo) sistemas de explicação psicológica acriticamente assimilados, no plano de "achados", ignorando ou rejeitando como mero "positivismo" ou "empirismo" o grande corpo de psicologia experimental preocupado, por exemplo, com problemas de percepção, memória, sonhos e desenvolvimento da linguagem. Há problemas teóricos incontestáveis decorrentes desse trabalho, mas a apreensão de "sistemas" fluentemente aprendidos não é uma maneira, e certamente não é uma maneira materialista, de resolvê-los. Então, em segundo lugar, há a necessidade de muito mais exemplos do tipo de crítica teórica e histórica rigorosa da teoria psicológica como uma mistura de "ciência" e "ideologia", que Timpanaro exemplifica em sua análise do "materialismo sufocado" de Freud e, mais brevemente, de Lacan e outros sucessores. Parece improvável que isso possa ser feito sem o confronto mais direto, nos termos do materialismo histórico, com o corpo muito mais amplo de evidência e teoria psicológica não psicanalítica, e, desse modo (pois esse é o efeito cultural, embora dificilmente a realização científica, do revisionismo psicanalítico), reexaminando as formulações herdadas do materialismo histórico como, ao mesmo tempo, historicamente limitado e insuficientemente materialista.

Linguagem e ciência

Em seus escritos sobre a natureza e a psicanálise, Timpanaro implan:a argumentos de ordem geral ou usa certas habilidades especializadas para reexaminar os tipos de formulação, interpretação e análise. Em seu ensaio sobre o estruturalismo e seus sucessores, ele está, como filólogo, em um terreno centralmente mais familiar; seu brilhantismo de detalhes, tanto analítico quanto histórico, é marcante. Há pessoas que, no plano do discurso geral, assumem tacitamente que a linguística iniciou-se com Saussure, da mesma forma como a psicologia começou com Freud. A síntese magistral de Timpanaro da crise na linguística histórica que precedeu Saussure aprofunda a sua crítica posterior que, sob outros aspectos, e especialmente em certas passagens, não é totalmente original, embora seja poderosa. A crítica atinge a sua melhor forma nas questões em que ele está plenamente envolvido em sua atuação profissional, como no caso de Saussure e de Hjelmslev, embora as discussões de Lévi-Strauss, Althusser, Barthes e outros possam ter mais efeito político. A polêmica contra o estruturalismo como um "idealismo objetivo", no sentido de sua extensão para além da linguística, é vigorosa e convincente, e há uma observação perspicaz de que algumas das formas mais influentes do pós-estruturalismo são reações não contra o seu idealismo, mas contra a sua objetividade. Persiste, contudo, o fato de uma boa parte dessa seção ser um argumento categórico contra os violadores das categorias, e é sobretudo em uma explicação da linguagem que procuramos por mais do que isto; procuramos, de fato, pelos contornos de um materialismo produtivo.

É na discussão de Timpanaro sobre Chomsky que alguns desses contornos podem ser discernidos. Embora reconheça a importância da ênfase de Chomsky no "lado criativo da atividade linguística", contra as posições mecanicistas e meramente reprodutivas da linguística biológica do século XIX e do estruturalismo ortodoxo, Timpanaro ao mesmo tempo identifica corretamente uma reversão, no plano dos princípios mais gerais, ao que são claramente formas metafísicas de "inatismo". O conhecimento excepcionalmente amplo de Timpanaro sobre a história dos estudos linguísticos é especialmente útil nesse momento. Mas é ao mover-se para além da história das ideias, isto é, para hipóteses adequadas à investigação científica contemporânea, que surgem todos os problemas genuínos. Uma significativa distinção teórica limpa o terreno: uma ênfase

PROBLEMAS DO MATERIALISMO 163

importante no caráter de boa parte da descoberta científica, principalmente nos estudos da linguagem, como a formulação de *tendências* em vez da revelação de leis. Essa ênfase baseia-se, de maneira relevante, no tom e vocabulário de muitos argumentos estruturalistas e pós-estruturalistas e do marxismo estruturalista; pode-se acrescentar que ela também se baseia em outros tipos de marxismo, nos quais a linguagem (política) de um universo providencial, tornado completo com o seu "criador das leis", infectou de modo óbvio até mesmo o materialismo histórico.

Mas então, mais especificamente, em um desafio à rejeição de Chomsky ao "evolucionismo", Timpanaro reafirma a importância dos estudos de neurofisiologia da linguagem e de outros processos comunicativos. Isso nos lembra da lacuna que surgiu alhures, mas com um grande efeito prejudicial no trabalho marxista sobre as ciências humanas, entre as tradições e formações primariamente filosóficas e as primariamente científico-naturais. O que ainda poderia ser visto em Vigotski e seus sucessores, dentro das dificuldades externas da linguística soviética, como uma unidade ou, ao menos, um modo de contato, tornou-se no Ocidente uma divisão quase incompreensível. A investigação física dos dados dos sentidos, dos estímulos do ambiente natural e social e da linguagem e do desenvolvimento comunicativo não verbal continua a produzir uma enorme massa de pesquisa; mas parece possível, por trás das redes de proteção das categorias do "positivismo" e do "empirismo", continuar os argumentos mais fundamentais, que envolvem definições bastante universais da natureza do "homem" e da "realidade", sem muita referência ou com apenas uma referência cuidadosamente seletiva aos dados dessa investigação.

Uma deformação tão marcante de todo um empreendimento intelectual deve ter, para um marxista, raízes profundas em uma ordem social e suas formações culturais; contudo, não estou certo de que Timpanaro está correto ao olhar apenas para uma "nova situação sociopolítica" para "libertar-nos" dela. Sua obra, mais do que qualquer outra, chama a atenção para a divisão e a consequente deformação. Ela é muito mais útil do que, por exemplo, a descrição razoável, embora limitada, das "duas culturas" de Snow, uma vez que não são apenas as relações entre a cultura literário-filosófica e a científico-natural que precisam ser questionadas, mas as relações complexas de ambas com a cultura e o processo sócio-históricos: relações, aliás, que não podem ser reduzidas aos termos da fórmula de base-superestrutura. A verdadeira lição é a de um desafio para iniciar a construção de formações intelectuais de um novo tipo e, por várias razões, o campo da linguagem e da comunicação não verbal parece ser um lugar bom e viável para se começar.

O projeto materialista

Enquanto isso, e para começar, como anda o materialismo? Como anda nosso irmão histórico, e aqueles tios-avôs briguentos, o dialético e o mecanicista? Não mencionaremos o vulgar. Em qualquer estudo materialista da linguagem, essas perguntas céticas têm de ser colocadas – como foram colocadas, de maneira conflituosa, perguntas sobre o significado de Deus. Temos de indagar, de modo demonstrável, sobre essas formações e orientações linguísticas: elementos para uma prática material dentro de um processo social contínuo.

Podemos, de forma breve, situarmo-nos no materialismo histórico. Há um corpo demonstrável de teoria e prática, de método e de evidências, dentro, mas também para além, da formulação verbal persuasiva. De fato, é tentador limitar o marxismo a esse trabalho substancial, no qual nossas lutas políticas e econômicas centrais podem ser alicerçadas de forma bastante firme, embora sempre controversa e aberta. No entanto, logo fica claro que não

PROBLEMAS DO MATERIALISMO 165

podemos impor esse limite, não apenas por conta do orgulho, o orgulho herdado, de um desafio sem limites. Boa parte da prática social e cultural é necessariamente dirigida para além da história humana, a materiais que simultaneamente a precedem e persistem. Negligenciar ou renunciar a essas direções seria uma grande derrota cultural. Para os inimigos há recursos variados e poderosos: desde os espiritualismos que florescem dentro de uma ordem social em processo de desintegração, através da mitologia, muitas vezes sofisticada, de muitas de nossas condições e práticas menos compreensíveis, até a enorme ambição da epistemologia em tornar-se a ciência universal. A reiteração de conceitos e sistemas universalizantes está, então, além de nossa intenção.

Pois o caráter especial do materialismo, e que exclusivamente lhe dá valor, é a sua abertura rigorosa para a evidência física. O ponto é colocado em questão, de forma interessante, em uma observação de Chomsky:

> Podemos, no entanto, estar certos de que haverá uma explicação física para os fenômenos em questão, se eles puderem ser explicados, por uma razão terminológica desinteressante, a de que o conceito de "explicação física" será, sem dúvida, estendido para incorporar tudo o que foi descoberto nesse domínio, exatamente como foi estendido para acomodar a força gravitacional e a eletromagnética, as partículas sem massa e inúmeras outras entidades e processos que teriam ofendido o senso comum das gerações anteriores.[6]

Essa observação perturba e mesmo ultraja Timpanaro.[7] Ele a toma como insinuando que a ciência ainda não estendeu a sua real compreensão, mas meramente incorporou novos fenômenos por uma série de truques verbais. Mas não é a ciência que está em questão; é o conceito de "físico", ou, se preferirmos,

---

6 Chomsky, *Language and Mind*, p.97.
7 Timpanaro, *On Materialism*, p.202.

o de "material". E a resposta a Chomsky, que tenta desencorajar a investigação de sua própria versão básica do "inato", é que o que está em questão não é um processo "terminológico desinteressante", mas o processo social necessário por meio do qual o empreendimento materialista define e redefine seus procedimentos, seus resultados e seus conceitos, e no seu decurso move-se para além de um e de outro "materialismo". Há apenas duas barreiras reais a esse processo contínuo: uma, contra a qual Timpanaro suficientemente nos advertiu, é a da mitologização, ou recuperação, dentro dos pressupostos herdados, de tudo o que nós ainda não compreendemos, ou entendemos de forma imperfeita; a outra, mais próxima de nossa casa, está em parecer saber com antecedência, e como um teste de nossa fidelidade política, o conteúdo materialista em transformação do materialismo.

4

O AMBIENTE SOCIAL E O
AMBIENTE TEATRAL:
O CASO DO NATURALISMO INGLÊS

Há três sentidos relevantes para o "naturalismo" e seu termo associado, "naturalista". O primeiro, e mais popular, indica um método de reprodução "preciso" e "semelhante à realidade". O segundo, e historicamente anterior, indica uma posição filosófica aliada à ciência, à historia natural e ao materialismo. O terceiro, o mais significativo na história do drama, indica um movimento no qual o método de reprodução preciso e a posição filosófica específica são entendidos como organicamente unidos.

O primeiro sentido iniciou-se na Inglaterra por volta de 1850, sobretudo em relação à pintura – mais especificamente, à pintura de paisagens. Assim, temos: "o maneirismo dos italianos e o naturalismo dos pintores flamengos" (1852);[1] "o naturalismo gótico avançando gradualmente da severidade Bizantina" (1853);[2] "a escola naturalista da paisagem, um grupo de pintores que descartou a tradição dos Turner" (1893).[3] Havia uma associação comum de tal método com a simplicidade de atitude – "um

---

1 Naturalism. In: A New English Dictionary on Historical Principles, 3,b.

2 Ibid.

3 Ibid., 6,b.

naturalismo sem preocupações com o futuro" (1850)[4] – e, pela associação com a "natureza" e com o "natural", do tema.

O segundo sentido já estava estabelecido de forma mais geral. Ele tomou forma no final do século XVI como uma oposição consciente, ou ao menos como uma distinção, entre o conhecimento revelado (divino) e o observado (humano), e era usado em uma associação íntima com acusações de ateísmo: "ateístas ou homens [...] que não admitem nada exceto a Moralidade, o Naturalismo e a razão humana" (1641);[5] "aqueles Heréticos e naturalistas Ateístas blasfemos que se opõem à verdade" (1612).[6] Com confiança crescente a partir do século XVII até o século XIX, o termo adquiriu as associações mais positivas de um método, prática e corpo de conhecimento na história natural e nas ciências naturais. "Naturalista", nesse sentido, tornou-se neutro, mas o "naturalismo" ainda era uma doutrina na qual havia um apelo e uma confiança nas leis, forças e explicações naturais, algo distinto do e, por fim, conscientemente oposto ao "supernaturalismo", e também no qual, em questões de moralidade, havia um apelo a uma confiança humana na razão e na lei natural (secular).

O terceiro sentido, em aplicação específica para um tipo particular de romance ou peça teatral e, consequentemente, para um movimento literário, apareceu em francês no final da década de 1860 e é comum em inglês desde a década de 1880. Sua relação com os dois sentidos anteriores é complexa. Por um lado, sua ligação consciente do método literário com o método científico e com as leis da história natural foi nítida, distinta e, por vezes, agressiva. Por outro lado, em muitas tendências gerais da ficção e do drama antes desse período, muitos passos para essa ligação haviam sido praticamente tomados. A ligação entre a pintura e a sociedade foi realizada por Constable:

---

4 Ibid., 3,a.

5 Ibid., I.

6 Ibid., I.

O AMBIENTE SOCIAL E O AMBIENTE TEATRAL 171

A pintura é uma ciência e deveria ser perseguida como uma investigação das leis da natureza. Por que, então, não deve a pintura de paisagens ser considerada uma ramificação da filosofia natural, da qual os quadros são os experimentos?[7]

Foi, de fato, a pintura de paisagens que atraiu o termo técnico aparentemente simples "naturalista". De modo mais geral, desde o início do século XVIII, tanto em peças teatrais como no romance, houve uma confiança prática em uma dimensão humana secular na ação, na descrição e na interpretação. A literatura burguesa, com confiança crescente, foi em um sentido específico secular e social em comparação à literatura anterior; uma dimensão explícita ou implicitamente metafísica foi excluída com firmeza e, ao final, sem argumentos. Isso é particularmente evidente no drama, mais claramente na tragédia burguesa (de Lillo, *The London Merchant* [O mercador de Londres], 1731), com sua ênfase conscientemente secular, contemporânea, social e socialmente estendida, mas teve muitos precedentes no século XVII na comédia em prosa e em exemplos isolados do que seria posteriormente chamado de "drama doméstico". Dentro desse poderoso movimento geral em direção a uma literatura predominantemente secular e social, muitos elementos do "naturalismo" tornaram-se habituais, mas a descrição consciente aguardava uma nova ênfase na qual o termo-chave seria "ambiente". Uma coisa é apresentar a personagem e a ação em termos exclusivamente seculares e sociais. É, ou pode ser, uma outra coisa bem diversa ver e mostrar a personagem e a ação como determinadas e profundamente influenciadas pelo ambiente, seja ele natural ou social. A novidade da ênfase naturalista estava na demonstração da *produção* da personagem ou da ação por um poderoso ambiente natural e social. Isso é radicalmente distinto das exemplificações

---

7 Constable, Fourth Lecture at the Royal Institution [1836]. In: Beckett (ed.), *John Constable's Discourses*, p.69.

das características humanas "permanentes" em um "cenário" reproduzindo fielmente o real ou o social. A base intelectual para a nova ênfase é então uma noção de produção histórica tanto no sentido social de que a personagem é determinada ou profundamente influenciada pelo seu ambiente social, com a observação posterior e mais penetrante de que esse ambiente social é ele mesmo historicamente produzido, quanto no sentido mais amplo da história natural, da evolução da própria natureza humana dentro de um mundo natural do qual ela é uma parte em interação. A teoria do naturalismo, na ficção e no drama, é então uma apresentação consciente da personagem humana e da ação *dentro* de um ambiente natural e social. Trata-se da culminação específica de uma longa tendência da teoria e prática burguesas. Ela apenas deixa de ser burguesa (e então, estritamente, deixa de ser naturalismo) quando, como na teoria marxista, a ação é vista não apenas dentro de um ambiente, mas como ela mesma produzindo o ambiente dentro de certas pressões e limites.

As relações entre o primeiro e o terceiro sentidos do "naturalismo", em descrições de obras de arte, são então inevitavelmente complexas. No uso popular e semiprofissional, o naturalismo não significa mais do que a reprodução de uma personagem, de uma ação ou de uma cena de modo detalhado e semelhante à vida. Em um uso histórico mais estrito, o naturalismo é um método artístico no qual um ambiente específico é reproduzido, evidentemente com tantos detalhes e tão plenamente quanto possível, não por ser um elemento observado, mas por tratar--se de um elemento causal e sintomático. O naturalismo, no primeiro sentido, é um produto geral de uma tendência secular burguesa, com sua preferência por um mundo cotidiano prático e reconhecível. O naturalismo no terceiro sentido é a extensão para a arte das posições filosóficas originalmente descritas como "naturalismo", em uma confiança consciente na história natural observada e na razão humana. O naturalismo dramático, no primeiro sentido, pode ser relacionado de maneira plausível aos desenvolvimentos nos meios de produção dos efeitos teatrais físicos, embora com complicações que discutiremos adiante. O naturalismo dramático, no terceiro sentido, nunca pode ser reduzido dessa forma, uma vez que ele não reproduz um elemento físico ou um ambiente por ser tecnicamente possível e interessante, mas por tais elementos e ambientes serem partes integrais da ação dramática e, em um sentido verdadeiro, sendo eles mesmos atores e agências.

É uma curiosidade da história dramática que o naturalismo no terceiro sentido foi relativamente fraco na Inglaterra em comparação com a França, a Escandinávia e a Rússia. De fato, paradoxalmente, apenas após a modificação do naturalismo no primeiro sentido houve peças naturalistas significativas no terceiro sentido em inglês. Isso é, à primeira vista, bastante surpreendente, uma vez que os movimentos intelectuais que conduziram a um naturalismo consciente foram particularmente fortes na Inglaterra. As doutrinas mais puras sobre a produção da personagem pelo ambiente foram as de William Godwin e de Robert Owen no final do século XVIII e começo do XIX. O expoente mais influente da história humana como produtora da natureza humana foi, evidentemente, Darwin. Aparentemente, o naturalismo consciente deveria ter sido desenvolvido na Inglaterra, e o caso pode ser positivamente argumentado pelo desenvolvimento da pintura e do romance inglês. No drama, contudo, o caso é bem outro, e as razões específicas para isso devem ser cuidadosamente examinadas.

A reprodução física no teatro

Limitada pelo primeiro sentido do naturalismo, a história da reprodução "fiel à realidade" no palco inglês é frequentemente estudada. É válido olharmos para os principais elementos dessa história, tanto por eles mesmos quanto pela luz que lançam sobre as limitações de qualquer definição meramente técnica do naturalismo.

"O palco moderno reproduz a realidade infinitamente além dos objetos apropriados para as representações dramáticas", reclamou um observador em 1827.[8] Este não foi um desenvolvimento abrupto. Os teatros internos, após a Restauração, desenvolveram cada vez mais tipos complexos e efetivos de cenário pintado, mas na virada do século XVIII para o XIX houve ainda mais uma mudança decisiva. Isso pode ser resumido como o desenvolvimento da "tomada de cena" a partir do sistema de mobilidade cênica que dominou o teatro no século XVIII. Um elemento crucial aqui foi a redução contínua e a posterior abolição do proscênio. Isso, concomitantemente à elaboração dos panos de fundo e dos perfis como uma alternativa para planos e bastidores móveis, tornou o palco simultaneamente mais integrado, mais estático e mais fechado. Apenas bem depois, no mesmo século, após uma controvérsia prolongada sobre tipos antigos de portas para os bastidores, foi que o palco com o cenário plenamente fechado foi estabelecido. O primeiro foi talvez o Gaiety, de 1869, mas a descrição do novo Haymarket, em 1880, é reveladora:

> Uma borda de ouro rica e elaborada, com quase 70 cm de espessura, seguindo o padrão da moldura de um quadro, segue por todo o contorno do proscênio até bem abaixo dos pés do ator. Não pode haver dúvida de que a ilusão é ampliada, pelas razões dadas; os atores parecem retirados do domínio da prosa; não há borda ou plataforma frontal; e, ainda mais estranhamente, o todo tem um ar de um quadro projetado em uma superfície.[9]

---

8 Boaden, *Memoirs of Mrs. Siddons*, v.2, p.355.
9 Fitzgerald, *The World Behind the Scenes*, p.20-1.

O AMBIENTE SOCIAL E O AMBIENTE TEATRAL

Todo o desenvolvimento então alcançado aponta, certamente, para as características principais do drama naturalista, sobretudo em sua característica central do palco como um aposento. Ele aponta também, curiosamente, para o drama fílmico e televisivo: "um quadro projetado em uma superfície". Contudo, as intenções dramáticas dentro desse desenvolvimento possuem uma relação ambígua com o naturalismo. Vestris e Mathews, no Olympic, entre 1831 e 1838, foram talvez os primeiros a desenvolver o palco como sala de estar, e um crítico notou que "um cenário fechado mais perfeito produz a aparência de um aposento privado de modo infinitamente superior aos antigos dispositivos de cenário".[10] Além disso, em mais uma inovação, esses aposentos foram plenamente mobiliados, incluindo o piso e as "paredes". Mas as peças neles apresentadas, em geral adaptações de comédias curtas francesas, raramente estavam preocupadas com a "imitação da vida", e um sentido de luxo, ao invés de um sentido de precisão, parece ter sido o principal motivo da encenação. O desenvolvimento mais amplo dos meios técnicos para uma produção mais "realista" está a uma distância ainda maior do naturalismo. De fato, em todas as suas fases anteriores, a inovação técnica era voltada prioritariamente para o espetáculo. É com frequência afirmado que o palco naturalista deveu muito à introdução da iluminação a gás, que chegou aos teatros em torno de 1820. Contudo, o uso principal da nova iluminação era a de produzir efeitos espetaculares, tais como o nascer do sol dispersando a neblina da manhã. Uma das suas aplicações mais poderosas, pela queima de cal para produzir luzes da ribalta, tornou-se quase sinônimo de um novo tipo de espetáculo, e foi largamente utilizada no desenvolvimento do melodrama. Talvez o caso mais interessante, por ser intermediário, tenha sido o desenvolvimento de técnicas de palco para produções históricas e, em particular, para a encenação

---

10 Apud Rowell, *The Victorian Theater*, p.18.

de Shakespeare. Em outras situações, os novos meios de produção levaram a um aumento no espetáculo; aqui, enquanto o espetáculo manteve-se como uma intenção, houve também uma ênfase na "correção" do cenário. Isso já era evidente na obra de Planché para Kemble na década de 1820, e ficou mais conhecido nas produções "antigas" da década de 1850. O interesse pela "fidelidade histórica" e sua prioridade intencional no que Kean especificou como um "teatro do efeito"[11] possui algo genuinamente em comum com os elementos do naturalismo. O que se pretendia era um ambiente *reconstruído* e, como no caso do romance histórico, com seu efeito formativo no romance do realismo social, essa é uma fase de transição em direção à representação de um ambiente físico específico como sintomático ou causal. Contudo, o próprio sentido de reconstrução histórica, voltando o olhar de forma característica para épocas com mais esplendor na vestimenta e na mobília, trabalhou em uma direção oposta, contra o ambiente contemporâneo fora do teatro, que viria a ser a influência decisiva do naturalismo.

Foi na década de 1870 que o *box-set* totalmente fechado começou a ser usado para substituir os biombos e panos de fundo, em uma relação próxima ao palco como um quadro totalmente emoldurado. Isso possibilitou um meio técnico para uma das convenções centrais do naturalismo: o palco como um aposento fechado. Contudo, mesmo nesse avanço, como em outros avanços técnicos através do século, a intenção dramática manteve-se variável. A ilusão espetacular era tão comum quanto a ilusão naturalista; ou, em outras palavras, mesmo o motivo para tal ilusão naturalista era espetacular: a reprodução impressionante do ambiente "real" ele próprio, sem uma agência dramática integral. Isso nos lembra que no teatro, como em qualquer outra área da tecnologia cultural, a doutrina do determinismo tecnológico – a criação de uma forma vista como

---

11 Cole, *The Life and Theatrical Times of Charles Kean*, v.II, p.382.

determinada pelo desenvolvimento tecnológico; o naturalismo como a consequência de melhorias na carpintaria do palco – é falsa. Isso, por sua vez, permite-nos ver a distinção, tão decisiva na história do drama, entre o naturalismo como uma técnica entre outras – um efeito de palco específico entre outras variedades de espetáculo –, e como uma forma dramática na qual a produção ou reprodução do ambiente social, sintomático ou causal, não é apenas um cenário para uma ação, mas uma parte da própria ação.

As relações sociais em transformação no drama e no teatro

Uma dimensão particularmente excluída por narrativas meramente técnicas do desenvolvimento do naturalismo é a das relações sociais no teatro. Essa é uma exclusão bastante significativa no caso do teatro inglês do século XIX, onde as mudanças nas relações sociais no curso do século foram radicais.

Podemos distinguir três períodos: o anterior a 1830; o de 1830 a 1860; e o de 1860 a 1914. No primeiro período, houve o término de um longo processo, que pode ser traçado a partir 1700, no qual o teatro se moveu em direção a uma audiência mais popular. Isso não é, apesar de alguns relatos, a entrada do "populacho" nos teatros. Ao contrário, o fenômeno novo foi o estreitamento do público do teatro que precedeu o movimento, da década de 1620 até a de 1690, atingindo um ponto de extrema seletividade de classe no teatro da Restauração. No curso do século XVIII, o público se expandiu novamente e também aumentou em número. Em 1600, havia em torno de seis teatros bem sucedidos em Londres; em 1700, após o estreitamento da Restauração, havia apenas dois. Por volta de

1750, havia novamente sete teatros em Londres, e um número crescente de teatros estabelecidos nas províncias. Mas as classes sociais não são imortais, e os novos frequentadores das peças no século XVIII eram, na verdade, uma nova classe; em um sentido moderno, uma burguesia. Até o final do século XVIII, isso era muito mais evidente em Londres do que em qualquer outro lugar, pois foi lá que o crescimento explosivo de um novo tipo de cidade se iniciou. Pelo início do século XIX, essa burguesia e pequena burguesia urbana havia assumido os teatros de Londres, e um público analogamente "popular" tornara-se o principal esteio dos teatros provinciais, que se multiplicavam. Muitas das mudanças internas na estrutura do teatro – a plateia fazendo retroceder o proscênio, a conversão das galerias elevadas em camarotes – estavam diretamente relacionadas a essa audiência simultaneamente em crescimento e em transformação. Os *Old Price riots* (passeatas contra os valores dos ingressos) no Convent Garden em 1809 são apenas as mais marcantes dentre muitas manifestações dessas tensões e mudança de classe. "A sociedade polida", como se autodesignava, foi primeiramente invadida e depois removida da plateia para os camarotes, para serem então totalmente excluídas. Isso provocou uma tensão muito mais severa entre o monopólio dos teatros patenteados, estabelecidos sob as condições da Restauração para restringir o drama sério a um público minoritário, e os chamados "teatros menores", que surgiam por toda parte, usando de todos os artifícios e explorando toda a ambiguidade possível. No período anterior a 1830, os "teatros menores" tais como o Lyceum, o Haymarket e o Adelphi eram distinguíveis apenas nominalmente dos antigos teatros patenteados, o Covent Garden e o Drury Lane, enquanto ao sul do Tamisa, especialmente no Astley's e no Surreyside, o "teatro do outro lado da ponte", mais aberto, mais popular e mais espetacular em seu estilo, estava atendendo novos públicos.

O inevitável aconteceu. Uma anulação da legislação monopolista passou na Câmara dos Comuns no clássico ano do triunfo da classe média, 1832, mas foi rejeitada na Câmara dos Lordes. Em 1843 a lei foi, finalmente, alterada. O Covent Garden, em 1847, tornou-se uma casa de ópera, com um público mais sofisticado. O Drury Lane tornou-se o centro dos espetáculos. O maior desenvolvimento do teatro inglês ocorreu nos teatros da classe média, que cresceram de sete em 1800 para dezenove em 1850. O Astley's tornou-se o Royal, e o Surreyside tornou-se o Olympic. Nos distritos mais afastados, teatros novos e grandes foram abertos, e a partir da década de 1840 as salas de música iniciaram seu desenvolvimento extraordinário, tanto tomando para si a variedade dos teatros menores, que então se moveram para o drama, quanto oferecendo um entretenimento recentemente organizado para a vasta população em crescimento das cidades. Londres crescera de pouco mais de 1 milhão para mais de 2,5 milhões na primeira metade do século. As cidades industriais seguiam o mesmo padrão. Nesse período, entre 1830 e 1860, o teatro, como a imprensa e as editoras, tornara-se aberto, variado e vigoroso de seu próprio jeito. Isso poderia ter ocorrido de várias formas diferentes.

O que de fato aconteceu no terceiro período, após 1860, é novamente característico dos desenvolvimentos gerais da cultura. Houve uma taxa de crescimento ainda mais rápida, mas novas linhas divisórias surgiram entre o "respeitável" e o "popular", e no lado do respeitável havia uma integração entre a classe média e públicos e gostos sofisticados. Essa integração, decisiva em tantas áreas, teve efeitos marcantes no teatro. O público "popular" era agora formado, nos novos termos de uma sociedade urbana industrial, massivamente pela classe trabalhadora e pela classe média baixa, mas em geral eles não estavam nesses teatros, a não ser em ocasiões especiais; eles estavam nos salões de música e locais de apresentação ainda mais recentes, dentro de uma classe trabalhadora em expansão. Nos teatros do centro de Londres, o que acontecia era o processo usualmente descrito como o movimento para tornar os teatros novamente "respeitáveis": um processo que incluía a colocação de carpetes e assentos na antiga plateia; a venda de bebidas mais discretas; e a alteração do horário como adequação a outros compromissos sociais. No teatro da Restauração havia apresentações no início da tarde para a corte e seu círculo. No século XVIII os horários foram continuamente movidos para a noite, quando as pessoas poderiam ir ao teatro após os negócios e o trabalho. As apresentações do início do século XIX começavam em geral às 18 horas e duravam de quatro a cinco horas: uma noite inteira no teatro. A partir da década de 1860, o horário moveu-se para as 20 horas, e as apresentações se encerravam por volta das 23 horas: sobretudo para tornar possível o jantar antes e a ceia após o espetáculo. As matinês surgiram para um novo tipo de público com tempo livre. O que hoje vem ao nosso pensamento como teatro do West End estava estabelecido.

Essa mudança social deve ser lembrada dentro de uma estatística de crescimento impressionante. O ponto central da então recente integração respeitável era que ela oferecia um autorecrutamento; era socialmente inclusiva em um certo plano de valores, gosto e comportamento, ao invés de categoricamente exclusiva, como em um tipo antigo de sociedade. Londres cresceu de 2,5 milhões de habitantes no meio do século para 6,5 milhões por volta de 1900. O transporte interno, nos trens, ônibus e então nos metrôs tanto aumentou o público possível quanto permitiu a concentração física dos teatros. A partir da década de 1860, teve início uma onda extraordinária de construções, reformas e trocas de mobília. Em 1850, havia 19 teatros; em 1900 havia 61, além de cerca de 40 salões de música. O que pensamos hoje como o teatro moderno e seu público – embora ele não seja moderno, uma vez que é anterior ao cinema, ao rádio e à televisão, que iriam diminuí-lo novamente – foi mais central e solidamente estabelecido naquela época do que em qualquer outro momento anterior ou posterior.

O melodrama

É em relação a esses fatores sociais conectados – mudanças no público e mudanças físicas no teatro – que podemos começar a considerar o desenvolvimento das formas dramáticas. O primeiro problema importante, de certa forma por parecer estar no polo oposto do naturalismo, é o caso do melodrama, que, ao menos na primeira metade do século XIX, pode ser facilmente reivindicado como a única inovação formal significativa. Contudo, o melodrama é uma "forma" particularmente difícil de ser definida.

Alguns elementos de seu desenvolvimento são evidentes. O "melodrama" inicial – pantomima para a música na França, diálogos com música na ópera alemã – não foi largamente imitado na Inglaterra e, quando o foi, possuía em geral outros nomes, vinculados a outros precedentes. Quando foi reconhecido como uma forma na Inglaterra, sua conexão com a música era pouco mais do que acidental ou mesmo tática (um dos efeitos da restrição do drama "legítimo" aos teatros patenteados foi o encorajamento dos teatros menores a descrever as peças como tudo, menos peças; se a inclusão de uma canção ou de uma pantomima pudesse burlar o oficial encarregado das licenças – o lorde Chamberlain –, então gerentes e autores a tentariam). O que de fato aconteceu, sob esse título, foi um novo tipo de drama sensacionalista com conexões íntimas com a popularidade do romance gótico. *The Castle Spectre* [O espectro do castelo] (1797), do monge Lewis, é um exemplo inicial na Inglaterra, entre uma grande quantidade de importações similares da Alemanha (sobretudo Kotzebue) e da França. Se relacionarmos esse desenvolvimento com a mudança no público já observada, podemos enxergar conexões entre a substituição da comédia sentimental pelo melodrama e a substituição de um público relativamente restrito e "polido" por um público "popular" mais aberto e vigoroso. Contudo, dentro disso, e o ultrapassando, há elementos mais complexos. Na França, o melodrama, no sentido de drama sensacionalista, tornou-se abertamente político durante a Revolução, especialmente nas peças sobre a "Bastilha" (Pixérécourt). Essas peças sensacionalistas sobre a prisão, a tirania e a libertação tornaram-se populares na forma de adaptações na Inglaterra, mas seu elemento político foi excluído no período de turbulências antes de 1830, quando a censura do tipo político consciente estava bastante presente. O melodrama inglês sobre a "prisão" tornou-se então mais puramente sensacionalista. Entretanto, um certo radicalismo era inseparável de toda a cultura popular inglesa entre 1820 e 1850; um correlato próximo foi o novo tipo de jornal de domingo, combinando sensacionalismo, escândalo e política radical. Muito do desenvolvimento posterior no drama social inglês, com efeitos óbvios no caso de seu naturalismo, foi afetado por essa ligação e por suas muitas contradições e ambiguidades. De outro lado, dentro das restrições impostas pelo *status* de teatro menor, havia uma pressão constante para que os autores evitassem formas dramáticas mais tradicionais, e o hábito interno desses teatros, treinados para a ação e para o espetáculo ao invés de para o diálogo contínuo, acentuou essa tendência. Enquanto tratava-se apenas de uma questão sobre o drama sensacionalista simples, não havia problemas difíceis para a análise. De fato, em certo sentido, esse foi o herdeiro do drama renascentista em muitos de seus elementos externos, mas com o sobrenatural perdendo a sua dimensão metafísica, e a energia moral e social da exploração reduzindo-se a estereótipo: um processo bastante evidente na redução da linguagem dramática ao retórico e ao estereótipo, portadores da concha da ação, mas com o corpo morto dentro dela. Contudo, a partir da década de 1820, identifica-se uma tentativa para colocar um novo conteúdo nessa forma sensacionalista. Trata-se da tentativa concomitantemente reconhecida e exagerada pelo termo "melodrama radical".

O caso mais significativo é o de Douglas Jerrold. Ele fez seu nome em 1829 com *Black-Ey'd Susan* [Os olhos negros de Susan], um melodrama no sentido transicional simples: um enredo da inocência em perigo, do resgate miraculoso, atado, caracteristicamente, a uma balada (de Gay) e com alguma consciência marginal do homem pobre (o marinheiro) como exposto e vitimizado. É então significativo que, em 1832, Jerrold tenha escrito duas peças, *The Rent Day* [O dia do aluguel] e *The Factory Girl* [A menina operária], que foram tentativas bastante claras para dramatizar uma nova consciência social. *The Rent Day*, que sobreviveu, é também transicional. Baseado em um quadro de David Wilkie, que o cenário inicial reproduz diretamente, a peça é um "drama doméstico" no qual o inquilino de uma fazenda sofre com a ausência do proprietário e com um administrador desonesto: nesse sentido, uma peça radical, mas assimilada a uma consciência e um tipo de peça mais antigos. O proprietário ausente, inicialmente tomado como a figura representativa perdendo seus aluguéis no jogo, retorna disfarçado para ver o que está acontecendo; ele expõe o administrador desonesto. Assim, a tensão social real, que estava particularmente acentuada no período no qual a peça foi escrita, é imediatamente deslocada – o administrador tomando o lugar do proprietário como o vilão – e tornada sensacional, pois com a mágica do disfarce e da autoridade providencial é concebido um final feliz para o que, na realidade, não possuía solução. *The Factory Girl*, que conhecemos apenas por relatos, possui muitas características em comum com *The Rent Day*, mas o que aconteceu com a peça representa um momento significativo na cultura do século XIX. As observações abaixo foram tiradas do contemporâneo *Figaro in London*:

> Escritores como o sr. Jerrold merecem nossa gratidão e nossa admiração, pois o seu objetivo não é meramente nos entreter, mas defender, através do palco, a causa das classes sociais pobres e oprimidas. Esse é o objetivo do autor em *The Factory Girl*, na qual ele desenhou, com uma verdade lamentável, o

fado do tecelão, que deve ser escravo em um sistema desumano de trabalho excessivo nas fábricas inglesas, e muito frequentemente uma vítima de uma pequena tirania daqueles que são colocados em posição de autoridade em relação a ele [...] A história possui um interesse e uma trama que iriam, através de uma boa escrita por toda a peça e de um humor satírico singular da parte de Harley, levar *The Factory Girl* ao sucesso triunfante, não fosse a peça ser danificada pelo *dénouement* [desfecho], no qual cartas surgem do nada, um trabalhador encontra um irmão em um comerciante rico, e um longo relacionamento é descoberto entre as personagens principais. Essa organização confortável para um final feliz naturalmente provocou um sorriso que deu ao mal-humorado uma oportunidade para destilar seu hálito venenoso em gritos inescrupulosos de "fora".[12]

Isso pode ser lido de várias formas: como a confirmação da tendência, como em *The Rent Day*, para a solução do insolúvel pelos mecanismos do drama sensacionalista; como a evidência de um público que se tornava crítico a isto; ou, com a especificação do "mal-humorado", como um exemplo das pressões cruzadas do período. A peça saiu de cartaz depois de duas noites e jamais foi impressa. Deve haver razões para isso, mas o final artificial provavelmente não está entre elas, uma vez que se tratava de uma prática padrão. Jerrold estava certo de que foi o novo tema do trabalhador industrial vitimizado que tornou a peça impopular.

Já faz seis anos que o escritor deste texto escreveu um drama, cuja finalidade era conquistar a simpatia do público para a causa das crianças nas fábricas: o drama foi muito sucintamente condenado [...] O tema da peça "era baixo e angustiante". A verdade é que não era *la mode* mostrar interesse pelos detalhes "grosseiros e vulgares" da vida humana, e o autor sofreu por estar dois ou três anos à frente da moda.[13]

---

12 *Figaro in London* apud Jerrold, *Douglas Jerrold, Dramatist and Wit*, v.I, p.221.
13 Jerrold, op. cit., v.I, p.214.

O AMBIENTE SOCIAL E O AMBIENTE TEATRAL

Ele se refere ao sucesso posterior, em tais temas, de uma "escritora", presumivelmente Frances Trollope. Os termos pelos quais *The Factory Girl* foi atacada podem lembrar-nos dos argumentos lançados contra o naturalismo na década de 1880. Contudo, a história é, mais uma vez, complexa. Não havia nada no novo drama naturalista ou realista da década de 1880 que, nos termos da vulgaridade da vida baixa ou da violência dos eventos, fosse novo para o teatro inglês do século XIX, e sobre-tudo para o melodrama. Havia uma longa sequência de peças sobre crimes, desde as histórias de Maria Marten e de Vidocq (ambas dramatizadas por Jerrold na década de 1820), passando por *The Factory Assassin* [O assassino da fábrica] (Rayner, 1837), com um réu falsamente acusado, até as peças de "detetive", que tiveram seu início em 1863 com *The Ticket-of-Leave Man* [O homem em liberdade condicional], de Taylor – a aparição do arquetípico Hawkshaw. *London Labour and the London Poor* [O trabalho e os pobres em Londres], de Mayhew, foi dramatizado no Whitechapel Pavilion em 1860, com o subtítulo de *Want and Vice* [Vontade e vício]. Peças sobre pobreza urbana e orfandade, incluindo muitas adaptações de Dickens, eram comuns. Em *Lost in London* [Perdido em Londres] (1867), a esposa de um mineiro é abduzida por um londrino rico, e havia cenas de con-traste entre Bleakmore Mine e uma festa em Londres regada a *champagne*. Em *It's Never Too Late to Mend* [Nunca é tarde para reparar] (1865), de Charles Reade, uma atriz vestida como um garoto "morre" em um moinho meticulosamente representado (incidentalmente levando um crítico a se levantar no teatro e gritar: "Realismo brutal" – um dos primeiros exemplos do que se tornaria uma expressão habitual).[14] Escândalos sexuais ou no mínimo maritais eram comuns após o sucesso de *O pecado de Lady Isabel* (1861) e de *Lady Audley's Secret* [O segredo de Lady Audley] (1862), a última peça incluindo uma cena da esposa

---

14 Apud Disher, *Melodrama*, p.70.

atingindo seu marido com uma barra de ferro e o empurrando para dentro de um poço, apesar de ele reaparecer na cena final.

Indo além, se olharmos para tudo isso com outros olhos, havia um certo radicalismo em muitos dos enredos dos melodramas mais populares: proprietários vis seduzidos pelas filhas dos inquilinos, hipotecas executadas, mães e crianças lançadas à neve; oficiais vis e outros jovens ricos fazendo o máximo para rivalizar com aqueles. É possível, a partir desses exemplos, falar do melodrama radical e suas relações estreitas com outros elementos da nova cultura popular urbana. O que deve então ser observado é um paradoxo: o de que os elementos de uma consciência moral e social que viriam a estar presentes no naturalismo sério foram canalizados na Inglaterra para o melodrama, que, simultaneamente, preservou noções providenciais sobre o certo e o errado, sobre a exposição da vilania e sobre o triunfo ou a apoteose da inocência como a fundação de suas convenções. Ao mesmo tempo, como veremos, a apresentação mais naturalista das cenas, das personagens e das ações distanciou-se, em geral, de temas baseados na consciência radical. O resultado foi uma confusão. O melodrama tocava todos os nervos da sociedade do século XIX, mas em geral apenas para jogar com esses nervos e resolver a crise em um mundo dramático externo e providencial. Seus métodos tornaram-se uma máxima para o exagero sensacionalista, contra o qual os tons mais mudos e opacos do naturalismo doméstico inglês tomaram o seu caminho com a falsa reputação de possuírem uma verdade mais essencial. Mas não se trata aqui de uma simples história interna das formas. As mudanças já observadas no caráter social do teatro, após 1860, incluindo especialmente a divisão entre o drama "respeitável" e o entretenimento "popular", impediram, em ambos os lados, o surgimento de qualquer forma sustentável adequada. O melodrama, que de seu próprio modo aproximou-se muito das crises daquela sociedade deslocada, turbulenta e cruel, tornou-se, ao cabo, nada mais do que uma apresentação

O naturalismo doméstico

É ortodoxo datar o surgimento do naturalismo inglês a partir de *Caste* [Casta] (1867), de Robertson, ou talvez de *Society* (1865). Mas trata-se novamente de uma questão de definição. Essas peças estão muito distantes do melodrama. Uma definição preliminar seria a de comédia de costumes com um tópico conscientemente social. Mas então isso não teria início com Robertson. *Money* [Dinheiro] (1840), de Bulwer Lytton, é um exemplo anterior óbvio. O seu enredo envolve o esquema familiar da herança e os reajustes de todos os sentimentos mais refinados após a descoberta do local para onde todo o dinheiro havia ido. Na verdade, chegar a *Money* após *The Plain Dealer* [O comerciante honesto] ou *The Way of the World* [O estilo do mundo] é perceber uma certa continuidade, embora a sua linguagem e a sua trama sejam bastante contemporâneas. Ou tomemos *Retired from Business* [Aposentado dos negócios] (1851), no qual um verdureiro recolhe-se ao campo e é persuadido por sua esposa, por uma questão de prestígio, a alterar seu nome de Pennyweight para Fitzpennyweight. O esnobismo ansioso dessa sociedade rural (suburbana) é ridicularizado na personagem Creepmouse que, a qualquer menção do mundo real, exclama:

> Pumpkinfield está ameaçada pela revolução. O casamento a varejo colocou em risco nossos lares, e a propriedade construiu barricadas com suas próprias pedras da lareira.[15]

---

15 Jerrold, *The Writings of Douglas Jerrold*, v.VII, p.286.

Ir de Bulwer Lytton ou de Jerrold para *Society*, de Robertson, é quase não sentir a brisa da inovação. A trama é uma narrativa padronizada dos *nouveaux riches* tentando comprar o seu caminho para a sociedade da moda e cometendo os erros grosseiros habituais. Em uma forma reduzida, trata-se do mundo do século XIX: um dos esquemas dos Chodd para conseguir influência é fundar um novo jornal, ou melhor, dois jornais: o *Morning* e o *Evening Earthquake*. No final, após criar esquemas e contra--esquemas, Chodd Junior rejeita o "sangue azul" e prefere, ao invés disso, "tê-lo em sua cor natural".[16] Mas isso não evita que a peça termine com o triunfo do advogado empobrecido como sir Sidney Daryl, membro do Parlamento: "Homem do campo etc., acena os chapéus – a banda toca etc."[17]

Caste estende a referência social. Um oficial aristocrata flerta com a filha de um trabalhador desempregado e bêbado; ela é uma atriz. Isso ultraja a mãe do aristocrata, uma marquesa. A garota, deixada com a criança dele, torna-se pobre quando ele é reportado morto na Índia e seu pai gasta o dinheiro a ela deixado. Mas D'Alroy ressuscita, a marquesa se reconcilia com ele e o velho trabalhador, o único embaraço, é enviado a Jersey com uma pensão, para beber até morrer. Evidentemente, são feitas observações sobre a tolice do sentimento de "casta" quando comparado com as exigências do verdadeiro amor, mas ir de *Caste* ou *Society* para o mundo difícil da Inglaterra no meio da era vitoriana, com suas conversões prontas de fortunas adquiridas nos negócios para a nobreza, seu movimento de atrizes para a antiga aristocracia, para não falar do triunfo geral da nova integração social da "respeitabilidade", é perceber uma convenção teatral tão impenetrável quanto tudo no melodrama. Podemos então dizer que a diferença está na "naturalidade" do diálogo, e é fato que a escrita de *Society* e *Caste*, e nesse sentido a de *Money* e de *Retired from Business*,

---

16 Robertson, *Society*, ato III. In: Rubinstein (ed.), *Great English Plays*, p.1060.
17 Ibid., p.1061.

podem ser contrastadas de forma aguda com o diálogo exclamatório e voltado ao incidente de, digamos, *Lady Audley's Secret*. O que é evidente, sobretudo, é um coloquialismo desenvolvido em todos os aspectos, exceto o crítico. Contudo, mais uma vez, isso não é uma novidade: *The Ticket-of-Leave Man*, um pouco anterior, possui um discurso coloquial com mais sustentação, com menos contornos caricaturais, dentro de sua trama "melodramática". (De fato, é uma ironia que as únicas palavras bastante lembradas da peça são as do detetive ao revelar o seu disfarce: "Hawkshaw, o detetive", que se tornou um *slogan* cômico. As falas da maior parte da peça aderem ao mais continuado "naturalismo", no sentido popular, do teatro inglês do século XIX.)

O que então é novo em Robertson? É o naturalismo em seu sentido mais técnico: o do palco "semelhante à vida". Havia, como vimos, precedentes para isso em Vestris, Mathews e as produções "arqueológicas". Mas Robertson fixou a forma nos novos teatros e nas novas representações da década de 1860. As mudanças no caráter social do teatro o ajudaram: noites com apenas uma peça nos novos horários, mais tarde; temporadas maiores. Os meios técnicos tinham apenas de ser articulados em uma produção integrada de uma peça "fechada". É nesse sentido exato que é genuíno dizer que Robertson inventou o gerenciamento do palco, e de fato inventou a figura moderna do produtor ou do diretor, imprimindo uma atmosfera e um efeito global. Estilos de atuação foram modificados para adequarem-se a esse efeito geral, e as peças, em um sentido real, são *scripts* para essas produções, em uma forma que, desde então, tornou-se familiar. As direções de palco detalhadas de Robertson são a evidência mais óbvia desse tipo de produção integrada, e o motivo é indubitavelmente, como em todas as definições técnicas do naturalismo, a "aparência (ilusão) de realidade": "a hera deve ser hera real, e a grama deve ser tapete de grama – não pintada".[18] Localmente, esses efeitos

---

18 Id., *Birth*, ato III, cena I apud Rowell (ed.), *Victorian Theatre*, p.79.

do ambiente pretendem ser sintomáticos: "segurando a chaleira perto. Hawtree olha para ela de óculos", em um contraste familiar de hábitos sociais.[19] Mas a consciência que os informa é sempre ilustrativa, e o naturalismo desse tipo é propriamente descrito nos termos de "cena" e "pano de fundo".

A distinção que então importa pode ser explorada comparando esse tipo de produção de um ambiente conhecido e reconhecível com a produção superficialmente similar de um ambiente causal ou sintomático no alto naturalismo: por exemplo, o quarto e o sótão depois dele em *O pato selvagem*, de Ibsen; o interior cheio de armadilhas de *The Father*, de Strindberg; ou a presença social e a história social do pomar em *O jardim das cerejeiras*, de Tchekhov. Não é apenas, embora também seja, um problema do alcance e da escala dramáticos. É uma questão da maneira como o ambiente físico e social é percebido, não como cenário ou pano de fundo por meio do qual, em outras convenções – como a da providência, da vontade divina ou da superação do preconceito –, as personagens podem encontrar o seu próprio caminho. No alto naturalismo, as vidas das personagens estão encharcadas do ambiente. Sua apresentação e produção detalhada é então uma dimensão dramática adicional, frequentemente uma dimensão comum dentro da qual as personagens são, em grande medida, definidas. As relações entre homens e coisas são, em um plano profundo, interativas, porque o que está lá fisicamente como um espaço ou um meio de vida é uma história social total, moldada e provocando alterações. É característico que as ações do alto naturalismo sejam em geral batalhas contra esse ambiente, tentativas de desenredar-se dele, que em geral fracassam. As convenções pré--naturalistas do escape providencial ou da resolução através do reconhecimento são desmontadas diante do preço sombrio do peso do mundo: não um mundo que é um pano de fundo ou um

---

19 Id., *Caste*, ato I. In: Rowell (ed.), *Nineteenth Century Plays*, p.354.

O AMBIENTE SOCIAL E O AMBIENTE TEATRAL 191

cenário ilustrativo; mas um mundo que se enlaçou nas camadas profundas da personalidade. É essa prática que faz sentido no argumento de Strindberg:

> O naturalismo não é um método dramático como aquele de Becque, uma simples fotografia que inclui tudo, mesmo o grão de poeira na lente da câmera. Isso é realismo; um método mais tarde exaltado como arte, uma pequena arte que não distingue as árvores da madeira. Esse é o naturalismo falso, que crê que a arte consiste simplesmente no esboço de um pedaço da natureza de forma natural: mas esse não é o naturalismo verdadeiro, que busca os aspectos da vida onde os grandes conflitos acontecem, e que se alegra em ver o que não pode ser visto no dia a dia.[20]

Há aqui espaço para confusão entre "naturalismo" e "realismo", sobretudo porque as distinções posteriores, de um tipo comparável, geralmente inverteram os termos. Mas o ponto central é evidente, e a referência ao "conflito" o clarifica. Essa perspectiva de um ambiente físico e de um ambiente social que moldam a realidade é um legado intelectual da nova história natural e da nova sociologia do século XIX. Sejam quais forem as variações das atitudes posteriores entre dramaturgos individuais, esse sentido absoluto de pressões e limites reais – na herança genética, nos tipos de família e de relações sociais, e nas instituições e crenças sociais – é comum e preocupante. Produzir essas pressões e limites em ambientes representados no palco foi o objetivo comum de um período variado e brilhante do experimento dramático que essa consciência sombria provocou. Mesmo onde, como consequência, as lutas e conflitos tornaram-se internos, como no expressionismo inicial, eles ainda ocorriam entre, de um lado, as pressões e limites físicos de um mundo natural e social moldado e exercendo mudanças e, de outro, o

---

20 Strindberg, *On Modern Drama and Modern Theatre* [1889]. In: *Samlade Skrifter*, v.XVII, p.288-9.

sentido determinado do eu, um eu possível, que poderia tentar ir além dessas pressões e limites, embora geralmente fracassasse.

É quase desnecessário dizer que, deixando de lado o alto naturalismo, o que ficou conhecido como naturalismo no teatro inglês após Robertson foi uma outra dimensão muito menor. Mas, para seguir o argumento até o fim, devemos olhar para o que aconteceu após Robertson nos teatros confiantes da sociedade vitoriana tardia e, então, da sociedade edwardiana.

Naturalismo e a peça-problema

A chave para uma interpretação do desenvolvimento do drama inglês entre Robertson e o final do século está no caráter social do teatro do West End, estabelecido nessa forma no mesmo período. Seu público, como vimos, não era "aristocrático" ou "elegante"; tratava-se de um público integrado de classe média no que era, então, uma capital simultaneamente metropolitana e imperial. Mas então, como em outras áreas da cultura do período, e especialmente naquelas estreitamente dependentes das instituições (do Parlamento e da educação até o teatro), os tons dominantes foram aqueles de uma classe assumida e admirada: A "sociedade". Essa é uma situação radicalmente diversa da dos teatros ligados à corte ou à aristocracia, como notavelmente o teatro da Restauração, no qual as ações, o público e os escritores eram, mesmo que pouco, socialmente integrados. No teatro vitoriano tardio, colocando cruamente, um amplo público da classe média estava enfeitiçado por uma imagem da "sociedade elegante", e o teatro estava entre os principais locais para a sua exibição. Dramaturgos como Henry Arthur Jones, que antes de se dedicar ao teatro era um viajante comercial com uma formação familiar não conformista,

O AMBIENTE SOCIAL E O AMBIENTE TEATRAL

ou Pinero, um aprendiz das leis e apenas depois um ator, não pertenciam a essa classe movida pelas aparências, mas, como outras pessoas do teatro, serviam-na e, como agentes de sua imagem, iam construindo seu espaço dentro dela. É uma evidência marcante da prepotência da forma das aparências que Jones e Pinero não foram bem-sucedidos, como se deveria esperar, escrevendo o drama burguês, mas sim escrevendo o que se costumava chamar de "drama da sociedade". Não é que eles não tenham, mesmo que brevemente, tentado. *Saints and Sinners* [Santos e pecadores] (1884), de Jones, enxertava os problemas do tédio e da respeitabilidade não conformista na trama do antigo melodrama da moça inocente seduzida pelo oficial vilão e que, embora liberta, morre pela perda da reputação. Pinero, em uma peça tardia, *The Thunderbolt* [O raio] (1908), retirou-se da sociedade londrina para uma família provincial (cervejeiros) de classe média; a peça foi considerada enfadonha. No que era então predominantemente uma sociedade comercial burguesa, o deslocamento representado pelo "drama da sociedade" seria quase inacreditável, não fosse pelo caráter específico da integração cultural institucional. É instrutivo irmos de *Saints and Sinners* para *Hindle Wakes* [O feriado de Hindle] (1912), de Houghton, não apenas por Houghton ter se movido para o mundo burguês fabril, mas também porque Fanny Hawthorn, uma sucessora formal à longa fila de inocentes comprometidos (ela foi para Blackpool com o filho de um rico fabricante), recusa seu destino convencional: ele não é homem o bastante para ela se casar; ela teve momentos bons e agora tomará seu próprio caminho. Isso ocorreu uma geração mais tarde, evidentemente, mas a diferença mais significativa é que peça foi desenvolvida e produzida fora da atmosfera peculiar do teatro londrino, no Repertory da senhorita Horniman, em Manchester. Nessa nota revigorante de autoconfiança, a peça ilumina, por contraste, a subordinação cultural extraordinária dos dramaturgos burgueses anteriores.

Não há nada complexo no diagnóstico do "drama da sociedade" como uma forma. É a peça de intriga movida para o centro do palco, com a exibição de cenas fortes. O mais interessante é a interação dessa forma com o que se tornou conhecido como a "peça-problema", pois essa é uma questão crucial no tópico do naturalismo. Jones e Pinero, em suas peças de sala de estar, até certo ponto calaram e tornaram opacos – ou, em outras palavras, simplificaram e naturalizaram – os detalhes da peça de intriga. Ao mesmo tempo, elevaram intrigas características para o *status* de "problemas": notavelmente a antiga trama da dama com um "passado". O problema, aqui, era de julgamento moral, e havia um afrouxamento óbvio da rigidez de, digamos, *Lady Audley's Secret*. O exemplo mais conhecido é *The Second Mrs. Tanqueray* [A segunda sra. Tanqueray], na qual o problema é diretamente discutido. A primeira esposa de Tanqueray, uma mulher virtuosa que também, como sugerido, "mantinha um termômetro em seu espartilho que sempre registrava dez graus abaixo de zero",[21] insistiu, antes de morrer, que sua filha fosse educada em um convento. O segundo casamento de Tanqueray é com Paula, cujo "passado" ele conhece: uma sucessão de casos pré-maritais. O problema da "respeitabilidade" é então colocado em dois planos: os preconceitos convencionais de seu círculo contra a segunda sra. Tanqueray, incluindo seus medos quanto à influência dela sobre a sua filha, mas também a situação explosiva desencadeada quando sua filha se apaixona por um dos casos antigos de sua madrasta. Paula conta a verdade e se mata. A filha gostaria apenas que ela "tivesse sido compassiva".[22]

É uma peça fortemente emocional, mas o que é significativo é a interação entre "intriga" e "problema", uma interação que não é resolvida pela forma. A coincidência sensacional da filha se

---

21 Pinero, *The Second Mrs. Tanqueray*, ato I. In: Rowell (ed.), *Late Victorian Plays, 1890-1914*, p.13.

22 Ibid., p.79.

O AMBIENTE SOCIAL E O AMBIENTE TEATRAL

apaixonar por um dos jovens homens de sua madrasta mantém-
-se na órbita do drama de intriga, embora possa ser facilmente
dito que, tomada de forma aberta, isso poderia conduzir diretamente a assuntos sobre relações, incluindo a rivalidade sexual e
o ciúme, que o drama naturalista mais significativo explorava.
Ela não é vista dessa forma, embora a pista esteja lá e algum
alicerce tenha sido construído para isso na última cena do confronto. Por outro lado, o "problema" generalizado é de um tipo
bastante diverso. Todas as questões corretas são colocadas: não
possuem os homens "passado"? Não é o preconceito frequentemente hipócrita? Não há conexões entre a respeitabilidade
e a frigidez? Os temas se movimentam, mas a discussão global
é destruída pelo evento quando a questão abstrata penetra em
uma área proibida das relações passadas. O que ocorre, então, é
um compromisso, e nem as relações nem o problema avançam.

De fato, o caráter geral do "questionamento" nas peças-
-problema do drama da sociedade é, ao cabo, estritamente
sugestivo. A razão básica é que as convenções, tanto das estruturas de sentimento quanto da forma, são restritas aos termos
incômodos da integração social. Nenhum sentido de uma vida
ou ideia além dos termos da sociedade de aparências pode ser
estabelecido dramaticamente; nem mesmo qualquer ponto de
vista estritamente burguês, uma vez que ele é sobrecarregado e
comprometido pela preocupação com a "sociedade" (há notavelmente uma franqueza menor em relação ao dinheiro, por
exemplo, do que mesmo no início do século). O naturalismo
inglês, nessa primeira fase, era inevitavelmente um pouco mais
do que uma questão técnica.

Vieram algumas rupturas. Como em muitas outras situações
europeias, um novo tipo de drama necessitava de um novo tipo
de público. Virtualmente, todas as novas obras importantes no
drama europeu desse período foram realizadas em teatros independentes, baseadas em um público minoritário (fracionado)
que se separou tanto de sua própria classe quanto da integração

"teatral". Na Inglaterra, essa minoria já era ampla em outras áreas, mas no teatro ela demorou para se organizar: The Dramatic Students [Os estudantes do drama] (1886), a Independent Theatre Society [Sociedade Teatral Independente] (1891) e a Stage Society [Sociedade do Palco] (1899). Mas foi por essas organizações que obras diferentes chegaram ao teatro: *Casas do viúvo*, no Independent Theatre, em 1892; as *Plays Pleasant and Unpleasnt* [Peças agradáveis e desagradáveis]; e, por fim, o regime de Vedrenne-Barker no Court Theatre entre 1904 e 1907. Nos dez anos anteriores à guerra, um tipo diferente de drama inglês desenvolveu uma base independente, embora o West End continuasse a ser dominado pelo drama da sociedade (Sutro, Hankin e o primeiro Maugham) e ainda mais pela comédia musical.

Foi esse então, mesmo que tardio, o período do naturalismo inglês em seu sentido mais sério? De certa forma, sim. As peças de Galsworthy (*Strife* [Conflito], 1909, e *Justice* [Justiça], 1910) possuem uma nova dimensão de referência e preocupação, e são especificamente naturalistas tanto no sentido técnico quanto no sentido da correlação consciente entre a personagem e o ambiente. As peças de Barker (*The Voysey Inheritance* [A herança Voysey], 1905, e *Waste* [Desperdício], 1907) são de um naturalismo altamente desenvolvido no sentido técnico, embora seus temas pertençam mais à tensão antirromântica da exposição da respeitabilidade do que a qualquer naturalismo efetivo. Trata-se de uma realização significativa, mas limitada, e a principal razão para isso é que Shaw, que tão conscientemente adotou o ponto de vista filosófico naturalista, e cuja exposição é mais consciente e explícita do que a de qualquer outro dramaturgo naturalista importante, escolheu, por questões táticas conectadas aos estilos predominantes do teatro ortodoxo, trabalhar sobretudo com formas antigas para, então, alterá-las internamente. Em algumas peças, *Widower's Houses* [As casas de viúvos], *Mrs. Warren's Profession* [A profissão da sra. Warren]

O AMBIENTE SOCIAL E O AMBIENTE TEATRAL 197

e, então, *Heartbreak House* [A casa da desilusão], escrita mais tarde, o material é transformado; na última, sob influência direta de uma forma naturalista genuinamente original, a de Tchekhov. Mas a principal investida do drama de Shaw está na polêmica brilhante e contínua em suas peças e nos prefácios auxiliares tão importantes que, como forma teatral, mantêm-se em geral dentro dos termos do drama da sociedade estabelecido e das intrigas românticas, das reconstruções históricas, e do melodrama e da farsa anteriores, a ele associado. Trata-se do mais efetivo conjunto de dramas do período, mas que jamais tentou, em qualquer forma esquemática, atingir a conjunção naturalista específica entre a filosofia e a forma, e foi apoiado nessa escolha pela reação contra o naturalismo que já era evidente no teatro vanguardista em outros lugares. Pois, evidentemente, o alto naturalismo, como uma forma, foi ele mesmo implodido sob as tensões do seu próprio tema central: a interação entre a personagem e o ambiente. O novo expressionismo subjetivo de Strindberg foi necessário para um mergulho mais profundo na experiência do eu capturado pelo ambiente. Além disso, eram necessárias, para ver o ambiente de forma ativa – não como uma força determinante passiva, mas como uma história dinâmica da sociedade –, as convenções novas e mais flexíveis do expressionismo social. Shaw possui conexões com a segunda dessas tendências, embora não possua nenhuma com a primeira, o que deve ser visto como uma razão para o seu próprio desenvolvimento. Mas uma outra razão está na prepotência das formas teatrais então comuns no caso específico do teatro inglês (West End).

Tratar o desenvolvimento subsequente do drama naturalista inglês é algo que vai além do escopo deste ensaio. Podemos apenas notar, brevemente, o renascimento extraordinário do drama naturalista no teatro de meados e final da década de 1950, bem como o seu movimento extensivo e dominante para o drama televisivo. Podemos acrescentar que a persistência de um sentido técnico limitado do naturalismo possibilitou a muitas pessoas, e especialmente a diretores e escritores, a afirmação de que elas haviam abandonado, "superado" o naturalismo, quando é claro, por um lado, que a grande maioria das peças hoje produzidas, em toda a mídia, é tecnicamente naturalista e, por outro, que muitas peças "não naturalistas" são nitidamente baseadas em uma filosofia naturalista: não apenas os pressupostos sobre a personagem e o ambiente, mas o sentido "científico" da história natural e, especialmente, da herança genética. O que ainda precisa ser enfatizado é o caráter específico da base social do teatro na Inglaterra desde as transformações da década de 1860. É significativo que em outros centros, além de Londres, um tipo diferente de drama seja evidente. Eu já dei o exemplo das obras em Manchester. Ainda mais significativo é o caso do drama irlandês que, a despeito de muitas preocupações diversas e da influência de Yeats, produziu, em *Riders to the Sea* [Os cavaleiros do mar], de Synge, uma tragédia naturalista particularmente pura, e em sua peça *Playboy of the Western World* uma comédia naturalista significativamente localizada, e nas primeiras peças de O'Casey, apesar de todas suas dificuldades, obras que pertencem à corrente principal do drama naturalista europeu. Um último exemplo é de um tipo negativo: D. H. Lawrence, em seus primeiros anos como escritor, trabalhou consistentemente e, por vezes, com sucesso em um tipo de drama naturalista com uma base social bastante diversa e com uma linguagem significativamente revitalizada, em contraste com os termos da peças-problema da classe média. *The Widowing of Mrs. Holroyd* [A viuvez da sra. Holroyd], a despeito das limitações que ele superou quando escreveu a mesma experiência na forma mais flexível da narrativa, também viria a ter o seu lugar na corrente principal europeia, e mais obras deveriam seguir-se a essa peça, exceto pelo fato de, nas condições específicas do teatro inglês, ele não poder ter suas peças produzidas. Ele então confiou, como o fizeram gerações de escritores ingleses antes dele, no meio mais aberto da impressão.

As condições específicas para a limitação e o atraso do naturalismo inglês são, então, razoavelmente claras. Algumas dessas condições ainda persistem em partes do teatro inglês, embora a televisão as tenha ignorado. O que se mantém para reflexão é a questão bastante difícil das relações entre o método naturalista e o que pode ainda ser distinguido, embora os rótulos sejam frequentemente trocados, como visões de mundo e estruturas de sentimento naturalistas. A fusão específica de método e estrutura que conhecemos historicamente como o alto drama naturalista tem sempre de ser vista nesses termos, mas ela também, tanto quanto o teatro londrino elegante, teve suas condições históricas específicas. A questão sobre outras formas de tal fusão, tanto reais quanto potenciais, mantém-se central na história do drama do século XX, e hoje é muito mais difícil perguntar, sem falar em responder, se nos mantemos descrevendo, sem rigor, o naturalismo como se ele fosse apenas um conjunto de técnicas. Em sua história real, o naturalismo inglês oferece, com suas muitas limitações, uma ampla evidência contra isso. Ele também oferece evidência para o que ainda é sua indagação central: a investigação da formação das formas e, o que é um outro modo de dizer o mesmo, das relações entre as formas e as formações sociais, crucial em toda a parte na arte, mas no drama sempre especialmente central e evidente.

O CÍRCULO DE BLOOMSBURY

Há sérios problemas de método na análise de grupos culturais. Quando analisamos grandes grupos sociais, temos métodos óbvios e úteis ao nosso dispor. Grandes números permitem análises estatísticas significativas. Há em geral instituições organizadas e crenças relativamente codificadas. Embora ainda existam muitos problemas na análise, podemos ao menos começar com esses fatos razoavelmente consistentes.

No caso de um grupo cultural, o número de pessoas envolvidas costuma ser muito pequeno para análises estatísticas. Pode ou não haver instituições organizadas por meio das quais o grupo trabalha e se desenvolve, mas mesmo as instituições mais organizadas são diferentes, em escala e tipo, daquelas dos grandes grupos. Os princípios que unificam o grupo podem ou não ser codificados. Quando são codificados, um tipo de análise é imediatamente relevante. Mas há muitos grupos culturais importantes que possuem um corpo de práticas em comum ou um etos distinguível, ao invés de princípios ou objetivos declarados em um manifesto. O que o próprio grupo não formulou pode mesmo ser reduzido a um grupo de formulações, mas alguns efeitos dessa redução – a simplificação e mesmo o empobrecimento – são muito prováveis.

O significado social e cultural de todos esses grupos, do mais ao menos organizado, não pode, sem esforço, ser colocado em questão. Nenhuma história da cultura moderna poderia ter sido escrita sem atenção a eles. Contudo, tanto a história quanto a sociologia não se sentem à vontade com eles. Encontramos histórias de grupos em particular, mas pouca história comparativa ou analítica. Na sociologia da cultura, encontramos o efeito da sociologia geral na tendência para a concentração em grupos de um tipo mais familiar, com instituições relativamente organizadas: igrejas para a sociologia da religião, um sistema educacional para a sociologia da educação. Em outras áreas da cultura – a escrita, a pintura, a música, o teatro e, para o assunto em questão, o pensamento filosófico e social – há em geral ou a especialização ou o descaso. O grupo, o movimento, o círculo, a tendência parecem muito marginais, pequenos ou efêmeros para exigir uma análise histórica ou social. Contudo, sua importância como um fato social e cultural de caráter geral é grande, sobretudo nos últimos dois séculos: no que eles realizaram e no que seus modos de realização podem nos contar sobre as sociedades mais amplas com as quais eles mantêm relações incertas.

Essas são considerações gerais, mas são particularmente importantes no caso do Círculo de Bloomsbury, no mínimo porque, em sua influência, ele distanciou-se desse caminho, seja pela afirmação, seja pela insinuação, para então desviar-se dele ou negá-lo. Por exemplo, Leonard Woolf diz:

> O que veio a ser chamado de Bloomsbury pelo mundo externo nunca existiu na forma a ele dada por esse mundo. Pois "Bloomsbury" foi e é usualmente empregado como um termo – em geral abusivo – aplicado a um grupo de pessoas bastante imaginário com objetos e características bastante imaginárias [...] Nós éramos e sempre nos mantivemos, essencial e fundamentalmente, como um grupo de amigos.[1]

---

1 Woolf, *Beginning Again*, p.21, 23.

Evidentemente, quando Leonard Woolf reclamou da deformação do grupo, possuía coisas importantes a dizer. Mas o interesse teórico de sua observação é que, em primeiro lugar, ao discutir esse "grupo bastante imaginário", ele toma como certo a existência do conceito do "mundo externo" e, em segundo lugar, ele contrapõe "um grupo de amigos" a um grupo em um sentido mais geral. Mas é um fato central sobre muitos, embora não todos, grupos desse tipo que eles têm seu início e se desenvolvem como "um grupo de amigos". O que temos então de nos perguntar é se algumas ideias ou atividades partilhadas foram elementos de sua amizade, contribuindo diretamente para a sua formação e distinção enquanto um grupo e, indo além, se havia qualquer elemento na maneira como eles se tornaram amigos que aponta para fatores sociais e culturais mais amplos. É significativo, por exemplo, prosseguir com a citação acima:

> Nós éramos e sempre nos mantivemos, essencial e fundamentalmente, como um grupo de amigos. Nossas raízes e as raízes de nossa amizade estavam na Universidade de Cambridge.[2]

Pois é particularmente significativo sobre Bloomsbury que a "Universidade de Cambridge" possa ser tomada como se fosse um simples local, e não a instituição social e cultural altamente específica que era e ainda é. Além disso, as raízes sociais e culturais dessa forma particular de percepção – o "grupo" e o "mundo externo" devem, por sua vez, ser rastreadas até uma posição e formação social precisas.

Pois esse é o ponto central da análise social e cultural de qualquer tipo: investigar não apenas as ideias e atividades manifestas, mas também as posições e ideias que estão implícitas e mesmo tomadas como certas. Isso é particularmente necessário na Inglaterra dos últimos cem anos, na qual o significado de

---

2 Ibid., p.23.

grupos como Bloomsbury ou, para tomarmos um outro exemplo relevante, de F. R. Levis e sua revista *Scrutiny*, foi amplamente reconhecida, mas dentro de uma perspectiva geral notadamente fraca. Pois os conceitos pelos quais esses grupos são reconhecidos pertencem, essencialmente, às definições e perspectivas dos próprios grupos, de modo que qualquer análise que prossiga daí tenderá a ser interna e circular.

É assim, por exemplo, com o conceito da "aristocracia intelectual", que Lord Annan popularizou e documentou, e com o conceito de "cultura de minoria", em que Clive Bell, do Círculo de Bloomsbury, e F. R. Leavis, da *Scrutiny*, confiaram de suas diversas maneiras. A questão não é interrogar sobre a inteligência ou a erudição desses grupos que se autodefinem. Trata-se de relacioná-los, em suas formas específicas, com as condições mais amplas que os conceitos de "aristocracia" e de "minoria" implicam e obscurecem. Isso significa colocar questões sobre a formação social de tais grupos dentro de um contexto deliberado de uma história muito mais ampla, envolvendo relações de classe social e de educação bastante gerais. Indo além, devemos nos perguntar sobre os efeitos da posição relativa de qualquer formação particular em suas atividades substantivas e autodefinidoras: efeitos que podem frequentemente ser apresentados meramente como evidência da distinção, mas que, examinados por um outro ângulo, podem ser vistos, de modo menos perceptível, como definidores.

Assim, a apresentação de Annan da aristocracia intelectual, definida por um número de famílias intelectualmente distinguíveis, deve ser especificada por duas considerações diversas: em primeiro lugar, o efeito, incluindo o efeito das gerações, da posição social daquelas famílias nas *oportunidades* de seus membros para a distinção intelectual; e, em segundo lugar, o fato daquelas famílias serem um grupo fechado de pessoas que não necessitam – a não ser na suposição de sua origem –, por assim dizer, ser descritas a partir do mais eminente ponto de vista externo

O CÍRCULO DE BLOOMSBURY   205

(um método que permite inclusões por relação virtualmente indefinidas, em situações nas quais a inclusão pela distinção independente poderia apresentar mais problemas), mas que, se as famílias distintas são o *ponto inicial*, podem todas, pelo critério aparentemente independente da conquista intelectual, ser incluídas e elogiadas. Creio ser de fato verdadeiro que por um critério independente, no caso de muitos dos temas de Annan, alguns agrupamentos notáveis de distinções sejam evidentes. Mas eles podem então estar abertos a tipos de análise e conclusão bastante diversos da noção ideológica e ideologicamente derivada de uma "aristocracia intelectual".

As mesmas considerações se aplicam ao Círculo de Bloomsbury, sobretudo na forma como hoje o vemos, com alguma distância histórica. Ele pode ser apresentado, com sensatez, como um grupo de talentos extraordinários. Contudo, em Bloomsbury há também, nitidamente, eminência pela associação. É interessante acompanhar a lista de Leonard Woolf do Antigo Bloomsbury e de seus membros posteriores.[3] É difícil ter certeza nesses assuntos, mas é valido nos perguntarmos como muitas pessoas nessa lista seriam hoje lembradas de forma autônoma e separada, em qualquer sentido cultural significativo, independentemente de sua participação no grupo. Quero dizer que, em um tipo de apresentação, podemos iniciar com Virginia Woolf, E. M. Forster e J. M. Keynes, para então prosseguir ampliando o círculo aos outros. Mas e se tomarmos a lista como ela aparece? Vanessa Bell, Virginia Woolf, Leonard Woolf, Adrian Stephen, Lytton Strachey, Clive Bell, Maynard Keynes, Duncan Grant, Morgan Forster, Saxon Sydney Turner, Roger Fry, Desmond MacCarthy, Molly MacCarthy, Julian Bell, Quentin Bell, Angelica Bell, David (Bunny) Garnett. É a lista dos mais conhecidos, além de alguns outros nomes. É exatamente o que esperaríamos da descrição precisa de Leornard Woolf no que diz

3 Ibid., p.22.

respeito a um grupo de amigos e pessoas próximas que incluiu algumas pessoas cujo trabalho teria sido amplamente respeitado se o grupo não fosse mais lembrado, outras em que claramente esse não seria o caso e outras ainda cuja distinção entre a reputação independente e o efeito da associação com o grupo e sua memória seria difícil de ser realizada.

Contudo, a ideia não é de modo algum diminuir ninguém. Isso seria uma aceitação grosseira de alguns dos próprios modos de julgamento humano que Bloomsbury e grupos similares eletivamente popularizaram. O ponto central é investigar a significância do grupo cultural além de sua apresentação simples e autodefinidora como "um grupo de amigos". Devemos nos perguntar que grupo era esse, social e culturalmente, como uma questão distinta (embora ainda relacionada) das conquistas de indivíduos e das suas próprias relações imediatamente percebidas. De fato, é apenas porque muitos grupos culturais modernos importantes são formados e se desenvolvem dessa forma que temos de colocar, mesmo contra o levantar das sobrancelhas de Bloomsbury, certas questões teóricas (pesadas).

Pois é nítido que nenhuma análise que negligencie os elementos de amizade e coleguismo pelos quais eles se reconheceram e vieram a definir-se será adequada. Ao mesmo tempo, ficar restrito a esses termos significaria uma clara evasão da significância geral do grupo. Temos então de pensar em modos de análise que evitem a redução de um tipo de definição pelo outro, seja o grupo generalizado, seja o encontro empírico das pessoas. É apenas devido às suas formações específicas internas e à sua significância geral evidente – ambas as qualidades tomadas juntas – que Bloomsbury é tão interessante. O grupo é também um caso particularmente interessante para a investigação teórica, uma vez que é impossível o desenvolvimento da sociologia da cultura moderna sem que encontremos formas de discutir essas formações que tanto reconheçam os termos pelos quais os membros do grupo veem a si próprios e desejariam ser

O CÍRCULO DE BLOOMSBURY

representados quanto, ao mesmo tempo, nos habilitasse para uma análise desses termos e seu significado social e cultural. Por ser assim, embora meu foco seja a discussão do Círculo de Bloomsbury, também falarei um pouco sobre Godwin e seu círculo, e sobre a irmandade pré-rafaelita. O motivo é, em parte, comparativo, incluindo aqui a comparação histórica, mas é também uma maneira de começar a buscar termos para uma discussão mais geral.

A formação de Bloomsbury

Notemos primeiramente que alguns dos princípios fundadores declarados de Bloomsbury eram de um tipo que correspondia diretamente ao modo exato de sua formação e às atividades pelas quais muitos dos seus membros são lembrados. Vários relatos enfatizam a centralidade dos valores compartilhados de afeição pessoal e de fruição estética. Para qualquer formulação consciente desses valores, somos habitualmente direcionados para a grande influência de G. E. Moore sobre os primeiros amigos, em Cambridge. Esses valores compartilhados foram modelados de maneiras específicas. Havia uma ênfase contínua na franqueza: as pessoas deveriam dizer, umas às outras, exatamente o que pensavam e sentiam. Havia também uma forte ênfase na clareza: a declaração franca, ou qualquer outra declaração, deveria esperar ser seguida pela pergunta: "O que exatamente você quer dizer com isso?" Esses valores e hábitos compartilhados são então imediatamente relevantes para a formação interna do grupo e para alguns dos seus efeitos externos. Os valores e hábitos que os uniriam de forma tão íntima logo deram a eles uma noção (uma autoestima) de que eram diferentes dos outros e, consequentemente, que os outros poderiam identificá-los como um grupo restrito. Mas então, nesse e em outros aspectos importantes, eles também eram uma das formações mais avançadas de sua classe:

> Quando fui para o Ceilão [1904] – e mesmo quando retornei [1911] – eu ainda chamava Lytton Strachey de Strachey, e Maynard Keynes de Keynes, e para eles eu ainda era Woolf. Quando estive por uma semana com os Stracheys no campo em 1904, ou jantei na Gordon Square com os Stephens, teria sido inconcebível chamar as irmãs de Lytton e de Toby por seus nomes. O significado social na utilização de nomes ao invés de sobrenomes, e de beijar ao invés de dar as mãos, é curiosa. Creio que o seu efeito é maior do que imaginam os que nunca viveram em uma sociedade formal. Esse uso produz um sentido – em geral inconsciente – de intimidade e liberdade e, então, quebra barreiras para o pensamento e o sentimento. Foi esse sentimento de grande intimidade e liberdade, da remoção de formalidades e barreiras, que achei tão novo e tão estimulante em 1911. Discutir alguns assuntos ou chamar a espada (sexual) de espada[4] na presença da sra. Strachey ou da srta. Stephen seria inimaginável sete anos antes; aqui, pela primeira vez, eu encontrei um círculo muito mais íntimo (e amplo) no qual a liberdade completa de pensamento e de expressão era estendida de Vanessa a Virginia, de Pippa a Marjorie.[5]

Esse sentido de liberação foi um estágio no desenvolvimento dos primeiros amigos em Cambridge. Era uma realização local de seus propósitos anteriores:

> Estávamos convencidos de que qualquer pessoa acima de 25 anos, com talvez uma ou duas exceções notáveis, eram "casos irremediáveis", tendo perdido o ímpeto da juventude, a capacidade de sentir e a habilidade de distinguir a verdade da mentira [...] Vimo-nos vivendo uma primavera da revolta consciente contra as instituições sociais, políticas, religiosas, morais, intelectuais e artísticas, as crenças e normas de nossos pais e avós

---

4 No original: "*To call a spade a spade*", ou seja, falar francamente. (N. T.)
5 Woolf, *Beginning Again*, p.34-5.

[...] Estávamos fora para construirmos algo novo; estávamos na dianteira dos construtores de uma nova sociedade que seria livre, racional e civilizada, e que perseguiria a verdade e a beleza.[6]

Deve estar claro que esse era um movimento muito mais amplo do que Bloomsbury. Em sua própria narrativa, com uma mistura característica de honestidade e alheamento, Leonard Woolf notou que "nós pensávamos ser a segunda geração desse movimento emocionante", embora a atitude para com todos com mais de 25 parece ter sobrevivido a isso. De fato, muitas das atitudes e opiniões derivavam-se de Ibsen, como aqui:

dizendo "Tolice!" para o vasto sistema convencional e hipócrita que fazia das mentiras um investimento, um investimento na "instituição" da monarquia, da aristocracia, das classes superiores, da burguesia suburbana, da Igreja, do Exército, da bolsa de valores.[7]

O que Bloomsbury de fato representou no desenvolvimento desse movimento mais amplo foi um novo *estilo*.

Esse foi um estilo efetivo para a nova franqueza crítica. Mas havia elementos nessa formação que produziram outros tons, e não apenas o do grupo fechado, avançado e autoconsciente. A franqueza poderia moldar-se em tons de rudeza bastante extraordinária sobre, e para com, os "irremediáveis". Há também algo bastante curioso sobre o vínculo às afeições pessoais. É difícil de estimar, de longe e de fora, mas "afeição", ao invés de qualquer palavra mais forte, parece ser exata. Uma franqueza fria como o tom intelectual dominante parece ter tido seu efeito em certos planos da vida emocional. Isso já era evidente em Shaw e na formação fabiana a ele relacionada, embora mais ampla. Há um

---

6 Id., *Sowing*, p.160-1.

7 Ibid., p.164.

momento inesquecível em uma conversa entre Virginia Woolf e Beatrice Webb, em 1918:

> Beatrice havia perguntado a Virginia o que ela pretendia fazer, agora que estava casada. Virginia disse que pretendia continuar a escrever romances. Beatrice pareceu aprovar a escolha e alertou Virginia para que ela não deixasse que seu trabalho interferisse em suas relações emocionais. "O casamento, dizem", ela falou, "é o cesto de lixo das emoções". A que, ao aproximar-se do cruzamento, Virginia respondeu: "Mas não seria o mesmo com um criado antigo?"[8]

O fato de que, em sua própria narrativa dessa conversa, Virginia Woolf diz "cano de esgoto" ao invés de "cesto de lixo" apenas aprofunda o fascínio irônico do relato. Há um sentido no qual a racionalização da franqueza dá à "afeição" uma definição restrita, embora ainda importante. De outro lado, o que é bastante evidente no grupo é uma tolerância considerável para assuntos sexuais e emocionais. Essa tolerância preciosa e o peso exato da "afeição" parecem estar realmente vinculados.

Um último fator que deve ser acrescentado a essa definição inicial da estrutura de sentimento do grupo pode ser representada com precisão pela expressão "consciência social". Eles não a criaram e, de qualquer forma, esse é um fator mais evidente depois de 1918 do que antes de 1914, e está certamente relacionado à ampla irreverência para com as ideias e instituições estabelecidas na fase inicial. Mas esse fator torna-se algo a mais. Nada contradiz mais facilmente a imagem herdada de Bloomsbury como estetas isolados e lânguidos do que o registro notável de envolvimento político, no entreguerras, de Leonard Woolf e de Keynes, mas também de outros, incluindo Virginia Woolf, que possuía uma filial da Women's Cooperative Guild [Associação Corporativa das Mulheres] reunindo-se regularmente em sua casa. O registro

---

8 Id., *Beginning Again*, p.117.

O CÍRCULO DE BLOOMSBURY　　211

público de Keynes já é bem conhecido. O de Leonard Woolf, em seu trabalho prolongado para a Liga das Nações, para o Movimento das Cooperativas e para o Partido Trabalhista, sobretudo em questões anti-imperialistas, é particularmente louvável.

Pode então parecer surpreendente, tanto para Bloomsbury quanto para aqueles formados em sua imagem, estigmatizar essa "consciência social". A expressão, a partir desse período, tornou-se amplamente naturalizada, de forma que é bastante difícil questioná-la. Uma forma de fazê-lo é chamar a atenção para a associação disseminada com aquela outra expressão significativa, a "preocupação com os de baixo". Pois o que deve ser definido mais cuidadosamente é a associação específica do que são de fato sentimentos de classe nada alterados – uma noção persistente de uma divisão bastante clara entre a classe alta e a classe baixa – com sentimentos muito fortes e efetivos de simpatia para com as classes inferiores como vítimas. Assim, a ação política é direcionada a reformas sistemáticas no plano da classe dominante; o desprezo pela estupidez dos setores mais influentes da classe dominante sobrevive bastante inalterado desde a primeira fase. A contradição aqui inerente – a busca pela reforma sistêmica no plano da classe dominante que é conhecida por ser, em sua maioria, míope e estúpida – não é, obviamente, ignorada. É uma questão de consciência social continuar, no plano oficial, a esclarecer e a propor e, ao mesmo tempo, colaborar na organização e educação das vítimas. A questão não é que essa consciência social seja falsa; ela é bastante verdadeira. Mas é a formulação precisa de uma posição social particular, na qual uma fração da classe dominante, rompendo com a sua maioria dominante, relaciona-se com a classe baixa *por uma questão de consciência*: não em solidariedade, não em afiliação, mas como uma extensão do que ainda é percebido como uma obrigação pessoal ou de um pequeno grupo simultaneamente contra a crueldade e a estupidez do sistema e em prol de vítimas que, de outra forma, estariam relativamente abandonadas.

O complexo de atitudes políticas e, por fim, de reformas políticas e sociais de um certo tipo que fluiu dessa "consciência social" foi particularmente importante para a Inglaterra. Este se tornou consensual, da direita do Partido Trabalhista, passando pelo Partido Liberal até uns poucos conservadores liberais. Bloomsbury, incluindo Keynes, estava tanto nessa quanto em outras questões bastante à frente de seu tempo. Em suas publicações, do *New Stateman* ao *Political Quarterly*, o grupo foi, nesse período, o segundo mais importante nesse consenso, atrás apenas da sociedade fabiana, a ele intimamente relacionada. Em sua hostilidade para com o imperialismo, em que a identificação conscientizada com as vítimas era mais negociável do que na própria Inglaterra, a contribuição do grupo foi bastante significativa. Em sua hostilidade inicial e continuada ao militarismo, ele representou um elemento do consenso que desapareceu lentamente, sobretudo durante a Guerra Fria. Mas o que mais importa para a definição do grupo é a natureza da conexão entre essas propostas políticas respeitáveis e o grupo pequeno, racional e franco. O termo de ligação real é "consciência". Trata-se de uma noção de obrigação individual, ratificada entre amigos civilizados, que governa tanto as relações imediatas quanto pode ser estendida, sem alterar a sua base local, às mais amplas "preocupações sociais". Tal noção pode então ser distinguida, como o próprio grupo sempre insistiu, do estado mental insensível, complacente e estúpido dos setores dirigentes da classe. Ela também deve ser distinguida – e isso o grupo e seus sucessores não perceberam – da "*consciência* social" da classe subordinada auto-organizada. Essas propostas políticas bastante diferentes não foram exatamente rejeitadas, mas nunca foram tomadas com seriedade. O contato próximo com elas, que a "consciência social" exigia, produziu um patronato bem pouco autoconsciente e, a seu próprio modo, bastante puro. Pois se esse patronato não fosse oferecido, não se poderia esperar que as novas forças fossem mais racionais e civilizadas do que seus senhores de então.

O CÍRCULO DE BLOOMSBURY

Nessas definições inicias dos significados e valores que fizeram desse grupo mais do que apenas um grupo de amigos – significados e valores que, em qualquer ponto, devido ao que eram, deram continuidade à sua autopercepção como *apenas* um grupo de amigos e uns poucos indivíduos civilizados –, chegamos aos contornos da definição central da significância social do Círculo de Bloomsbury. Seus membros foram uma *fração* real da classe dominante inglesa então existente. Eles eram simultaneamente contra as ideias e valores dominantes dessa classe e, de bom grado, por todas as formas imediatas, parte dela. Essa é uma posição bastante complexa e delicada, mas o significado de frações desse tipo tem sido geralmente subestimado. Essa não é apenas uma questão dessa relação não problemática dentro de qualquer período de tempo particular; é também uma questão da função de tais relações e grupos no desenvolvimento e adaptação da classe como um todo através do tempo.

Godwin e seu círculo

É aqui que podemos olhar brevemente, como processo comparativo, para dois grupos ingleses anteriores importantes. William Godwin e seu círculo, nas décadas de 1780 e 1790, emergiram de uma divergência com bases bem diferentes. A divergência religiosa, no momento da formação desse círculo, já carregava implicações sociais específicas de um setor religioso em desvantagem relativa, mas também carregava os efeitos de uma posição social e econômica que era notavelmente distinta da posição da classe alta governante. Isso significa que Godwin e seus amigos eram profissionais relativamente pobres, uma *intelligentsia* pequeno-burguesa em ascensão sem outros meios de influência social ou política. Em sua tentativa de estabelecer a racionalidade, a tolerância e a liberdade, se opuseram a toda uma classe e um sistema acima deles, e sabiam que o faziam. Dentro de seu próprio grupo, eles podiam defender e tentar por em prática os valores racionais da igualdade civilizada incluindo – devemos nos lembrar, pois aqui, juntamente com Mary Wollstonecraft, eles estavam particularmente avançados – a igualdade sexual. Em sua fase inicial, estavam totalmente persuadidos dos poderes da explicação e persuasão racionais. O vício era simplesmente um erro, e um erro poderia ser reparado pelo questionamento paciente. A virtude poderia ser assegurada pelas instituições sensatas. A estupidez e os dogmas que barravam o caminho poderiam ser enfrentados pelo esclarecimento firme e cuidadoso.

O que então aconteceu é ainda bastante surpreendente. Eles encontraram uma classe dominante, bastante além deles, que era não apenas arrogante e cruel como estava, naquele momento, sob um novo tipo de ameaça, devido aos efeitos da Revolução Francesa. As propostas racionais e civilizatórias foram enfrentadas pelo tipo de repressão mais crua: a perseguição, o encarceramento e o exílio. O romance de Godwin *Things as They Are* [As coisas como elas são] é uma evocação notável dessa crise, na qual a verdade tornou-se um risco de vida literal, e a explicação racional era implacavelmente perseguida. É um momento admirável da cultura inglesa, ainda não suficientemente valorizado pela coragem de sua tentativa inicial, e isso porque a repressão o estilhaçou completamente e o deixou submerso por uma geração. Grupos que fracassam não são facilmente respeitados. Contudo, este deveria ser, pela nobreza de suas aspirações, ao lado do caráter inerente de suas ilusões. O que podemos tão facilmente denominar como fracasso foi, de fato, derrota, uma derrota por uma repressão viciosa.

De modo mais geral e decisivo, esse grupo não era uma fração, uma ruptura da classe dominante. Tratava-se de um setor emergente de uma classe ainda relativamente subordinada, a pequena-burguesia comercial independente. Questionando tudo,

O CÍRCULO DE BLOOMSBURY

mas dentro da certeza da continuidade do discurso racional, eles foram atingidos por pessoas que quase nunca se preocupavam em responder seus argumentos, mas que, quando a ameaça e o perigo aumentaram, simplesmente os perseguiram ou os aprisionaram. O que aprendemos na teoria é que não podemos descrever qualquer um desses grupos culturais apenas em termos internos: quais valores eles defendem, quais significados eles tentaram vivenciar. Tomado apenas nesse plano, Godwin e seu círculo possuem seme-lhanças surpreendentes com Bloomsbury, embora estes fossem sempre mais fortes. Mas o plano que importa não é o das ideias abstratas, mas o das relações genuínas do grupo com o sistema social como um todo.

A Irmandade Pré-Rafaelita

O sistema como um todo; mas, obviamente, sistemas sociais mudam tanto em seu caráter geral quanto em suas relações internas. No momento da Irmandade Pré-Rafaelita, em meados do século XIX, uma burguesia industrial e comercial estava tornando-se dominante, e algumas partes daquele discurso inicial encontraram uma base social limitada. Por essas e outras razões, o caráter desse novo grupo foi bastante diferente. Seus membros se opunham primeiramente ao filistinismo conven-cional de seu tempo. Em sua fase inicial, eram irreverentes, impacientes e desdenhosos da falsidade; tentavam encontrar formas novas e menos formais de vida. Por um momento, que não durou muito, foram parte da turbulência democrática de 1848. Mas o modo central de sua breve unidade como um grupo foi a sua declaração da verdade na arte, e uma rejeição correspondente às convenções herdadas. Seu objetivo positivo era a verdade para com a natureza, "nada rejeitando, nada selecionando e nada desprezando". Defendiam um retorno ao passado (pré-rafaelita) como um meio para o novo. Como um grupo imediato, praticavam uma informalidade descontraída e irreverente, uma tolerância excepcional e "boemia", e alguns elementos de uma linguagem de grupo privada (em gírias como *stunner* e *crib*) que deliberadamente os distinguiam. Eles podiam ser descritos, dentro da área artística selecionada, como em revolta contra a burguesia comercial, mas vinham, em sua maioria, dessa mesma classe. O pai de Holman Hunt era um administrador de armazéns, o de William Morris era um corretor de câmbio. Além disso, surpreendentemente, eles encontraram seus patrões nessa mesma classe quando se firmaram. Ao cabo, obviamente, seguiram seus próprios rumos, em direção à integração nova e promissora representada por Millais ou à ruptura rumo ao socialismo revolucionário – embora com as mesmas ligações comerciais imediatas – de Morris. Mas em seu momento efetivo, independentemente de todas as suas dificuldades, não eram apenas uma fração de sua classe – a juventude irreverente e rebelde –, mas o meio para o estágio seguinte necessário de desenvolvimento de sua própria classe. De fato, isso ocorre constantemente com frações da burguesia: um grupo se destaca, como nesse caso da "verdade para com a natureza", em termos que pertencem a uma fase dessa classe, mas uma fase então sobrecarregada por bloqueios contra uma fase posterior. Trata-se de uma revolta contra a classe, mas para a classe, e não espanta o fato dessa ênfase no estilo, adequadamente mediada, tornar-se a arte burguesa popular do período histórico seguinte.

A fração de Bloomsbury

Há sempre vantagem na distância histórica, e Godwin e seu círculo ou os pré-rafaelitas são nesse sentido mais facilmente

O CÍRCULO DE BLOOMSBURY 217

posicionados do que Bloomsbury, o qual, em alguns de seus tons e estilos, ainda possui uma influência e mesmo uma presença contemporânea significativa. Contudo, o objetivo da breve referência a esses grupos anteriores foi enfatizar, passando por alguns dos pontos em comum mais óbvios, não apenas as diferenças ideais mas as diferenças sociais decisivas. E essas, por sua vez, podem ser entendidas apenas acompanhando o desenvolvimento geral da sociedade. Pois o que aconteceu na segunda metade do século XIX foi um desenvolvimento e uma reforma extensiva da vida profissional e cultural da burguesia inglesa. As antigas universidades foram reformadas e tornadas mais sérias. Os serviços administrativos foram desenvolvidos e reformados pelas novas necessidades da administração imperial e do Estado e pelos exames competitivos que se inter-relacionavam com as reformas universitárias. O caráter em transformação da sociedade e da economia construiu tanto um profissional novo e bastante importante quanto um setor altamente erudito da classe dominante inglesa: muito diferente em suas propostas e valores da antiga aristocracia ou da burguesia diretamente comercial. E então – e, ao olharmos, isso não nos surpreende – foi desse setor, e sobretudo de sua segunda e terceira geração, que novas definições e novos grupos surgiram; e especificamente, em seu sentido pleno, Bloomsbury.

As conexões diretas do Círculo de Bloomsbury com esse novo setor são bem conhecidas. Há uma frequência significativa de conexões com os altos escalões da administração colonial (em geral indiana), como no caso da família de Stephen, do pai de Lytton Strachey e da carreira inicial de Leonard Woolf. Há, a esse respeito, continuidades anteriores e posteriores: os Mills no século XIX; Orwell no século XX. Mas o período da emergência de Bloomsbury foi o ponto alto desse setor, como também foi o ponto alto da ordem social que ele servia. O setor é distinguível, mas é ainda intimamente conectado com uma ampla área da classe. Como disse Leonard Woolf sobre o mundo social dos Stephens:

Aquela sociedade consistia de altos escalões de profissionais da classe média e de famílias rurais interpenetrados, até certo ponto, pela aristocracia [...] Os Stephens e os Stracheys, os Ritchies, Trackerays e Duckworths possuíam um intricado emaranhado de raízes e elos antigos estendendo-se amplamente pelas classes médias altas, pelas famílias rurais e pela aristocracia.[9]

Um dos pontos de interesse da narrativa de Woolf é que ele próprio estava entrando nesse setor crucial a partir de uma classe relativamente diferente: "Eu era um estranho para essa classe porque embora eu, e meu pai antes de mim, pertencêssemos à classe média profissional, apenas recentemente havíamos nos lançado nela, a partir do estrato dos lojistas judeus".[10]

Ele estava, então, habilitado a observar os hábitos específicos da classe da qual Bloomsbury emergiu:

Socialmente eles assumiam, de forma inconsciente, coisas que eu jamais poderia assumir, seja consciente, seja inconscientemente. Eles viviam em uma atmosfera peculiar de influência, de conduta e de respeitabilidade tão natural a eles que lhes era tão imperceptível quanto é imperceptível aos mamíferos o ar e aos peixes a água em que vivem.[11]

Mas essa era a classe como um todo. O que foi decisivo no surgimento desse setor profissional foi a atmosfera social e intelectual das universidades antigas reformadas. Foi lá, após a liberalização, após a recuperação significativa da seriedade, e após a reorganização interna para garantir o mérito ensinado e competitivo, que as qualidades específicas desse setor profissional emergiram dentro dos pressupostos gerais da classe. Isso permitiu a entrada de novos recrutas, como o próprio Woolf, e

---

9 Ibid., p.74.
10 Ibid.
11 Ibid., p.75.

O CÍRCULO DE BLOOMSBURY 219

promoveu muitas continuidades significativas e, em certo sentido, autônomas dentro das antigas universidades. É por isso que esse setor ainda pode ser visto, de um ângulo deliberadamente seletivo, como uma "aristocracia intelectual".

> Os membros masculinos da aristocracia intelectual britânica dirigiram-se automaticamente às melhores escolas públicas, para Oxford e Cambridge, e então para as profissões mais poderosas e respeitáveis. Eles, até certo ponto, contraíram matrimônio entre eles próprios, e a influência familiar e o alto nível de sua inteligência individual levaram um número surpreendente deles para o topo de suas profissões. Podiam ser vistos como servidores públicos em cargos permanentes, como subsecretários dos departamentos do governo; tornaram-se generais, almirantes, editores juízes, ou se aposentaram com KCSI ou KCMG após carreiras notáveis no serviço civil indiano ou colonial. Outros se tornaram membros em Oxford ou Cambridge e terminaram como diretores dessas faculdades ou de escolas públicas importantes.[12]

A confusão desse relato é tão notável quanto a exatidão de sua informação. Há uma admissão bastante característica, embora nebulosa, dos dois fatores de sucesso: a "influência familiar" e o "alto nível de [...] inteligência individual". Há uma confusão relacionada à "aristocracia da inteligência", apoiada por uma gama de exemplos (membros e diretores; subsecretários permanentes e editores) e figuras da classe dominante um pouco diferentes (generais, almirantes). Dentro dessa gama, o efeito proporcional da origem de classe, incluindo as famílias influentes e as inteligências individuais examinadas e demonstradas, necessitaria ser estimado com precisão. Pois o que está aqui sendo descrito é um setor composicional, e as diversidades dentro da composição necessitam de uma descrição muito mais precisa do que a fórmula que se autoapresenta e se autorrecomenda – com

---

12 Id., *Sowing*, p.186.

sua metáfora deliberada e, contudo, reveladora – como uma "aristocracia intelectual".

Um outro aspecto relevante nessa composição setorial significativa é levantado pela referência precisa de Woolf aos "membros masculinos". Um dos fatores que afetaria o caráter específico do Círculo de Bloomsbury como uma formação distinguível de todo o setor foi a demora na educação das mulheres nessa classe. Mesmo nos seus estágios iniciais, poucas mulheres dessas famílias estavam diretamente envolvidas; uma das irmãs de Strachey, Pernel, tornou-se diretora de Newnham. Contudo, uma assimetria sexual persistente foi um elemento importante na composição do Círculo de Bloomsbury. Como Woolf acentua:

> Nossas raízes e as raízes de nossa amizade estavam na Universidade de Cambridge. Das treze pessoas mencionadas anteriormente [os membros do antigo Bloomsbury], há três mulheres e dez homens; dos dez homens, nove estiveram em Cambridge.[13]

Os efeitos dessa assimetria foram notados irônica e às vezes indignadamente por Virginia Woolf em *Um quarto apenas para si* e em *Três guinéus*.

O que temos então de enfatizar quanto à formação sociológica de Bloomsbury é, primeiramente, a origem do grupo no setor profissional e altamente erudito da classe dominante inglesa, ele próprio com conexões amplas e continuadas com a classe como um todo; em segundo lugar, o elemento de contradição entre algumas dessas pessoas altamente cultas e as ideias e instituições de sua classe em geral (a "aristocracia intelectual", em seu sentido estreito, ou ao menos alguns deles, estavam trazendo a sua inteligência e instrução para contribuir com o "vasto sistema convencional e hipócrita" mantido por muitas de suas instituições – a monarquia, a aristocracia, as classes

---

13 Id., *Beginning Again*, p.23.

O CÍRCULO DE BLOOMSBURY

221

superiores, a burguesia suburbana, a Igreja, o Exército, a bolsa de valores – que foram incluídas alhures como campos de sucesso dessa mesma "aristocracia intelectual"); em terceiro lugar, a contradição específica entre a presença de mulheres altamente inteligentes e intelectuais dentro dessas famílias, e sua exclusão relativa das instituições masculinas dominantes e formativas; e, em quarto lugar, e de forma mais geral, as necessidades e tensões internas dessa classe como um todo, sobretudo de seu setor profissional e altamente erudito, em um período que, apesar de toda a sua estabilidade aparente, era de crise social, política, cultural e intelectual.

O Círculo de Bloomsbury, podemos dizer, separou-se como uma fração distinta com base no segundo e terceiro fatores: a crítica social e intelectual e a ambiguidade da posição das mulheres. Combinados, esses são os modos tanto de sua formação quanto de suas conquistas. Mas o primeiro fator, o da origem geral, deve ser tomado como definindo as qualidades particulares dessa fração: a sua combinação significativa e continuada da influência dissidente e da conexão de influências. E o quarto fator indica algo de sua significância histórica geral: que em certas áreas, notavelmente nas da igualdade e tolerância sexual, das atitudes para com as artes – e especialmente as artes visuais –, e de algumas informalidades privadas e semipúblicas, o Círculo de Bloomsbury foi um precursor em uma mutação mais geral dentro do setor profissional e altamente erudito e, até certo ponto, dentro da classe dominante inglesa em geral. Uma fração, como foi notado, frequentemente realiza esse serviço para a sua classe. Houve então uma certa liberalização no plano das relações pessoais, da fruição estética e da abertura intelectual, e houve uma modernização, no plano da conduta semipública, da mobilidade e do contato com outras culturas, e de sistemas intelectuais mais disseminados e adequados. Tal liberalização e modernização foram tendências bastante gerais nas circunstâncias sociais em transformação, sobretudo após os choques da

Guerra de 1914-1918 e, mais tarde, após a perda do Império. Não se trata de que o Círculo de Bloomsbury tenha *causado* cada uma dessas mudanças; trata-se apenas (mas já é algo) de que eles foram proeminentes e relativamente coerentes entre os seus primeiros representantes e agentes. Ao mesmo tempo, a liberalização e a modernização foram mais estritamente adaptações do que mudanças básicas na classe que – em sua função de direcionamento das instituições centrais da classe dominante, independentemente de todas as mudanças na conduta e após um recrutamento evidente de outros dentro de seus modos – não apenas persistiu, mas também persistiu com sucesso *porque* essas adaptações não apenas foram mas continuam a ser realizadas.

A contribuição de Bloomsbury

O que deve então ser, por fim, discutido, é o caráter das contribuições culturais, intelectuais e artísticas de Bloomsbury dentro do contexto de sua formação sociológica específica e de seu significado histórico. Contudo, qualquer discussão desse tipo enfrenta dificuldades teóricas e metodológicas severas. Não pode haver redução do número de contribuições individuais bastante específicas para algum conteúdo geral grosseiro. Grupos culturais desse tipo – frações por associação ao invés de frações ou grupos de oposição por manifesto ou programa – não podem, em todo caso, ser tratados dessa maneira. Contudo, os contribuidores também não podem ser vistos como meras associações ao acaso. É essa disposição cuidadosa que devemos ler no resumo interessante de Woolf:

> Sempre houve grupos de pessoas, escritores ou artistas, que não foram apenas amigos, mas estavam unidos conscientemente por uma doutrina

O CÍRCULO DE BLOOMSBURY

ou objeto em comum, ou por um objetivo artístico ou social. Os utilitaristas, os Lake Poets, os impressionistas franceses e os pré-rafaelitas ingleses eram grupos desse tipo. Nosso grupo era bem diferente. A sua base era a amizade, que em alguns casos dependia do amor e do casamento. O tom de nossas mentes e pensamentos foi-nos dado pelo clima de Cambridge e da filosofia de Moore, do mesmo modo como o clima da Inglaterra fornece um tom para o rosto dos ingleses e o clima da Índia fornece outro bastante diferente para o rosto dos tâmeis. Mas nós não tínhamos uma teoria, sistema ou princípios em comum que quiséssemos converter para o mundo; não éramos proselitistas, missionários, cruzados ou mesmo propagandistas. É fato que Maynard produziu o sistema ou teoria da economia keynesiana, que teve um grande efeito na teoria e prática da economia, da finança e da política; e que Roger, Vanessa, Duncan e Clive exerceram papeis importantes como pintores ou críticos no que veio a ser chamado de Movimento Pós-Impressionista. Mas a cruzada de Maynard pela economia keynesiana contra a ortodoxia dos bancos e dos economistas acadêmicos e a cruzada de Roger pelo pós-impressionismo e pela "forma significante" contra a ortodoxia dos pintores e estetas acadêmicos representacionais foram tão puramente individuais quanto a escrita de *As ondas*, de Virginia – eles não tinham nada a ver com qualquer grupo. Pois não havia uma conexão comunal maior entre os "Ensaios críticos e especulativos sobre a arte" de Roger, a *Teoria geral do emprego, do juro e da moeda* de Maynard e o *Orlando* de Virginia, do que havia entre *Uma introdução aos princípios da moral e da legislação* de Bentham, *Principal Picture Galleries in England* de Hazlitt e *Don Juan* de Byron.[14]

No plano empírico mais simples, isso pode ser tomado como verdadeiro, embora a comparação final seja meramente retórica: Bentham, Hazlitt e Byron nunca estiveram significativamente associados, como seus nomes atestam. Nem a rejeição característica da "teoria, sistema e princípios em comum" é tão convincente quanto parece; as atitudes de Bloomsbury, ao

---

14 Ibid., p.26.

menos para com o "sistema", estavam entre as suas características evidentes mais comuns e movidas por princípios.

De fato, há algo no modo como Bloomsbury negou sua existência como um grupo formal, ao passo que insistia em suas qualidades como grupo, que é uma pista para a sua definição essencial. O ponto não era ter qualquer teoria ou sistema em comum – quer dizer, geral –, não apenas porque isso não era necessário – pior, isso provavelmente seria um dogma imposto –, mas prioritariamente, e como uma questão de princípio, porque tais teorias e sistemas obstruiriam os valores organizacionais reais do grupo, que eram a expressão livre e não obstruída do indivíduo civilizado. A força que o adjetivo "civilizado" carrega, ou espera-se que carregue, dificilmente pode ser superestimada.

> Na década anterior à Guerra de 1914, havia um movimento político e social no mundo, e particularmente na Europa e na Grã-Bretanha, que parecia então maravilhosamente esperançoso e instigante. Parecia que os seres humanos estariam realmente a ponto de se tornarem civilizados.[15]

Nesse sentido, em sua escala mais ampla, Bloomsbury estava carregando os valores clássicos do Iluminismo burguês. O grupo era contra o convencionalismo, a superstição, a hipocrisia, a pretensão e o espetáculo público. Era também contra a ignorância, a pobreza, a discriminação sexual e racial, o militarismo e o imperialismo. Mas era contra tudo isso em um momento específico do desenvolvimento do pensamento liberal. Contra todos esses males, eles apelavam não a uma ideia alternativa da sociedade como um todo. Ao contrário, apelavam ao valor supremo do *indivíduo* civilizado, cuja pluralização, com mais e mais indivíduos civilizados, era a única direção social aceitável.

O caráter profundamente representativo dessa perspectiva e comprometimento pode agora ser visto com mais nitidez.

---

15 Ibid., p.36.

O CÍRCULO DE BLOOMSBURY 225

Trata-se hoje da definição central da ideologia burguesa (a prática burguesa, evidentemente, é outra coisa). Ela comanda os ideais públicos de uma ampla gama da opinião política ortodoxa, desde os conservadores modernos, passando pelos liberais, até os social-democratas mais representativos. É uma filosofia da soberania do indivíduo civilizado não apenas contra as forças das trevas do passado, mas também contra todas aquelas outras forças sociais reais que, nos conflitos de interesse, nas reivindicações alternativas e em outras definições da sociedade e das relações, podem ser vistas rapidamente como inimigas e podem, com a mesma rapidez, ser alocadas no extremo oposto da margem marcada como sua própria definição de "civilizado". A confiança inicial dessa posição no período anterior a 1914 esvaiu-se em seu longo encontro com essas outras forças sociais reais no título "caminho para baixo", de Leonard Woolf. Apesar de toda a sua ortodoxia geral persistente, a posição parece agora mais frequentemente sitiada do que em expansão. A repetição de seus princípios torna-se, então, mais e mais ideológica.

O momento de Bloomsbury na história é significativo. Em sua prática – como na sensibilidade dos romances de Virginia Woolf e de E. M. Forster – ele pode oferecer uma evidência muito mais convincente da substância do indivíduo civilizado do que a expressão ortodoxa que engloba tudo. Em sua teoria e prática, da economia keynesiana à sua atividade na Liga das Nações, o grupo realizou intervenções poderosas na direção da criação de condições econômicas, políticas e sociais dentro das quais, libertos da guerra, da depressão e do preconceito, os indivíduos poderiam estar livres para serem e tornarem-se civiliza los. Assim, em seus exemplos individuais e em suas intervenções públicas, Bloomsbury era tão sério, dedicado e inventivo quanto essa posição jamais fora no século XX. O paradoxo de muitos julgamentos retrospectivos de Bloomsbury é que o grupo vivenciou e trabalhou essa posição com um entusiasmo embaraçoso: embaraçoso às pessoas para as quais o "individualismo civilizado" é uma expressão condensada para um processo de consumo conspícuo e privilegiado. Não se trata de podermos separar as posições de Bloomsbury desses desenvolvimentos posteriores: há algumas continuidades reais, como no culto do consumo apreciativo conspícuo; e certas armadilhas foram armadas, como na economia keynesiana e nas alianças monetárias e militares. Mas ainda devemos ver a diferença entre a fruta e sua parte podre, ou entre a semente plantada com sucesso e sua árvore elegantemente distorcida.

Mas então, quando vemos tanto as conexões quanto as diferenças, temos de prosseguir analisando as obscuridades e as falhas da posição original em volta das quais Bloomsbury se definiu. Isso pode ser feito de modo sério ou despreocupado. Tomemos por ora a segunda via, em um dos modos do próprio grupo. Pode-se dizer, e frequentemente é dito, que o grupo não possuía uma posição *geral*. Mas por que ele precisaria de uma? Se nos déssemos ao trabalho de olhar para ele, havia Virginia e Morgan para a literatura, Roger, Clive, Vanessa e Duncan para a arte, Leonard para a política e Maynard para a economia. Não cobriam eles quase todos os interesses de todas as pessoas civilizadas? Talvez com uma exceção, mas significativamente na década de 1920, isso foi remediado. Um número de associados e pessoas relacionadas ao grupo – Adrian e Karin Stephen, James Strachey – moveram-se à nova prática da psicanálise, e a Hogarth Press, de Leonard e Virginia Woolf – sua própria criação direta e notável –, efetivamente introduziram o pensamento freudiano na língua inglesa. Assim, para a lista surpreendente de Virginia e Morgan para a literatura, Roger, Clive, Vanessa e Duncan para a arte, Leonard para a política e Maynard para a economia, eles puderam, digamos, adicionar Sigmund para o sexo.

É tentadora a aplicação de qualquer modo de pensar sobre si mesmo, mas o ponto subjacente é sério. A obra e o pensamento do Círculo de Bloomsbury, e aquela outra obra e pensamento que é efetivamente associada a ele – incluindo a poesia "comunista" inicial dos anos 1930 – são notáveis, à primeira vista, pelo seu ecletismo e suas desconexões evidentes. Nesse sentido, é compreensível que qualquer um possa perguntar, retoricamente, quais conexões poderiam haver entre Clive Bell na arte e Keynes no emprego, ou Virginia Woolf na ficção e Leonard Woolf na Liga das Nações, ou Lytton Strachey na história e os freudianos na psicanálise. É verdade que não podemos colocar todos esses trabalhos juntos e extrair disso uma teoria geral. Mas esse é o ponto. As posições diferentes que o Círculo de Bloomsbury reuniu, e que eles efetivamente disseminaram como o conteúdo da mente de um indivíduo moderno, educado e civilizado, são todas *alternativas* para uma teoria geral. Não precisamos perguntar, enquanto a impressão persistir, se as generalizações de Freud sobre a agressão são compatíveis com o trabalho dedicado à Liga das Nações, ou se as generalizações sobre a arte são compatíveis com a "forma significante" e a "êxtase estética" de Bells, ou ainda se as ideias de Keynes sobre a intervenção pública no mercado são compatíveis com os pressupostos profundos da sociedade como um grupo de amigos e de relações. Não precisamos nos colocar essas perguntas porque a integração efetiva já ocorreu no plano do "indivíduo civilizado", essa definição singular de todas as melhores pessoas seguras em sua autonomia, mas voltando a sua atenção livre para um ou outro lado, como a ocasião requeira. E o objeto governando todas essas intervenções públicas busca garantir esse tipo de autonomia encontrando formas de diminuir as pressões e os conflitos, e de evitar desastres. A consciência social, ao cabo, está lá para proteger a consciência privada.

Onde isso pode ser garantido sem aquele tipo de proteção – nas formas privilegiadas de certos tipos de arte, recusando o "sacrifício [...] para a representação" como "algo roubado da arte",[16] ou em certos tipos de ficção, como em Virginia Woolf rejeitando e ridicularizando a descrição social – "Comece dizendo que o

---

16 Bell, *Art*, p.44.

pai dela mantinha uma loja em Harrogate. Verifique o valor do aluguel. Verifique os salários dos assistentes em 1878. Descubra do que a sua mãe morreu. Descreva o câncer. Descreva o morim. Descreva...";[17] ou nas formas significativas disponíveis das relações pessoais e da fruição estética – ainda não há conflito (apesar dos "detalhes" perturbadores) com a *consciência* social. Ao contrário, essa sensibilidade apurada é o tipo de vida que é o próprio objetivo e modelo, após a remoção racional dos conflitos, contradições e modos de privação ("desnecessários"). Para o bem da vida pessoal e da arte, como Clive Bell argumentou:

A sociedade pode fazer algo [...] porque ela pode aumentar a liberdade [...] Mesmo os políticos podem fazer algo. Eles podem repelir leis censuradoras e abolir restrições à liberdade de pensamento, de expressão e de conduta. Eles podem proteger as minorias. Eles podem defender a originalidade do ódio da massa medíocre.[18]

Não é sempre que encontramos essa mistura específica de doçura e acidez. Mas o argumento nunca está livre de conotações de classe, como novamente explicitado por Bell:

A liberalização não estará completa até o momento em que os que já aprenderam a desprezar a opinião das classes médias baixas aprendam também a negligenciar os padrões e a desaprovação das pessoas que são forçadas por suas limitações emocionais a olhar para a arte como uma amenidade elegante [...] O conforto é o inimigo; o luxo é meramente o fantasma da burguesia.[19]

Em sua melhor forma, ele foi corajoso, fazendo uso de seus melhores termos: "O mínimo que o Estado pode fazer é proteger

---

17 Woolf, *Mr. Bennett and Mrs. Brown*, p.18.
18 Bell, *Art*, p.274-5.
19 Ibid., p.273-4.

O CÍRCULO DE BLOOMSBURY

as pessoas que têm algo a dizer que poderia causar um tumulto. O que não causar um tumulto provavelmente não vale à pena ser dito".[20]

Contudo, depois de dizer tudo isso, não houve tumultos. Pois, apesar de todas as suas excentricidades, incluindo as excentricidades valiosas, Bloomsbury estava articulando uma posição que, mesmo que apenas em momentos cuidadosamente diluídos, tornar-se-ia a norma "civilizada". No poder mesmo de sua exibição da sensibilidade privada que deve ser protegida e estendida por formas de interesse público, eles moldaram as formas efetivas da dissociação ideológica contemporânea entre a vida "pública" e a "privada". A consciência de sua própria formação como indivíduos dentro da sociedade, daquela formação social específica que os fez explicitamente um grupo e implicitamente uma fração de uma classe, não estava apenas além de seu alcance; ela foi diretamente descartada, uma vez que o indivíduo livre e civilizado já era o seu elemento fundante. A psicanálise poderia ser integrada a ele, enquanto mantivesse um estudo a-histórico das formações específicas individuais. As políticas públicas também poderiam ser a ele integradas enquanto fossem direcionadas para a reforma e a reparação de uma ordem social que havia de imediato produzido esses indivíduos livres e civilizados, mas que, devido à estupidez ou ao anacronismo, agora tinham a sua existência e a sua reprodução indefinida e generalizada ameaçadas. A natureza definitiva de Bloomsbury como um grupo é a de que ele era, de forma distintiva, um grupo da e para a noção dos indivíduos livres. Qualquer posição geral distinta desse pressuposto específico teria causado rupturas no grupo, embora toda uma série de posições especializadas fosse, ao mesmo tempo, necessária para os indivíduos livres se tornarem civilizados. A ironia é que tanto o pressuposto específico quanto a gama de posições especializadas naturalizaram-se – embora

---

20 Ibid., p.275.

agora de modo evidentemente incoerente – em todas as fases posteriores da cultura inglesa. É nesse sentido exato que esse grupo de indivíduos livres deve ser visto, por fim, como uma fração (civilizada) de sua classe.

PUBLICIDADE: O SISTEMA MÁGICO

História

É usual iniciarmos a história da publicidade,[1] mesmo a mais curta, recordando o papiro de Tebas, há três mil anos oferecendo uma recompensa para o escravo fugitivo, e prosseguir com lembranças como a dos anunciantes nas ruas de Atenas, a das pinturas dos gladiadores na Pompeia arruinada, com frases solicitando comparecimento a seus combates, e a das circulares nos pilares do Fórum de Roma. Esse pequeno ritual agradável pode ser realizado rapidamente, e com a mesma rapidez ser esquecido. Ele é, obviamente, modesto demais. Se por publicidade entendermos o que ela significou para Shakespeare e para os tradutores da Versão Autorizada – o processo de levar ou oferecer uma notícia sobre algo –, ela é tão antiga quanto a sociedade humana, e algumas lembranças agradáveis da Idade da Pedra poderiam ser facilmente organizadas.

---

1 Ao longo deste ensaio, traduzimos *advertising* por "publicidade". Quando Williams adota o termo *publicity*, destacamos essa diferenciação em nota de rodapé. (N. E.)

Mas o interesse real da história da publicidade é mais difícil: traçar o desenvolvimento de processos de atenção e informação específicas para um sistema institucionalizado de informação e persuasão comerciais; relacioná-lo a mudanças na sociedade e na economia; e traçar as mudanças metodológicas no contexto das organizações e intenções em transformação. A disseminação de informações pelo anunciador ou por cartazes escritos e impressos é conhecida por todos os períodos da sociedade inglesa. Os primeiros sinais de algo mais organizado surgiram no século XVII, com o desenvolvimento dos *newsbooks*, do porta-voz de notícias e dos jornais. Alguns lugares, tais como a Catedral de Saint Paul, em Londres, já eram reconhecidos como centros de divulgação de anúncios específicos, e a expansão desse tipo de atividade para as novas publicações impressas foi um desenvolvimento natural. O material desses anúncios englobava desde a oferta e procura de serviços pessoais, comunicações sobre publicações de livros e detalhes sobre escravos, aprendizes, cavalos e cachorros fugidos, até anúncios de novos produtos disponíveis em determinadas lojas, anúncios acalorados de remédios e medicamentos, e comunicações sobre espetáculos públicos apresentando monstros, prodígios e aberrações. Enquanto a maioria das informações tratava de notícias simples reais e específicas que hoje denominamos "classificados", havia também recomendações diretas, como a seguinte, de 1658:

> A bebida chinesa excelente e aprovada por todos os médicos, chamada *Tcha*, e em outras nações denominada *Tay* ou *Tee*, é vendida no Sultaness Head Cophee-House, em Sweeting's Rents, pelo Royal Exchange, London.

A menção do médico inicia o processo de expansão das recomendações convencionais de livros como "excelentes" e "admiráveis" e dos adjetivos convencionais que em pouco tempo tornaram-se partes de substantivos em contextos específicos (como, em meu vilarejo natal, todas as danças são *Grand*

PUBLICIDADE: O SISTEMA MÁGICO

Dances). A expansão inicial mais extravagante ocorreu no campo da medicina, e foi observado, em 1652, sobre copistas de livros novos, que:

> Não há curandeiro que, seja pelo exercício da química, seja por qualquer outro artifício, retire dinheiro das pessoas da nação, mas esses trapaceiros astuciosos têm uma parte na pilhagem – por não poder mentir o suficiente, eles conseguem alguém que o faça por eles.

Examinando reclamações de anúncios publicitários televisivos de dentifrícios na British Dental Association, em 1959, podemos reconhecer o anúncio de 1660 do "DENTIFRÍCIO mais excelente e aprovado", que não apenas deixa os dentes "brancos como o mármore", mas

> sendo usados constantemente, os usuários não são jamais acometidos por dores de dente. Ele deixa o dente mais resistente, adoça o hálito e preserva a gengiva e a boca do cancro e do abscesso.

Além disso,

> os direitos podem apenas ser conseguidos com Thomas Rookes, editor, na Holy Lamb, na entrada ao leste da Catedral de Saint Paul, perto da escola, em papéis selados, ao preço de 12 pences cada.

No ano da Praga, Londres estava cheia de: "Estimulantes REAIS contra o ar infectado".

Eles não tiveram o sucesso desejado, mas um negócio duradouro e lucrativo, e certas formas de promovê-lo, foram firmemente estabelecidos.

Com o crescimento significativo dos jornais a partir da década de 1690, o volume de anúncios aumentou consideravelmente. Ainda eram, em sua maioria, do tipo "classificados", e agrupavam-se em seções regulares do jornal ou da revista. Bens domésticos comuns eram raramente anunciados; as pessoas sabiam onde encontrá-los. Mas, com exceção dos anúncios sobre foragidos, novos itens, do último livro ou peça teatral até novos artigos de luxo e novos cosméticos, ganharam espaço nessas colunas. De modo geral, os métodos persuasivos eram evidentes apenas nos anúncios pseudomédicos e de higiene pessoal. Os anúncios eram impressos de modo convencional, e quase nunca havia ilustrações. Recursos de ênfase – a letra cursiva, o asterisco, o negrito – podem ser encontrados. Os anúncios marítimos tinham pequenas estampas de navios, e os anúncios sobre fugitivos apresentavam estampas similares de um homem olhando por trás de seus ombros. Mas, no início do século XVIII, esses recursos convencionais tornaram-se muito numerosos, e boa parte dos jornais os aboliram. O fabricante de uma "braçadeira de molas" que ilustrou o seu aparelho teve poucos imitadores. Uma tendência mais geral foi notada por Johnson em 1758:

> Os anúncios são hoje tão numerosos que mal são lidos, e tornou-se então necessário chamar a atenção pela magnificência das promessas e pela eloquência por vezes sublime, por vezes patética. A promessa, a grande promessa, é a alma da publicidade. Lembro-me de um sabonete de barbear que possuía uma qualidade de fato surpreendente – ele afiava a lâmina perfeitamente! O negócio publicitário está hoje tão próximo da perfeição que não é fácil propor melhorias.

Essa foi uma das primeiras conclusões do tipo "foi tão longe quanto poderia" sobre os anunciantes, mas Johnson, de qualquer modo, era sensato. Dentro da situação que ele conhecia, de jornais direcionados a públicos pequenos, concentrados sobretudo em cafeterias, o escopo natural dos anúncios estendia-se dos privados (serviços desejados ou oferecidos e objetos perdidos, encontrados, oferecidos ou procurados), passando por informações de lojistas (sobre produtos em suas lojas) até anúncios sensacionalistas para produtos marginais ocasionais. Nesse

PUBLICIDADE: O SISTEMA MÁGICO 235

último caso, e dentre as técnicas abertas a ele, os anúncios sensacionalistas usavam intensivamente todas as formas tradicionais de persuasão, trapaça e mentira. O curandeiro e o vendedor ambulante aderiram à publicidade impressa e, enquanto a maioria dos anúncios era direta e honesta, a influência de um grupo em particular estava conduzindo a "publicidade" a um sentido mais especializado.

Desenvolvimento

Não há dúvida de que a Revolução Industrial, e a revolução associada nas comunicações, alteraram fundamentalmente a natureza da publicidade. Mas a mudança não foi simples, e deve ser entendida em uma relação específica com desenvolvimentos particulares. Não é verdade, por exemplo, que com a chegada da produção fabril a publicidade em larga escala tenha se tornado necessária. Em torno da década de 1850, um século após os comentários de Johnson, e com a Inglaterra já na posição de uma nação industrial, as páginas de anúncios em jornais, seja o *The Times* seja o *News of the World*, eram ainda basicamente similares àquelas do século XVIII, exceto pelo fato de haver uma maior quantidade deles, de serem mais compactos e de que havia certas exclusões (a lista de prostitutas, por exemplo, não era mais anunciada no *Morning Post*).

O crescimento geral deveu-se especialmente ao aumento nos negócios, mas foi auxiliado pela redução e então abolição do Advertisement Tax [imposto sobre anúncios]. Criado em 1712, ao preço de um xelim por anúncio, ele foi o meio, juntamente com o Stamp Duty [taxa para a oficialização de documentos mediante selagem], de tolher o crescimento dos jornais, os quais os governos sucessivos tinham motivos para temer. No tempo da repressão mais dura, após as guerras napoleônicas, o Stamp Duty atingiu 4 pences por página, e o Advertisement Tax atingiu 3 xelins e 6 pences. Em 1833, o Stamp Duty foi reduzido a 1 pence e o Advertisement Tax, a 1 xelim 6 pences. Uma comparação entre 1830 e 1838 mostra os efeitos dessa redução: o número de anúncios nos jornais da ilha central britânica nos anos anteriores foi de 877.972; em 1838, foi de 1.491.991. Em 1953, o Advertisement Tax foi abolido e, em 1855, foi abolido o Stamp Duty. O aumento na circulação de jornais e no número de anúncios foi rápido.

Contudo, ainda na década de 1850, a publicidade possuía predominantemente o estilo de classificados em partes específicas das publicações. Ainda se tinha a forte impressão, em muitos negócios, de que (como um jornal local resumiu o argumento em 1859): "ela não é respeitável. Recorre-se à publicidade com a finalidade de introduzir artigos inferiores no mercado".

Rejeitando esse argumento, outro jornal (*The Eastbourne Gazette and Fashionable Intelligencer*) continuou:

> A competição é a alma do negócio, e qual forma mais honesta e legítima de competição pode ser adotada do que se disponibilizar em um canal aberto a todos para apresentar produtos ao conhecimento público? A publicidade é um meio de competição aberto, justo, legítimo e respeitável; marcada em sua face está a estampa do livre mercado e da vantagem tanto para o consumidor quanto para o produtor.

O que interessa não é tanto a natureza desse argumento, mas que, em 1859, ele ainda tinha de ser defendido desse modo. Obviamente, o artigo concluiu chamando a atenção para os valores dos anúncios em seu próprio jornal, mas mesmo aqui, para percebermos a situação globalmente, temos de olhar para os próprios anúncios ladeando o artigo. Não apenas são todos de negociantes locais, mas eles ainda têm um tom do século XVIII, como, por exemplo:

PUBLICIDADE: O SISTEMA MÁGICO

Para todos que pagam em dinheiro e apreciam

CHÁS BONS E FINOS

CHARLES LEA

Solicita respeitosamente uma degustação de seu estoque atual, que foi selecionado com o máximo cuidado e pago antes de ser liberado dos depósitos alfandegários de Londres.

Em todos os jornais, esse ainda era o tom usual, mas, como no século XVIII, uma classe de produtos atraía outros métodos. Provavelmente o primeiro produto anunciado nacionalmente foi o Shoe Blacking de Warren, seguido de perto pelo Óleo de Macaçar de Rowland (que produziu a ofensiva contra o produto), A Tintura Líquida Chinesa para Cabelo de Spencer e a Pílula Universal de Morison. Nesse campo familiar, como no século XVIII, o novo anúncio foi moldado eficientemente, ao passo que, para vender livros baratos, a prática da inclusão de elogios nos anúncios foi bastante ampliada. O Shoe Blacking de Warren possuía o desenho de um gato cuspindo em seu próprio reflexo, e versos encomendados eram largamente usados:

O ganso na verde costa de nosso Ock
Banhado com a loção de Neighbour Goodman
É duas vezes o ganso que era antes
E atinge o tamanho do Albatroz

A publicidade roxa era outro estilo de escrita, especialmente para pílulas:

A primavera e o outono foram sempre notáveis como o período em que a doença, se estiver escondida no sistema, certamente vai se mostrar (Pílulas da Vida do Parr, 1843).

O modo retorna para o dos curandeiros e vendedores ambulantes do século XVIII, mas o que é novo é a escala. As cabeças coroadas da Europa estavam sendo requisitadas para dar seus testemunhos (o tsar de todas as Rússias tomou e recomendou Revalenta Arabica, ao passo que o Bálsamo de Syriacum, "um remédio excelente para evitar a deterioração do corpo e da mente", foi anunciado como sendo utilizado no palácio da rainha Vitória). Holloway, evidentemente um "doutor", gastava 5 mil libras por ano, na década de 1840, na divulgação de sua pomada universal, valor que, em 1855, excedeu 30 mil libras.

Além disso, com o público dos jornais ainda limitado, os propagandistas iam para as ruas. A colocação de cartazes irregulares em qualquer local disponível tornou-se um negócio organizado, embora perigoso devido às gangues rivais (cola para os seus cartazes, tinta preta para os outros). Foi necessário, em 1837, passar um ato em Londres proibindo a colocação de cartazes sem a autorização do proprietário (o que se mostrou extremamente difícil de ser realizado na prática). Em 1862 surgiu a United Kingdom Billposters Association [Associação de Colocadores de Cartazes do Reino Unido], com um sistema organizado de colocação de cartazes cada vez mais necessário, devido ao aumento considerável do valor da cola. Panfletos eram distribuídos nas ruas da Londres vitoriana com intensidade e cobertura extraordinárias; em algumas áreas, ao percorrer uma rua, um passante poderia coletar até duzentos panfletos diversos. Veículos publicitários de todos os tipos, como o chapéu de metal de mais de dois metros, comentado por Carlyle, lotaram as ruas até 1853, data em que foram proibidos. Centenas de trabalhadores temporários eram contratados para saírem com cartazes ou placas (homens-placas), atividade que, novamente em 1853, teve de ser oficialmente removida das ruas. As ruas da Londres vitoriana mostravam cada vez mais "a estampa do livre mercado"; mas com tais métodos utilizados especialmente por vendedores de pílulas, de adornos e de literatura sensacionalista, a relação básica entre a publicidade e a produção havia se alterado apenas parcialmente. Carlyle comentou sobre o chapeleiro,

PUBLICIDADE: O SISTEMA MÁGICO   239

cuja "indústria como um todo é voltada para *persuadir-nos* de que fez" chapéus melhores, de que "o charlatão se tornou Deus". Contudo, no geral, era apenas um charlatão.

O período entre a década de 1850 e o final do século viu uma expansão continuada na publicidade, mas ainda seguindo as principais linhas já estabelecidas. Depois da abolição do Stamp Duty em 1855, a circulação de jornais aumentou rapidamente, e muitos jornais novos foram fundados com sucesso. Mas a atitude da imprensa para com a publicidade, por toda a segunda metade do século, manteve-se cautelosa. Os editores, em particular, eram extremamente resistentes a qualquer alteração na disposição das páginas e, consequentemente, a qualquer aumento do tamanho da fonte dos caracteres usados. Os publicitários tentaram, de várias formas, contornar essa situação, mas com pouco sucesso.

Pílulas, sabão e artigos similares ainda lideravam como os produtos mais anunciados. Beecham's e Pears são importantes por terem introduzido *o slogan* em grande escala: "Um guinéu a caixa" e "Bom dia! Você já usou a sabonete Pears?" entraram na linguagem do dia a dia. Por trás dessa vanguarda familiar, chegaram duas classes de produtos bastante anunciados: o alimento patenteado, que tecnicamente pertence a esse período, e que, no fim do século, fez das marcas Bovril, Hovis, Nestlé, Cadbury, Fry and Kellogg "nomes nos lares"; e novas invenções de um tipo mais sério, como a serra elétrica, a câmera, a bicicleta e a máquina de escrever. Se somarmos a isso as novas lojas de departamento do final do século, temos o âmbito efetivo da publicidade geral do período, e precisamos apenas perceber que, em método, o alimento patenteado seguiu os medicamentos patenteados, enquanto os novos instrumentos e aparelhos variaram entre a informação genuína e a técnica hoje familiar do *slogan* e da associação.

As pressões sobre os jornais para que se adaptassem às novas técnicas vindas dos pôsteres começaram a ter sucesso a partir da década de 1880. A mudança veio primeiramente nas revistas ilustradas, com uma proliferação da nudez e figuras similares; a nudez de Borax, por exemplo, disseminando Doença e Deterioração; mulheres encantadas por cigarros, sabão ou xampus. A indústria de pôsteres, com seus *outdoors* organizados, pode, a partir de 1867, usar grandes litografias, e Pears introduziu os pôsteres "Bubbles" em 1887. Um catálogo de venda por correio publicou o primeiro anúncio colorido de um tapete. Aos poucos, um mundo familiar se formava, e nos primeiros anos do novo século chegou o sinal elétrico colorido. Os jornais, com o *Daily Mail* de Northcliffe na liderança, deixaram de lado as regras para a disposição de suas colunas e permitiram letras em fontes grandes e ilustrações. Notou-se, em 1897, que "o próprio *The Times*" permitiu "anúncios em caracteres que, há três anos, teriam sido considerados adequados apenas para cartazes nas ruas", enquanto a página frontal do *Daily Mail* já possuía filas de desenhos de mulheres relativamente envergonhadas em roupas íntimas. Cortesia, serviço e integridade como partes de um mesmo processo adquiriram a dignidade de abstrações em letras garrafais. O negociante de tecidos, o merceeiro e seus suprimentos aderiram à qualidade inferior.

Para muitas pessoas, novamente, parecia que os anunciantes haviam "ido tão longe quanto podiam". Para muitos, já haviam ido longe demais. Em 1898 foi formada a Scapa [Sociedade para Checar os Abusos dos Anúncios Públicos] que, evidentemente, foi descrita pela Associação de Colocadores de Cartazes da Grã--Bretanha como "mexeriqueiros ultrassensíveis". A Scapa teve sucesso localmente na remoção ou controle de alguns cartazes, e a década de 1890 presenciou uma outra legislação: proibindo uniformes para os homens-cartazes (trabalhadores temporários vestidos como a Royal Marine Light Infantry ou como outros regimentos anunciavam sabão e pílulas); regulamentando anúncios em *banners* e balões; e restringindo anúncios luminosos, apontados como causadores de acidentes nas ruas. Essa é uma situação familiar, o desentendimento entre padrões tradicionais

PUBLICIDADE: O SISTEMA MÁGICO

(seja o *layout* familiar dos jornais, seja o respeito por prédios e pela paisagem) e a inventividade vigorosa dos publicitários (transformando cartazes em "galerias de arte do povo", ou colocando um anúncio de um alimento patenteado com oito toneladas no meio dos penhascos de Dover). De fato, o argumento público difundido sobre a publicidade estava amarrado nesse estágio, clarificado pela primeira vez na década de 1890, com o "gosto" e a "necessidade do comércio" como adversários. Contudo, mesmo quando essa batalha estava em seu furor, a situação como um todo estava em transformação, devido a mudanças profundas na economia.

A transformação

O fato curioso é que, olhando para trás, a grande massa dos produtos dos estágios iniciais do sistema fabril foram vendidos sem muita publicidade, a qual cresceu principalmente em relação a produtos marginais e a novidades. Os anúncios de artigos básicos eram realizados sobretudo pelos lojistas, chamando atenção para a qualidade e o preço competitivo de seus produtos em estoque. Nessa fase comparativamente simples da competição, a publicidade em larga escala e a criação de marcas eram necessárias apenas nas margens, ou com produtos genuinamente novos. Os sinais reais de mudança começaram a aparecer nas décadas de 1880 e 1890, embora só possam ser corretamente interpretados quando vistos sob a luz do desenvolvimento pleno da "nova publicidade", no período do entreguerras.

A formação da nova publicidade deve ser traçada, essencialmente, por meio de certas características do novo capitalismo "monopolista" (corporativo), que se torna evidente nesse mesmo período do fim do século XIX e da passagem para o século XX.

A grande depressão que dominou, em geral, o período de 1875 até meados da década de 1890 (embora interrompido por recuperações ocasionais e energias locais) marcou o momento de mudança entre dois modos de organização industrial e duas abordagens basicamente diversas para a distribuição. Após a depressão e as fortes baixas nos preços, houve um medo mais geral e crescente com relação à capacidade produtiva, uma nítida tendência para organizar a propriedade industrial em grandes unidades e conglomerados, e um desejo crescente, através de diferentes métodos, para organizar e, quando possível, controlar o mercado. Entre os meios para atingir esses objetivos, a publicidade em uma nova escala aplicada a uma gama crescente de produtos assumiu um lugar importante.

A publicidade moderna pertence, poderíamos dizer, ao sistema de controle de mercado que, em seu desenvolvimento pleno, inclui o aumento de tarifas e de áreas privilegiadas, cotas de cartéis, campanhas comerciais, pré-fixação de preços pelos produtores e aquela forma de imperialismo econômico que assegurou alguns mercados estrangeiros por meio do controle político do território. Houve uma expansão combinada da exportação da publicidade e, em casa, a maior campanha publicitária jamais vista acompanhou a fusão de várias companhias de tabaco na Imperial Tobacco Company, para resistir à competição norte-americana. Em 1901, uma "soma fabulosa" foi oferecida por todas as oito paginas do *The Star* por um anunciante de uma empresa de tabaco britânica e, quando a oferta foi recusada, o anúncio tomou quatro páginas, um "recorde mundial", para imprimir "o anúncio mais caro, colossal e convincente jamais veiculado em um jornal da tarde em todo o mundo". Com a retaliação das firmas norte-americanas, com anúncios próprios cada vez maiores, a campanha foi pesada e prolongada. Esse pode ser tomado como o primeiro exemplo significativo da nova situação publicitária.

O fato desse período de mudança fundamental na economia ser a chave para o surgimento da publicidade moderna em

PUBLICIDADE: O SISTEMA MÁGICO   243

grande escala é também visível pelas mudanças radicais dentro da própria organização publicitária. Desde o século XVIII, certas lojas eram organizadas como agências coletoras para anúncios em prol dos jornais. No século XIX, esse sistema (que ainda funciona assim para alguns anúncios classificados) foi ampliado para a compra de espaço por agentes individuais, que então o vendiam para anunciantes. Com o aumento no volume dos anúncios, esse tipo de venda de espaço, e então um sistema mais desenvolvido de corretagem de espaço, levou a um aumento na importância das agências, que ainda eram, contudo, virtualmente agentes da imprensa ou, no máximo, intermediários. Gradualmente, e com uma ênfase crescente a partir da década de 1880, as agências começaram a mudar suas funções, oferecendo consultoria e serviços para os fabricantes, embora ainda com espaço à venda nos jornais. Na virada do século, o sistema moderno emergiu: os jornais possuíam seus próprios gerentes de publicidade, que avançaram com grande rapidez da posição de empregados juniores para executivos importantes, enquanto as agências paravam de vender espaço e se especializavam no serviço de consultoria a fabricantes e de reserva de espaço após a aceitação da campanha. Em 1900, foi formada a Advertisers Protection Society [Sociedade de Proteção aos Publicitários], e posteriormente a Incorporated Society of British Advertisers [Associação dos Publicitários Britânicos], tanto para defender a publicidade de ataques como os do Scapa quanto para exercer pressão sobre os jornais para estes publicarem as cifras de suas vendas, a fim de que as campanhas fossem planejadas de modo adequado. Northcliffe, após hesitações iniciais sobre a publicidade (ele queria conduzir *Answers* sem ela), acabou por perceber as suas possibilidades como uma nova base para o financiamento de jornais. Publicou a cifra de sua vendas, desafiou seus rivais a fazer o mesmo e, com efeito, criou a estrutura moderna da imprensa como uma indústria bastante próxima à nova publicidade. Em 1917, a Association of British Advertising Agents

[Associação de Agentes Publicitários Britânicos] foi fundada e, em 1931, com a criação do Audit Bureau of Circulations [Escritório de Auditoria de Circulação], que passou a publicar as vendas líquidas, a estrutura básica estava completa.

É no mesmo período que ouvimos pela primeira vez, de fato, sobre a publicidade como profissão, como um serviço público e como uma parte necessária da economia. Um outro aspecto dessa reorganização foi uma atenção mais consciente e séria para a "psicologia da publicidade". Ao se aproximar do centro da economia, ela começou a firmar sua reivindicação de ser não apenas uma profissão, mas também uma arte e uma ciência.

O meio século entre 1880 e 1930, então, viu o desenvolvimento pleno de um sistema organizado de informação e persuasão comercial como parte de um sistema moderno de distribuição nas condições do capitalismo em larga escala. A publicidade, embora se estendesse a novos tipos de produto, extraia seus métodos de sua própria história e experiência. Há uma continuidade óbvia entre os métodos utilizados para vender pílulas e sabonetes no século XVIII ("promessa, a grande promessa, a qualidade maravilhosa") e os métodos usados no século XX para vender qualquer coisa, de uma bebida a um partido político. Nesse sentido, é verdadeiro dizer que todo o comércio aderiu ao charlatanismo. Mas se olharmos para a publicidade de antes de, digamos, 1914, a sua imaturidade em comparação aos novos desenvolvimentos é, de imediato, evidente. O "anúncio mais caro, colossal e convincente" de 1901 mostra dois homens mal desenhados conversando e brindando com taças de vinho entre anúncios que diziam que cinco cigarros custavam um centavo e o *slogan* ("O brinde inglês – Não seja enganado pelo logro ianque, apoie John Bull em cada tragada") aparece em letras pequenas em comparação com "anúncio" e "mais caro". Jogar com o medo da doença era, obviamente, comum, como foi por toda a publicidade charlatã, e havia promessas simples de atratividade e reputação se algum produto em particular fosse usado. Mas a

PUBLICIDADE: O SISTEMA MÁGICO 245

publicidade genuinamente "psicológica" estava bem pouco em evidência antes da Primeira Guerra, e, quando aparecia, sua técnica tanto no apelo quanto na redação e diagramação era bastante crua. Aparentemente com bastante adequação, foi na Guerra que os novos tipos de persuasão foram desenvolvidos e aplicados, quando não o mercado mas a nação necessitava ser controlada e organizada, embora em condições democráticas e sem algumas das antigas compulsões. Se o homem mal desenhado, com sua taça e seus cigarros, pertence ao mundo antigo, um pôster como "Papai, o que VOCÊ fez na Grande Guerra" pertence ao novo. O desenho é bem feito e detalhado: as cortinas, a poltrona, o rosto fechado e insensível do pai, a garotinha em seu colo apontando para o seu livro de figuras aberto, o garoto em pé absorto com seus soldados de brinquedo. Percorrendo os apelos do patriotismo, esse tipo de entrada situa-se nas relações e ansiedades pessoais básicas. Um outro pôster sugeria que um homem que desapontasse o seu país desapontaria também sua namorada ou sua esposa.

As pressões, evidentemente, eram imensas: as exigências da guerra, as exigências do sistema econômico. Não compreenderemos a publicidade se mantivermos o argumento no plano dos apelos ao gosto e à decência que os publicitários deveriam respeitar. A necessidade de controlar nominalmente o homem livre, do mesmo modo como a necessidade de controlar nominalmente os consumidores livres, criou raízes profundas no novo tipo de sociedade. Kitchener, convocando um exército, ficou tão espantado com os novos métodos quanto muitos fabricantes tradicionais ficaram com toda a ideia da publicidade, então associada a produtos duvidosos. Em ambos os casos, as necessidades do sistema ditaram os métodos, e os padrões e reticências tradicionais foram firmemente abandonados quando a ruína parecia a única alternativa.

Lentamente, após a guerra, a publicidade moveu-se de uma simples proclamação e reiteração, com associações pouco complexas do período anterior do negócio respeitável, para a expansão dos métodos antigos empregados pelos desonestos e dos métodos psicológicos da guerra a todos os tipos de produto. O movimento não estava ainda completo, mas as tendências, a partir dos anos 1920, eram evidentes. Um outro método de organização do mercado, pelo consumo a crédito, tinha de ser popularizado e, no processo, alterado do "nunca-nunca", que não era de forma alguma respeitável, para a mais respeitável compra a prestações, e depois então ao positivamente respeitável "crédito ao consumidor". Em torno de 1933, um marido perdeu a sua esposa por ter fracassado em tomar esse "caminho fácil" para prover-lhe um lar. Ao mesmo tempo, bromidrose, anemia, insônia, letargia e doenças similares ameaçavam não apenas a saúde pessoal, mas o trabalho, o casamento e o sucesso social.

Esses desenvolvimentos produziram uma onda de crítica à publicidade e, em particular, de ridicularização de seus absurdos tratados com seriedade. Em parte, essa crítica defrontou-se com uma fórmula hoje padrão: "ainda se escuta críticas à publicidade, mas não se percebe o quanto foi feito, dentro da profissão, para melhorá-la" (por exemplo, um código de ética, em 1924, garantindo que a indústria, *inter alia*, "narraria histórias nos anúncios de forma simples e sem exageros, para eliminar mesmo a tendência ao engano". Se os publicitários escrevem essas garantias, quem então escreve os anúncios?). Os "mexeriqueiros ultrassensíveis" foram redescobertos, bem como os "inimigos da livre-iniciativa". As propostas feitas por Huxley, Russell, Leavis e Thompson, entre outros, de que as crianças deveriam ser treinadas para analisar os anúncios criticamente, foi descrita, em um livro chamado *The Ethics of Advertising* [A ética da publicidade], como conduzindo a "uma manipulação cínica da mente infantil". Mas a resposta mais significativa para a disposição ao ceticismo crítico ocorreu nos próprios anúncios: o desenvolvimento de uma publicidade bem informada, sofisticada e com humor, que reconheceu o ceticismo e reivindicou, de forma casual e improvisada ou comicamente exagerada, a inclusão de uma resposta crítica (por exemplo, os anúncios da Guinness escritos por Dorothy Sayers, posteriormente uma pensadora crítica à publicidade). Assim, tornou-se possível "conhecer os argumentos" contra a publicidade e, contudo, aceitar ou escrever anúncios charmosos e divertidos.

Um ataque particularmente duradouro, em um ponto obviamente vulnerável, ocorreu no campo dos medicamentos patenteados. Uma enorme quantidade de anúncios enganosos e perigosos havia sido repetidamente denunciada, até que, pelos Atos de 1939 e 1941 e pelo Código de Normas de 1950, o anúncio de curas para certas doenças específicas, bem como uma gama de estratégias enganosas, foram abolidos. Esse foi um passo considerável em um campo limitado, e a Associação dos Publicitários estava entre os seus patrocinadores. Se nos recordarmos da história da publicidade e de como os vendedores de produtos do dia a dia aprenderam com os métodos enganosos que ainda são usados em áreas menos perigosas, a mudança é significativa. Não é muito mais do que o recém-coroado Henry V dispensando Falstaff com desprezo. A publicidade chegou ao poder, no centro da economia e teve de se livrar dos amigos de infância sem reputação: ela agora queria e precisava ser digna.

A publicidade no poder

Não havia dúvida de que a publicidade chegara ao poder. Estimativas de gastos nos anos entreguerras variam consideravelmente, mas o número mais modesto para a publicidade direta em apenas um ano é de £85 milhões, e o mais elevado é de £200 milhões. Os jornais extraíam metade de sua renda da publicidade, e quase todas as indústrias ou serviços fora das profissões antigas anunciavam extensivamente.

Alguns números de 1935 são interessantes, mostrando os gatos com publicidade em proporção às vendas:

Medicamentos patenteados	29,4%
Artigos de banho	21,3%
Sabão, polidores etc.	14,1%
Tabaco	9,3%
Gasolina e óleo	8,2%
Cereais, geleias e biscoitos	5,9%
Doces	3,2%
Cerveja	1,8%
Botas e sapatos	1,0%
Farinha	0,5%

As ligações da indústria com a origem da publicidade são evidentes: as três categorias com maior porcentagem são as que se tornaram pioneiras na publicidade do tipo moderno. Talvez ainda mais significativo seja que artigos comuns como botas, sapatos e farinha estejam na lista. Essa, de fato, é a nova economia, derivando menos do sistema fabril e do crescimento das comunicações do que do sistema avançado da produção, distribuição e controle de mercado capitalistas.

Ao lado do desenvolvimento de novos tipos de apelo, surgiu a nova mídia. Sem falar de certos supérfluos, como a escrita com fumaça no céu, havia o rádio comercial, ainda não estabelecido na Grã-Bretanha (embora houvesse pressão para isso), mas iniciado em outros locais na década de 1920 e transmitido para a Grã-Bretanha na década de 1930. A televisão comercial, na década de 1950, ganhou espaço com facilidade. Entre os métodos recentes nesse campo em crescimento estão os *jingles*, iniciados no rádio comercial e alcançando *status* clássico, e a aliança aberta entre os publicitários e os jornalistas e difusores aparentemente independentes. Construir uma reputação como um repórter honesto, e então usá-la seja de modo aberto, para

PUBLICIDADE: O SISTEMA MÁGICO 249

recomendar um produto, seja escrevendo ou falando sobre um produto conjuntamente com um anúncio a ele destinado, como nos "suplementos especiais" dos jornais vespertinos, tornou-se algo comum. E qual seria o problema? Afinal de contas, os coroados da Europa, como também muitas de nossas próprias damas, vendem medicamentos e sabão há anos. A expansão para a publicidade política, direta ou por pressão de grupos, também pertence, nessa longa fase, a esse período de sedimentação; na década de 1950, ela já funcionava com grande amplitude.

O único empecilho para essa indústria em rápida expansão ocorreu durante a Segunda Guerra, embora tenha sido apenas parcial e temporário, e os anos após a guerra, e especialmente a década de 1950, trouxeram uma outra expansão espetacular. É irônico tomarmos um livro publicado durante a guerra por um dos então melhores publicitários, Denys Thompson, e lermos:

> A segunda razão para essas longas citações é que a publicidade como a conhecemos poderá ser descartada após a guerra. Estamos nos dando muito bem com um volume bastante reduzido de publicidade comercial nesses tempos de guerra, e é difícil visualizar uma retomada das condições nas quais a publicidade[2] proliferou, entre 1919 e 1939.

Thompson, como dr. Johnson dois séculos antes, é um homem sensato, mas nunca é seguro concluir que a publicidade exagerada tenha atingido o seu grau máximo. A história, devidamente lida, aponta para um outro crescimento significativo e para mais métodos inovadores. O campo altamente organizado dos estudos de marketing, da pesquisa motivacional, e da contratação de sociólogos e psicólogos é extremamente formidável, e sem dúvida possui muitas surpresas em estoque para nós. Talentos de um tipo bastante novo são contratados cada vez com mais

---

2 No original, *publicity*. (N. E.)

facilidade. E há um desenvolvimento significativo que deve ser notado para concluirmos: a extensão da publicidade[3] organizada.

"Relações públicas"

A publicidade foi desenvolvida para vender bens em um tipo particular de economia. A publicidade moderna[4] foi desenvolvida para vender pessoas em uma determinada cultura. Os métodos são frequentemente similares: a organização do incidente, a "menção", o conselho sobre uma marca, uma embalagem e uma boa "linha de venda". Lembro-se de ter ouvido de um homem que conheci na universidade (ele antes explicara o quão útil para a sua profissão como publicitário havia sido seu treino na crítica prática de anúncios) que os anúncios reservados ou comprados eram coisa antiga; o que valia agora era o que se passava por notícias do dia a dia. Isso parece agora acontecer com bens: "centenário do produto", por exemplo. Mas com pessoas isso é ainda mais difundido. O processo iniciou-se no entretenimento, particularmente com atores de filmes, e ainda é nesse campo que é realizado a maior parte desse trabalho. É muito difícil precisar, porque a fronteira entre um item ou fotografia tomado no curso habitual do jornalismo e da radio-teledifusão, e um item ou fotografia similar organizado e pago, seja diretamente, seja pela hospitalidade direta por um agente publicitário, é obviamente difícil de mapear. Muitas histórias aparecem e são mesmo alardeadas para indicar que a prática paga é extensiva, embora o pagamento, exceto para o agente, é usualmente feito em hospitalidade (se essa palavra pode ser usada) ou em espécie. Certamente leitores de jornais deveriam estar cientes de que os itens de "personalidades", apresentados

---

3 No original, *publicity*. (N. E.)
4 No original, *publicity*. (N. E.)

como notícias de histórias habituais ou fofoca, são frequentemente pagos, de uma forma ou de outra, em um sistema que
faz com que o anúncio direto pareça comparativamente mais
respeitoso. Isso não está confinado ao que é chamado de "*show
business*"; certamente entrou também na literatura e, provavelmente, na política.

Essa expansão é natural em uma sociedade na qual a
venda por meios efetivos tornou-se uma ética fundamental. O
crescimento espetacular da publicidade e sua então expansão
para a notícia independente têm por trás não um mero grupo
exercendo pressão, como nos dias dos charlatões, mas o ímpeto
total da sociedade. Pode-se então concordar que percorremos
um longo caminho desde o papiro sobre o escravo fugido e os
gritos dos anunciantes, e que o que temos de focar é a expansão
organizada do sistema no centro de nossa vida nacional.

O sistema

Nos últimos cem anos, então, a publicidade desenvolveu-
-se dos simples anúncios de lojistas e das artes persuasivas de
poucos negociantes marginais para uma parte significativa da
organização dos negócios capitalistas. Isso é importante o suficiente, mas o lugar da publicidade na sociedade vai muito além
desse contexto comercial. Ela é cada vez mais a fonte de financiamento para toda uma gama de comunicações, a tal ponto
que, em 1960, a maioria dos serviços televisivos e quase todos os
nossos jornais e periódicos não poderiam existir sem ela. Além
disso, nos últimos quarenta anos e agora em maior velocidade, a
publicidade ultrapassou a fronteira da venda de bens e serviços
e tem se envolvido com o ensino de valores sociais e pessoais;
ela está também adentrando rapidamente o mundo da política.

A publicidade também é, em um certo sentido, a arte oficial da sociedade capitalista moderna: é o que "nós" colocamos em "nossas" ruas e usamos para preencher metade de "nossos" jornais e revistas. E ela organiza o trabalho de, talvez, o corpo mais amplo de escritores e artistas, com seus gerentes de atendimento e consultores, em toda a sociedade. Uma vez que esse é o *status* social real da publicidade, só podemos entendê-la melhor se desenvolvermos um tipo de análise total na qual os fatos econômicos, sociais e culturais forem nitidamente relatados. Podemos então perceber, ao tomarmos a publicidade como uma forma significativa da comunicação social moderna, que há como compreendermos nossa própria sociedade de novas maneiras.

É frequentemente dito que nossa sociedade é muito materialista, e que a publicidade reflete esse fato. Estamos em uma fase de distribuição relativamente rápida do que são chamados "bens de consumo", e a publicidade, com sua ênfase em "trazer as boas coisas à vida", é tomada como central por essa razão. Mas me parece que, nesse aspecto, nossa sociedade não é, claramente, materialista o suficiente, e isso, paradoxalmente, é o resultado de um fracasso dos significados, valores e ideais sociais.

É impossível olharmos para a publicidade sem percebermos que o objeto material à venda nunca se basta: essa é, de fato, a qualidade cultural central de sua forma moderna. Se fôssemos materialistas sensatos, na parte de nossas vidas em que usamos objetos deveríamos ver a maioria dos anúncios como de uma irrelevância insana. A cerveja nos bastaria, sem a promessa adicional de que, tomando-a, pareceríamos mais viris, mais jovens ou mais sociáveis. Uma lavadora de roupas seria um eletrodoméstico útil para lavar roupas, e não uma indicação de que "estamos na frente" ou que somos objetos de inveja de nossos vizinhos. Mas se essas associações vendem cerveja e lavadoras de roupas, como algumas das evidências sugerem, é nítido que possuímos um padrão cultural no qual os objetos não se bastam, mas devem ser validados, mesmo que apenas na fantasia, por

PUBLICIDADE: O SISTEMA MÁGICO

associações com significados sociais e pessoais que, em um outro padrão cultural, poderiam estar disponíveis de maneira direta. A breve descrição do padrão que possuímos é *mágica*: um sistema altamente organizado e profissional de persuasão e satisfação, funcionalmente bastante similar aos sistemas mágicos em sociedades mais simples, mas estranhamente coexistindo com uma tecnologia científica altamente desenvolvida.

Essa contradição é da mais alta importância em qualquer análise da sociedade capitalista moderna. A chegada da produção industrial em larga escala necessariamente levantou problemas críticos de organização social que, em muitas áreas, estamos ainda lutando para resolver. Na produção de bens para uso pessoal, o problema crítico colocado pela fábrica com máquinas avançadas foi o da organização do mercado. A fábrica moderna requer não apenas canais de distribuição equilibrados e estáveis (sem os quais ela seria sufocada sob a sua própria produção), mas também indicações precisas de demanda sem as quais os processos onerosos de capitalização e de compra de equipamentos apresentariam um risco muito grande. A escolha histórica colocada pelo desenvolvimento da produção industrial é entre formas diversas de organização e planejamento em uma sociedade para a qual esse desenvolvimento seja central. Em nosso século [XX], a escolha foi e se mantém entre algumas formas de socialismo e novas formas de capitalismo. Na Inglaterra, desde a década de 1890 e com uma ênfase rapidamente continuada, temos o novo capitalismo baseado em uma série de mecanismos para organizar e assegurar o mercado. A publicidade moderna, tomando suas características distintivas justamente nessa fase econômica, está entre os mais importantes desses mecanismos, e é perfeitamente verdadeiro dizer que o capitalismo moderno não poderia funcionar sem ela.

Contudo, a essência do capitalismo é que os meios básicos de produção são propriedade privada e não social, e que as decisões sobre a produção estão, dessa forma, nas mãos de um grupo ocupando uma posição minoritária na sociedade e não diretamente responsável por ela. Obviamente, como o capitalista anseia por ser bem-sucedido, ele é influenciado em suas decisões em relação à produção pelo que outros membros da sociedade necessitam. Mas ele também é influenciado por considerações de conveniência industrial e de lucro provável, e suas decisões tendem a ser um balanço desses fatores variáveis. O desafio do socialismo, ainda bastante forte alhures, mas, na Inglaterra, profundamente confundido com imaturidade e erros políticos, é essencialmente que as decisões sobre a produção deveriam estar nas mãos da sociedade como um todo, uma vez que o controle dos meios de produção tornou-se parte do sistema geral de decisões que a sociedade como um todo cria. O conflito entre o capitalismo e o socialismo é hoje habitualmente visto em termos de uma competitividade para a eficiência produtiva, e não devemos duvidar de que muito da nossa história futura, em uma escala mundial, será determinada pelos resultados dessa competição. Contudo, o conflito é muito mais profundo, e é também um conflito entre abordagens diversas de formas do socialismo. A escolha fundamental que emerge nos problemas colocados pela produção industrial moderna está entre o homem enquanto consumidor e o homem enquanto usuário. A publicidade moderna, ou o sistema da mágica organizada, é funcionalmente importante para o obscurecimento dessa escolha.

"Consumidores"

A popularidade de "consumidor" como uma forma de descrever o membro comum da sociedade moderna capitalista prioritariamente pela sua capacidade econômica é bastante significativa. A descrição está se disseminando com rapidez e é hoje usada habitualmente por pessoas para as quais, pela lógica, deveria ser repugnante. Não se trata apenas de que, em um plano simples, "consumo" seja uma descrição bastante estranha para o nosso uso cotidiano de bens e serviços. A metáfora, retirada

PUBLICIDADE: O SISTEMA MÁGICO

da atividade do estômago ou da fornalha, é apenas parcialmente relevante mesmo para nosso uso dos objetos. Contudo, dizemos "consumidor" ao invés de "usuário", porque na forma de sociedade que temos agora, bem como nas formas de pensamento que ela quase imperceptivelmente promove, é como consumidores que a maior parte das pessoas é vista. Somos o mercado que o sistema de produção industrial organizou. Somos os canais pelos quais o produto é escoado e desaparece. Em qualquer aspecto da comunicação social, e em qualquer versão do que somos enquanto comunidade, a pressão de um sistema de produção industrial move-se em direção a essas formas impessoais.

Contudo, não é de forma alguma necessário que essas versões devam prevalecer apenas por fazermos uso de técnicas produtivas avançadas. Simplesmente, quando essas técnicas entram em uma sociedade, novas questões sobre a estrutura e a finalidade da organização social são inevitavelmente colocadas. Um grupo de respostas está no desenvolvimento de uma democracia genuína, na qual as necessidades humanas de todas as pessoas da sociedade são tomadas como a finalidade central de toda a atividade social, de forma que a política não seja apenas um sistema de governo, mas sim de autogoverno, e os sistemas de produção e de comunicação estejam enraizados na satisfação das necessidades humanas e no desenvolvimento das capacidades humanas. Um outro grupo de respostas, do qual temos mais experiência, retém, em geral de formas bastantes sutis, uma finalidade social mais limitada. Em primeiro lugar, os súditos leais, como eram previamente vistos, tornam-se o mercado de trabalho de "mãos" industriais. Mais tarde, como as "mãos" rejeitam essa versão delas mesmas e reivindicam um *status* mais humano, a ênfase é alterada. Qualquer concessão genuína de um *status* mais elevado significaria o final da sociedade de classes e a vinda da democracia socialista. Mas concessões intermediárias são possíveis, incluindo concessões materiais. Os "súditos" tornam-se eleitores, e o "populacho" torna-se "opinião pública".

A decisão ainda é uma função da minoria, mas um novo sistema de decisão, no qual a maioria possa ser organizada para esse fim, tem de ser criado. A maioria é vista como "as massas", cuja opinião, como massa, mas não como grupos individuais reais, é um fator nas atividades de comando. Em termos práticos, essa versão pode ser bem-sucedida por um longo tempo, mas então se torna cada vez mais difícil definir a natureza da sociedade, uma vez que há uma distância real entre a profissão e o fato. Além disso, à medida que a minoria no comando muda em caráter e cada vez mais adquire poder real no sistema econômico moderno, finalidades sociais antigas tornam-se vestígios e, independentemente se expressa ou implícita, a manutenção do sistema econômico torna-se a principal finalidade factual de toda a atividade social. A política e a cultura passam a ser profundamente afetadas por esse padrão dominante, e formas de pensar derivadas do mercado econômico – partidos políticos considerando como vender-se ao eleitorado para criar uma imagem favorável; a educação sendo prioritariamente organizada nos termos de uma maior oferta de emprego; a cultura sendo organizada e mesmo avaliada nos termos do lucro comercial – tornam-se cada vez mais evidentes.

Contudo, as finalidades da sociedade devem ser anunciadas em termos que imporão esforço para a maioria das pessoas. É aqui que a ideia de "consumidor" provou ser tão útil. Uma vez que o consumo é, dentro de seus limites, uma atividade satisfatória, ele pode ser plausivelmente oferecido como uma finalidade social dominante. Ao mesmo tempo, sua ambiguidade é tão grande que ratifica a sujeição da sociedade às operações do sistema econômico vigente. Um sistema econômico irresponsável pode prover o mercado de "consumo", ao passo que ele só poderia alcançar o critério de uso humano tornando-se genuinamente responsável: ou seja, moldado em seu uso do trabalho e dos recursos humanos por decisões sociais gerais. O consumidor pede uma provisão adequada de "bens de consumo pessoais"

PUBLICIDADE: O SISTEMA MÁGICO

a um preço tolerável: nos últimos dez anos, esse tem sido o principal objetivo do governo britânico. Mas os consumidores, necessariamente, pedem mais do que isso. Eles pedem pela satisfação das necessidades humanas que o consumo, como tal, não pode jamais fornecer. Uma vez que muitas dessas necessidades são sociais – ruas, hospitais, escolas, repouso –, elas não apenas não são incluídas pelo ideal do consumidor: elas são mesmo negadas por ele, pois o consumo sempre tende a materializar--se como uma atividade individual. A satisfação dessa gama de necessidades envolveria um questionamento da autonomia do sistema econômico, com sua organização atual das prioridades. É aqui que o ideal de consumo não apenas é enganoso, enquanto uma forma de defesa do sistema, mas, em última análise, destrutivo para as amplas finalidades gerais da sociedade.

A publicidade, em suas formas modernas, opera para preservar o ideal de consumo da crítica inexoravelmente feita pela experiência. Se o consumo de bens individuais deixa toda essa área da necessidade humana não satisfeita, um esforço é realizado, pela mágica, para associar esse consumo com os desejos humanos aos quais ele não tem referência real. Não compramos apenas um objeto: compramos respeito social, discriminação, saúde, beleza, sucesso e poder para controlar nosso ambiente. A mágica obscurece as fontes reais de satisfação geral porque sua descoberta envolveria uma mudança radical em todo o modo habitual de vida.

Evidentemente, quando um padrão mágico estabelece-se na sociedade, ele é capaz de atingir sucesso real, embora limitado. Muitas pessoas olharão para você uma segunda vez, lhe valorizarão, lhe prestigiarão, responderão aos seus sinais ostentados se você tiver feito as compras corretas dentro do sistema de significados no qual você foi treinado. Assim, a fantasia parece ser validada, no plano pessoal, mas apenas ao custo da preservação da irrealidade geral que ela obscurece: os fracassos reais da sociedade que não são, contudo, facilmente rastreados nesse padrão.

Não devemos assumir que os mágicos – nesse caso, os agentes publicitários – não creem em sua própria mágica. Eles podem possuir um cinismo profissional limitado, por saberem como alguns dos truques são criados. Mas, fundamentalmente, estão muito envolvidos, como também o está o resto da sociedade, na confusão para a qual os gestos mágicos são uma resposta. A mágica é sempre uma tentativa malsucedida de prover significados e valores, mas é com frequência bastante difícil distinguir a mágica do conhecimento e da arte genuínos. A crença de que o alto consumo equivale a um alto padrão de vida é uma crença geral da sociedade. A conversão de muitos objetos em fonte de satisfação sexual e pré-sexual não é apenas um processo na mente dos anunciantes, mas também uma confusão profunda e geral pela qual muita energia é aprisionada.

De certo ponto de vista, os publicitários são pessoas que se apropriam de determinados conhecimentos e habilidades, criados por uma arte e ciência reais, para utilizá-los contra o público, com o intuito de levar vantagens comerciais. Essa posição hostil é raramente declarada na propaganda geral da publicidade, na qual a ênfase normal está na ética do consumo cego ("A publicidade leva a você as boas coisas da vida"), mas é comum nas campanhas publicitárias para os clientes. "Cace com a mente de um caçador", inicia-se um anúncio recente, e um outro, sob o título "Você está obtendo mel do favo industrial?", é rico na linguagem do ataque:

> Uma das armas mais importantes usadas no marketing de sucesso é a publicidade.
>
> Commando Sales Limited, saturada até suas terminações nervos ıs com a habilidade do combate desarmado, está pronta para mover-se à batalha em qualquer frente de vendas ao estalo de uma estimativa aceitável. Essas são as tropas de linhas de frente a serem chamadas quando o seu próprio vigor nas vendas for irremediavelmente superado pelas forças de resistência a elas.

PUBLICIDADE: O SISTEMA MÁGICO

Essa é a estrutura de sentimento na qual o "impacto" tornou-se a descrição habitual do efeito da comunicação bem-sucedida, e "impacto", bem como "consumidor", é hoje usualmente utilizado por pessoas para as quais os termos deveriam ser repugnantes. Que tipo de pessoa quer de fato "causar um impacto" ou criar um "sucesso estrondoso", e em que estado está uma sociedade em que essa seja a sua linguagem cultural normal?

É monstruoso que os avanços humanos na psicologia, na sociologia e nas comunicações possam ser usados ou pensados como técnicas poderosas contra as pessoas, do mesmo modo como é baixo tentar reduzir a faculdade da escolha humana à "resistência às vendas". Nesse aspecto, a reivindicação da publicidade como um serviço não é particularmente plausível. Mas, igualmente, muito desse discurso sobre armas e impacto é a bravata insípida de homens bastante confusos. Ele é, ao cabo, a linguagem da frustração, e não a linguagem do poder. Muito da publicidade não é uma criação fresca de profissionais habilidosos, mas a criação confusa de pensadores e artistas ruins. Se olharmos para a gasolina com um punho gigantesco cerrado, para o cigarro contra a solidão nas ruas desertas, para o boneco enfrentando a morte com um seguro de vida (a proteção moderna, distinta dos símbolos mágicos cuidadosamente listados em sociedades anteriores), ou para o homem no berço que é um avião, estaremos olhando para tentativas de expressão e resolução de tensões humanas reais que podem ser cruas, mas que também envolvem sentimentos profundos de um tipo pessoal e social.

A similaridade estrutural entre grande parte da publicidade e da arte moderna não é fruto apenas da imitação pelos publicitários. É o resultado de respostas comparáveis para a condição humana contemporânea, e a única distinção relevante é a distinção entre a clarificação atingida por uma determinada arte e o deslocamento frequente na arte ruim e em grande parte da publicidade. Os mágicos habilidosos, os senhores das massas, devem ser vistos como envolvidos, em última análise, na fraqueza geral que eles não só exploram, mas também são explorados por ela. Se os significados e valores em geral operativos na sociedade não oferecem respostas e meios de negociação a problemas como a morte, a solidão, a frustração e a necessidade de identidade e respeito, então o sistema mágico deve entrar em ação, misturando seu charme e seus expedientes com a realidade em formas facilmente disponíveis e atando a fraqueza à condição que a criou. A publicidade não é mais uma mera forma de se vender produtos, mas sim uma parte genuína da cultura de uma sociedade confusa.

Epílogo – A publicidade e as comunicações[5]

Uma característica fundamental de nossa sociedade é uma coexistência pacífica entre uma nova tecnologia e formas sociais bastante antigas. A publicidade é a expressão mais visível dessa combinação. Em suas formas contemporâneas principais, ela é o resultado de um fracasso para encontrar meios de decisão social em questões de produção e distribuição relevantes para uma economia de larga escala e em crescente integração. O liberalismo clássico deixou de ter o que dizer sobre esses problemas do período da depressão e da consequente reorganização do mercado no final do século XIX. O que sabemos hoje sobre a publicidade tem a sua origem nesse período, em relação direta com as novas corporações capitalistas. É uma ironia contínua o fato desse mesmo liberalismo ter produzido a ideia da imprensa livre e de uma política social geral de educação e de esclarecimento público. Antes da organização corporativa, as ideias sociais do liberalismo eram, em grande medida, compatíveis

---

5 Seção adicionada em 1969. (N. E. I.)

com as ideias comerciais. A propriedade generalizada dos meios de comunicação havia sido sustentada por tipos comparáveis de propriedade na economia como um todo. Quando o inimigo da livre expressão era o Estado, esse mundo comercial diversificado encontrou certos meios importantes para a liberdade, notavelmente com os jornais.

O que era então chamado de publicidade era diretamente comparável em método e escala. Tratava-se de uma atividade em grande parte específica e local, e, embora fosse com frequência absurda – e havia sido há tempos reconhecida como tal em suas descrições como exageros –, manteve-se como uma atividade secundária e subordinada até o ponto crítico em que as pressões comerciais se inter-relacionaram com a comunicação pública aberta. Essa fase inicial distancia-se agora mais de meio século de nós. A partir da década de 1890, a publicidade começou a ser um fator determinante na publicação dos jornais que, no mesmo período, começaram a passar de famílias e pequenas firmas a novas corporações. A partir de então, e com pressão crescente a cada década, as instituições antigas do liberalismo comercial foram vencidas pelas corporações, que procuravam não só prover o mercado como também controlá-lo.

A crise resultante foi mais nítida nos jornais, que foram reduzidos drasticamente em número e variedade durante um período de expansão do leitor e de importância crescente da opinião pública. Mas enquanto algumas das outras ideias liberais pareciam manter-se e eram mesmo protegidas pelo Estado, como na radiodifusão, era sempre possível acreditar que a situação geral poderia também ser mantida. As prioridades comerciais estavam estendendo-se em escala e escopo, mas todo um conjunto de ideias liberais – na prática, prioridades bastante contraditórias – parecia manter-se firme na mente: tão firme que era frequentemente difícil descrever a realidade, pois a evidência da prática encontrava-se regularmente com a resposta complacente das ideias.

Creio que o que acontece agora é que um número razoável de pessoas, em pontos de decisão também razoáveis, apresenta uma certa tristeza e perplexidade e, olhando para trás, valoriza aquele tipo de liberalismo. O que era um compromisso incômodo entre as pressões comerciais e a política pública é hoje visto como, na pior das hipóteses, uma barganha e, na melhor delas, uma divisão de trabalho. A coexistência da televisão comercial e de serviço público, que não foi planejada por ninguém, mas foi o resultado de pressões intensas para permitir a entrada do interesse comercial, é hoje racionalizada, após a concessão, como uma política consciente do pluralismo. O novo nome para o compromisso é "economia mista", e há ainda um nome mais grandioso: "uma diversidade planejada de estruturas".

O que de fato aconteceu foi que a maioria dos anteriormente dedicados à política pública decidiu que as forças opositoras eram, simplesmente, muito fortes. Eles podem lutar contra o atraso em algumas ações, podem apresentar reservas, mas uma situação política há muito preparada e antecipada está chegando com tal força que essas atuações são, na sua maioria, apenas gestos. O dinheiro público captado de forma pública e sujeito ao controle público tem se tornado desesperadamente (mas deliberadamente) pequeno. O dinheiro público captado nas margens de outras transações e, consequentemente, não sujeito ao controle público está, ao mesmo tempo, continuamente em oferta. Os homens práticos, ponderando sobre o problema das contas nos comitês, creem que eles, finalmente, entreviram a realidade. Ou eles devem se unir aos interesses comerciais, ou devem se comportar da mesma forma que estes como uma condição para a sua sobrevivência temporária. Assim, uma disposição é criada na qual todas as decisões parecem inevitáveis e pessoas falando de diferentes soluções parece remoto e não prático. Trata-se de um modo de submissão sob as pressões de um poder em ocupação efetiva.

O que deve então ser negado de modo mais desesperador é que qualquer coisa tão grosseira quanto a submissão está de

PUBLICIDADE: O SISTEMA MÁGICO

fato ocorrendo. Algumas pessoas estão sempre prontas para falar sobre uma nova ordem à frente. Mas o indício central desse tipo de submissão é a relutância, em público, em chamar o inimigo pelo seu próprio nome. Eu vejo a forma do inimigo como a publicidade, mas o que entendo por publicidade é um pouco diferente de algumas outras versões. Muitas pessoas ainda criticam a publicidade de forma secundária: por ser vulgar ou superficial, por não ser confiável, por ser intrusiva. Muito disso é verdadeiro, mas trata-se de um tipo de crítica que a publicidade pode aprender a enfrentar com facilidade. Não emprega ela muitas pessoas de talento, não determina regras e ações de controle e melhora de seus padrões, não está limitada por rupturas naturais? Enquanto a crítica for discreta nessas questões, terá apenas efeitos marginais.

Repito, então, minha crítica central. A publicidade é a consequência de um fracasso social para encontrar meios de informação e decisão públicas para toda uma ampla gama da vida econômica cotidiana. Esse fracasso, evidentemente, não é abstrato. É o resultado da permissão de que o controle dos meios de produção e de distribuição seja mantido nas mãos de uma minoria, e podemos acrescentar, por ser de importância crescente na economia britânica, em mãos estrangeiras, de modo que algumas das decisões realizadas pela minoria não sejam nem mesmo tomadas dentro da sociedade que afetarão.

A contradição mais evidente do capitalismo tardio ocorre entre essa minoria detentora do controle e uma maioria amplamente em espera. O que acontecerá, se tivermos sorte, é que as expectativas da maioria ultrapassarão o controle da minoria. Em várias áreas isso está começando a acontecer, de forma restrita e limitada, e é estupidamente tachado de indisciplina, cobiça, perversidade ou ruptura. Mas o fato mais evidente, nos anos em que vivemos, é o da emergência e elaboração de uma forma social e cultural – a publicidade – que responde a isto através da brecha entre a expectativa e o controle com um tipo de fantasia organizada.

Em termos econômicos, essa fantasia opera para projetar as decisões da produção das principais corporações como a "sua" escolha, a seleção de prioridades, métodos e estilo do "consumidor". Atores profissionais e amadores, localmente dirigidos por pessoas que, em uma outra cultura, poderiam estar escrevendo e produzindo peças ou filmes, são contratados para imitar as formas das únicas escolhas disponíveis, para demonstrar satisfação e a conquista de suas expectativas, ou para dissimular uma relação de valores entre produtos bastante mundanos e os valores hoje geralmente destacados do amor, do respeito, da significância ou da realização. O que foi um dia o absurdo local do anúncio exagerado é hoje um sistema de celebração mimetizada das decisões de outros. Como tal, obviamente, a publicidade está muito próxima de todo um sistema de estilos na política oficial. De fato, alguns de seus adeptos estão diretamente ligados à propaganda na competição dos partidos e na formação da opinião pública.

Visto a uma certa distância – de tempo, espaço ou inteligência –, o sistema é tão óbvio em seus procedimentos fundamentais que alguém poderia em sã consciência crer ser capaz de quebrá-lo ao descrevê-lo. Mas agora isso é bastante duvidoso. Se a publicidade é a consequência do fracasso para encontrar novas formas de informação e decisão social, esse fracasso é composto pelo desenvolvimento do governo trabalhista que, ao submeter-se ao mercado organizado das corporações, pavimentou o caminho para uma submissão mais aberta e total nos anos 1970. Historicamente, isso pode ser visto como a última tentativa para resolver nossa crise em termos liberais, mas as consequências do fracasso vão além da história política. Pois ela tem conduzido a hábitos de resignação e deferência ao novo poder: não apenas entre tomadores de decisão, mas creio que, de modo muito mais amplo, entre pessoas que agora precisam da fantasia do sistema para confirmar as formas de sua satisfação imediata ou para esconder a ilusão na qual estão moldando as suas próprias vidas.

PUBLICIDADE: O SISTEMA MÁGICO

É essa a atmosfera na qual as decisões cruciais sobre as comunicações estão sendo tomadas. Algumas delas poderiam ter sido piores. Pressões para que a BBC aceite dinheiro de publicidade são mantidas à distância, embora haja um *lobby* de um tipo elitista preparado para admitir a entrada desses recursos na Radio 1, onde tudo o que é vulgar deve ser juntado. Por outro lado, é justamente aqui que essa entrada não deve ser admitida, pois a pressão para atar as preferências culturais de uma geração jovem à exploração aberta do "mercado dos jovens" é a mais intensa e destrutiva dentre todas elas. Novamente, a ênfase na licença[6] como uma fonte de renda é bem-vinda como um modo de preservar o princípio do dinheiro público aberto. A taxa cobrada pela licença ainda é comparativamente baixa na Grã-Bretanha, e poderia ser facilmente diminuída para pensionistas – e, em alguns casos, abolida. Na BBC e no governo, algumas adequações locais estão sendo realizadas.

Mas não se trata apenas de que outras pessoas já estão se ajustando para o clima político alterado dos anos 1970, no qual os interesses comerciais provavelmente exercerão pleno controle. Trata-se também do fato de que as possíveis decisões desse tipo de governo, ou desse tipo de corporação pública, são marginais à continuação da tendência à concentração econômica. Um jornal com 2,5 milhões de leitores provavelmente fechará: não porque esse público leitor é, em termos gerais, não lucrativo, mas porque com uma estrutura determinada pela renda oriunda da publicidade competitiva esse número é pequeno. Esse processo de diminuição de escolhas continuará, a não ser que seja desafiado pela mais vigorosa intervenção pública. A rádio comercial rapidamente aceleraria esse processo.

---

6 Referência à TV Licence Fee, taxa cobrada de todo cidadão britânico que tenha acesso ao conteúdo televisivo em seu domicílio. Para o rádio, a taxa similar foi cobrada até 1971, dois anos depois que Raymond Williams concluiu esse trecho. (N. E.)

O que acontece, desconsiderando os limites e as opções a longo prazo, é que novos números para a viabilidade são aceitos por quase todos os serviços de comunicação. É absurdo que a venda de um milhão de exemplares mostre-se pequena para um jornal. Mas pensemos em outros números. O que é considerado uma grande multidão – 100 mil pessoas – no estádio de Wembley ou no Hyde Park é chamado de uma pequena minoria, uma porcentagem negligenciável em um programa de rádio. O conteúdo é então cada vez mais determinado, mesmo em um serviço público, pela lei dos números prontos que a renda publicitária forçou no sistema de comunicações.

A submissão não é sempre aberta. Uma de suas formas mais populares é alterar-se quando o conquistador aparece no horizonte, de maneira que, ao chegar, estaremos tão parecidos com ele que podemos desejar viver sob seu jugo. Não creio que já tenhamos perdido, mas a posição é muito crítica. O que era, a princípio, um custo manejável na liberdade necessária das comunicações, colocou o mundo, permissivamente, de cabeça para baixo, até que todos os outros serviços tornaram-se dependentes, ou tornar-se-ão dependentes, em suas necessidades bastante locais, estreitas e temporárias. Um tipo de informação antigo e ineficiente sobre bens e serviços foi ultrapassado pelas necessidades competitivas das corporações, que exigem cada vez mais não um setor, mas o mundo; não uma reserva, mas toda a sociedade; não um anúncio publicitário ou uma coluna, mas todos os jornais integralmente e os serviços de difusão nos quais eles operam. A não ser que sejam agora limitados, não haverá uma segunda chance fácil.

UTOPIA E FICÇÃO CIENTÍFICA

Há muitas conexões próximas e evidentes entre a ficção científica e a ficção utópica, mas nem uma das duas, em um exame
mais profundo, é uma modalidade simples, e as relações entre
ambas são extremamente complexas. Assim, se analisarmos a
ficção que foi agrupada como utópica, podemos distinguir quatro
tipos: (a) *o paraíso*, no qual uma vida mais feliz é descrita como
simplesmente existente em outro lugar; (b) *o mundo alterado
externamente*, no qual um novo tipo de vida torna-se possível graças a um acontecimento natural inesperado; (c) *a transformação
almejada*, na qual um novo tipo de vida é alcançado pelo esforço
humano; (d) *a transformação tecnológica*, na qual um novo tipo
de vida torna-se viável graças a uma descoberta técnica.

É evidente que esses tipos frequentemente se sobrepõem uns
aos outros. Com efeito, a sobreposição e a confusão frequente
entre (c) e (d) são excepcionalmente significativas. Um tipo de
clarificação é possível, considerando o negativo de cada tipo:
o negativo que é hoje usualmente expresso como "distopia".
Obtemos então: (a) *o inferno*, no qual um tipo mais miserável
da vida é descrito como existente em outro lugar; (b) *o mundo
alterado externamente*, no qual uma vida nova, mas menos feliz,

é produzida por um evento natural inesperado ou incontrolável; (c) *a transformação almejada*, na qual uma vida nova, mas menos feliz, é produzida pela degeneração social, pelo surgimento ou ressurgimento de tipos nocivos de ordem social, ou pelas consequências imprevisíveis, mas desastrosas, de um esforço para uma melhoria social; (d) *a transformação tecnológica*, na qual as condições de vida são agravadas pelo desenvolvimento técnico.

Uma vez que não pode haver uma definição *a priori* da modalidade utópica, não podemos, a princípio, excluir qualquer uma dessas funções distópicas, embora seja claro que elas são mais fortes em (c) e (d), perceptíveis em (b) e quase nada evidentes em (a), onde a resposta negativa à utopia normalmente cede lugar a um fatalismo ou pessimismo relativamente autônomo. Essas indicações possuem alguma precisão nas definições positivas, sugerindo que o elemento de transformação seja o decisivo, ao invés do elemento mais geral da alteridade. Expandindo a categoria geral da ficção científica, temos:

(a) *O paraíso ou o inferno* podem ser descobertos ou alcançados por novas formas de viagem dependentes de um desenvolvimento científico e tecnológico (viagens espaciais) ou quase-científico (viagens no tempo). Mas essa é uma função instrumental; o modo de viajar não afeta, em geral, o local descoberto. O tipo de ficção é pouco afetado se a descoberta é feita por uma viagem espacial ou por uma viagem marítima. O local, ao invés do caminho, é dominante.

(b) *O mundo exterior alterado* pode estar relacionado, construído e previsto em um contexto de maior compreensão científica dos fenômenos naturais. Isso também pode ser apenas uma função instrumental; um novo nome para um dilúvio antigo. Mas o elemento de maior compreensão científica pode se tornar significativo ou mesmo dominante na ficção, por exemplo, na ênfase

UTOPIA E FICÇÃO CIENTÍFICA   269

das leis naturais na história humana, que pode decisivamente (muitas vezes catastroficamente) alterar as perspectivas humanas habituais.

(c) A *transformação almejada* pode ser concebida como inspirada pelo espírito científico, seja em seus termos mais gerais, como a secularidade e a racionalidade, seja em sua combinação com as ciências aplicadas, que torna possível e sustenta a transformação. De maneira alternativa, os mesmos impulsos podem ser valorizados negativamente: o formigueiro ou a tirania da "ciência moderna". Ambas as modalidades deixam em aberto a questão da agência social do espírito científico e das ciências aplicadas, embora seja a inclusão de alguma agência social, explícita ou implícita (como a derrubada de uma classe por outra), que distingue este do tipo (d). Devemos também notar que há importantes exemplos do tipo (c) nos quais o espírito científico e as ciências aplicadas são subordinados ou simplesmente associados a uma ênfase dominante na transformação social e política (incluindo a revolucionária); ou nos quais eles são neutros em relação à transformação social e política, que prossegue em seus próprios termos, ou, o que é de importância diagnóstica crucial, onde as ciências aplicadas, embora menos frequentemente o espírito científico, são positivamente controladas, modificadas ou mesmo suprimidas, em um almejado retorno a um modo de vida mais "simples" e "mais natural". Nesse último modo, há algumas belas combinações de uma ciência "não material" bastante avançada e de uma economia "primitiva".

(d) A *transformação tecnológica* tem uma relação direta com as ciências aplicadas. É a nova tecnologia que, para o bem ou para o mal, constrói a nova vida. Como acontece geralmente no determinismo tecnológico, isso tem pouca ou nenhuma agência social, embora seja comumente descrito como possuindo certas consequências sociais "inevitáveis".

Podemos agora descrever mais nitidamente algumas relações significativas entre a ficção utópica e a ficção científica, como um *timing* preliminar para a discussão de alguns textos modernos utópicos ou distópicos. É tentador estender ambas as categorias até que se tornem vagamente idênticas, e é fato que a apresentação da alteridade parece atá-las como modos de desejo ou de ameaça nos quais uma ênfase crucial é obtida pelo elemento de descontinuidade com o realismo "ordinário". Mas esse elemento de descontinuidade é, ele mesmo, fundamentalmente variável. O que mais tem de ser observado, na ficção propriamente utópica ou na distópica, é a continuidade, a conexão implícita que a forma é destinada a encarnar. Assim, examinando novamente os quatro tipos, podemos fazer algumas distinções cruciais que parecem definir o texto utópico e o distópico (algumas delas também relacionadas à questão da distinção entre a ficção científica e modalidades mais antigas e agora residuais que são simplesmente agrupadas a ela de maneira organizada):

(a) *O paraíso e o inferno* só raramente são utópicos ou distópicos. Eles são, normalmente, projeções de uma consciência mágica ou religiosa intrinsecamente universal e atemporal, estando, em geral, além das condições de qualquer vida comum plausível humana ou terrena. Assim, o Paraíso Terrestre e as Ilhas Abençoadas não pertencem nem à utopia, nem à ficção científica. O Jardim do Éden pré-lapsariano é latentemente utópico em algumas tendências cristãs, e pode ser atingido pela redenção. O poema "Land of Cokaygne" [A terra Cokaygne] é latentemente utópico; ele pode ser, e de fato foi, imaginado como uma condição humana e terrena possível. Os planetas e culturas paradisíacos e infernais da ficção científica são, por vezes, simples magia e fantasia: apresentações deliberadas e frequentemente sensacionais de formas *alienígenas*. Em outros casos, eles são latentemente utópicos ou distópicos, na medida dos graus de conexão com elementos humanos e sociais conhecidos ou imagináveis, bem como na medida dos graus de sua extrapolação.

(b) *O mundo alterado externamente* é tipicamente uma forma que fica aquém ou vai além da modalidade utópica ou distópica. Esse fato normalmente não é afetado pela interpretação mágica ou científica do evento. A tônica comum está na limitação ou mesmo na impotência humana: o evento nos salva ou nos destrói, e somos seu objeto. Em *Os dias do cometa*, de Wells, o resultado *se assemelha* a uma transformação utópica, mas o deslocamento da agência é significativo. Muitos outros exemplos, dentro da modalidade da ficção científica, são explícita ou latentemente distópicos: o mundo natural faz uso de forças além do controle humano, exercendo limites ou anulando todas as suas realizações.

(c) A *transformação almejada* é a modalidade utópica ou distópica característica, em seu sentido estrito.

(d) A *transformação tecnológica* é a modalidade utópica ou distópica reduzida da agência à instrumentalidade; na verdade, só se torna utópica ou distópica, em seu sentido estrito, quando é usada como uma imagem de *consequência*, para funcionar socialmente como o desejo ou a ameaça consciente.

"Científico" e "utópico"

No pensamento moderno, nenhum contraste tem sido mais influente do que a distinção de Engels entre o socialismo "utópico" e o socialismo "científico". Se essa distinção é agora vista de forma mais crítica, isso não se deve somente ao fato do caráter científico das "leis do desenvolvimento histórico" ser cautelosamente questionado ou ceticamente rejeitado – questionado e rejeitado ao ponto de ser considerada utópica a noção de uma tal ciência. Deve-se também à reavaliação da importância do pensamento utópico, de modo que hoje alguns o veem como o vetor crucial do desejo, sem o qual até mesmo as leis são, em uma versão, imperfeitas e, em outra versão, mecânicas, necessitando do desejo para dar-lhes sentido e substância. Essa reação é compreensível, mas faz com que o impulso utópico se torne mais simples e singular do que ele é na história das utopias. Com efeito, a variabilidade da situação utópica, o impulso utópico e o resultado utópico são cruciais para o entendimento da ficção utópica.

Isso pode ser visto em um dos contrastes clássicos, o contraste entre a *Utopia*, de More, e *Nova Atlântida*, de Bacon. É comum dizer-se que elas demonstram, respectivamente, uma utopia humanista e uma utopia científica:

> [...] aquela perfeição excelente de todas as boas condutas, a cortesia humana e civil (More – primeira tradução para inglês, 1551);
> [...] o fim da nossa fundação é o conhecimento das causas e movimentos secretos das coisas e a ampliação dos limites do império humano, para a efetivação de todas as coisas possíveis (Bacon, 1627).

Podemos concordar que as duas ficções exemplificam a diferença entre uma transformação geral almejada e uma transformação tecnológica; que More projeta uma comunidade na qual

UTOPIA E FICÇÃO CIENTÍFICA

os homens vivem e sentem de modo diverso, enquanto Bacon projeta uma ordem social altamente especializada, desigual, mas abastada e eficiente. Mas um contraste total possui outros planos. Assim, eles estão próximos dos polos opostos da utopia do consumo livre e da utopia da produção livre. A ilha de More é uma economia de subsistência cooperativa; a de Bacon é uma economia industrial especializada. Elas podem ser vistas como imagens alternativas permanentes, e a oscilação de uma para a outra, tanto na ideologia socialista quanto na utopia progressista, é muito significativa historicamente. Pode-se mesmo escrever uma história do pensamento socialista moderno nos termos de sua oscilação entre a simplicidade cooperativa de More e o domínio da natureza de Bacon, embora a tendência mais reveladora tenha sido a sua fusão inconsciente. Contudo, o que podemos agora perceber como "imagens alternativas permanentes" estava enraizado, em cada caso, em uma situação social e classista específica. O humanismo de More está profundamente qualificado: a sua indignação é dirigida tanto contra os artesãos e trabalhadores importunos e pródigos quanto contra os proprietários de terras exploradores e monopolizadores – sua identificação social é com os pequenos proprietários; as suas leis regulam e protegem, mas também impelem ao trabalho. Seu humanismo é também qualificado por ser estático: uma regulamentação sábia e entrincheirada pelos anciãos. Trata-se, então, da projeção social de uma classe em declínio, generalizada para um equilíbrio relativamente humano, mas permanente. O cientificismo de Bacon é igualmente qualificado: a revolução científica da experiência e da descoberta torna-se pesquisa e desenvolvimento em uma perspectiva social instrumental. Ampliar os limites do império humano não é apenas dominar a natureza; é também, como uma projeção social, um empreendimento agressivo, autocrático e imperialista; a projeção de uma classe em ascensão.

Utopias do século XIX

Não podemos abstrair o desejo. É sempre o desejo por algo específico, em circunstâncias especificamente incitadoras. Considerem-se três ficções utópicas do fim do século XIX: *A raça futura*, de Bulwer-Lytton (1871); *Looking Backward* [Olhando para trás], de Edward Bellamy (1888); e *Notícias de lugar nenhum*, de William Morris (1890).

A raça futura é, em um plano, um exemplo claro do modo de transformação tecnológica. O que torna os Vril-ya, que vivem sob a superfície da terra, civilizados é a posse de Vril, essa fonte de energia para todos os fins que se situa além da eletricidade e do magnetismo. Povos subterrâneos distantes que não possuem Vril são bárbaros; de fato, a tecnologia é a civilização, e a melhora do comportamento e das relações sociais baseia-se apenas nela. As mudanças que ocorreram produzem a transformação do trabalho em diversão, a dissolução do Estado e a proibição das relações sociais competitivas e agressivas. No entanto, não se trata, apesar de todos os traços visíveis da influência, de uma utopia socialista ou anarquista. Trata-se de uma projeção das atitudes sociais idealizadas da aristocracia, agora generalizadas e distanciadas da realidade da renda e da produção pelo determinismo tecnológico do Vril. Em sua libertação complementar das relações sexuais e familiares (na verdade qualificada, embora aparentemente enfatizada, pela simples reversão do tamanho e papel relativo de homens e mulheres), a obra pode ser agudamente contrastada à rigidez dessas relações dentro do humanismo de More. Mas isso é semelhante a uma projeção aristocrática. Trata-se (como em algumas fantasias posteriores, partindo de privilégios pressupostos similares) da separação entre as relações pessoais e sexuais e os problemas de atenção, proteção, manutenção e segurança que o Vril superou. A abundância traz a libertação. Em contrapartida, a ganância, a agressividade, o desejo de dominação, a grosseria, a vulgaridade do mundo da superfície – o mundo, de forma significativa, tanto do capitalismo quanto da democracia – são facilmente situados. Eles são o que é esperado em um mundo sem Vril e, portanto, sem Vril-ya. De fato, há momentos em que Vril quase pode ser comparado à cultura em *Cultura e anarquia*, livro virtualmente contemporâneo de Matthew Arnold. A aristocracia espiritual de Arnold, sua força espiritual além de todas as classes reais, foi alcançada em um passe de mágica pelas propriedades de Vril, sem o esforço prolongado descrito por Arnold. É, em ambos os casos, desejo. Mas desejo de quê? De uma transformação civilizatória, além dos termos de uma sociedade de classes inquieta e em luta.

Contudo, o que deve também ser dito sobre *A raça futura* é que o seu desejo é tingido pela admiração e mesmo pelo medo. O título introduz a dimensão evolutiva que, a partir desse período, encontra-se recém-disponível na ficção utópica. Quando os Vril-ya forem à superfície, vão simplesmente substituir os homens como uma espécie mais evoluída e mais poderosa. Não é apenas na sua humanidade não Vril que o herói teme isso. Próximo ao final, ele soa a nota que ouviremos tão claramente mais tarde em *Admirável mundo novo*, de Huxley: a de que algo de valioso e mesmo decisivo – iniciativa e criatividade são as palavras que pairam – foi perdido no deslocamento do esforço humano para o Vril. Essa foi uma questão que assombraria a utopia tecnológica. (Enquanto isso, na sociedade do século XIX, um empresário tomou seu próprio atalho. Inspirado por Lytton, fez fortuna a partir de um extrato de carne chamado Bovril.)

Looking Backward, de Bellamy, é sem dúvida uma utopia, no sentido essencial de uma vida social transformada no futuro, mas também é, de forma significativa, uma obra sem desejo; seu impulso é diferente, um racionalismo preponderante, uma organização total determinante, que encontra sua contraparte institucional adequada no capitalismo monopolista de Estado, visto como a inevitável "próxima etapa do desenvolvimento industrial e social da humanidade" (a ordem dos adjetivos é decisiva). Que essa previsão, ao invés de visão, tenha sido amplamente tomada em defesa do socialismo, é indicativo de uma tendência importante no período de Bellamy, que pode estar relacionada ao fabianismo, mas que deve também ser vinculada a uma corrente significativa do marxismo ortodoxo: o socialismo como o próximo estágio evolutivo da organização econômica, uma proposição que é tomada como prioritária, exceto em seus termos mais gerais – as questões das relações sociais e das motivações humanas substancialmente diferentes. A crítica de Morris a Bellamy repetiu quase exatamente o que é chamado de romântico, mas é, mais propriamente, a crítica radical dos modelos sociais utilitários – que o "vício subjacente [...] é que o autor não pode conceber [...] nada além da *maquinaria social*": o ponto central dessa tradição desde *Sinais de tempos*, de Carlyle. A resposta mais completa de Morris foi o seu *Notícias de lugar nenhum*, mas, antes de olharmos para a obra, devemos incluir um ponto crucial sobre a história da escrita utópica, recentemente apresentado por Miguel Abensour em sua dissertação parisiense *Formes de l'utopie socialiste-comuniste*.

Futuros sistemáticos e heurísticos

Abensour estabelece uma periodização fundamental na modalidade utópica, segundo a qual há, depois de 1850, uma mudança da *sistemática* construção de modelos organizacionais alternativos para um discurso mais aberto e *heurístico* dos valores alternativos. E. P. Thompson, ao discutir Abensour na *New Left Review* n.99 (1976), interpretou essa última modalidade como a "educação do desejo." Essa é uma ênfase importante, pois nos permite ver mais claramente, pelo contraste, como alguns exemplos da modalidade de "transformação social almejada" pode ser alterada, em sua essência, para a modalidade de "transformação tecnológica", na qual a tecnologia não necessita ser apenas uma fonte de energia nova e maravilhosa, ou algum recurso industrial desse tipo, mas pode também ser um novo conjunto de leis, novas relações abstratas de propriedade, e de fato, precisamente, um novo *maquinário social*. Mas então, tendo dito isto, e tendo reconhecido o valor contrastante da modalidade mais heurística, na qual a substância de novos valores e relações é projetada com relativamente pouca atenção às instituições, temos de relacionar a alteração à situação histórica em que ela ocorreu. Pois a mudança de uma modalidade para outra pode ser tanto negativa quanto positiva. Imaginar uma sociedade totalmente alternativa não implica meramente a construção de modelos, não mais do que a projeção de novos sentimentos e relacionamentos ser necessariamente uma resposta transformadora. A sociedade totalmente alternativa repousa, paradoxalmente, em duas situações sociais bastante diversas: a da confiança social, o espírito de uma classe em ascensão que sabe, em detalhes, que pode substituir a ordem existente; ou uma situação de desespero social, o espírito de uma classe ou fração de classe em declínio, que deve criar um novo paraíso, pois a sua Terra é um inferno. A base da modalidade mais aberta, mas também mais vaga, é diferente de ambas. Trata-se de uma sociedade em que a mudança está acontecendo, mas sobretudo sob a direção e nos termos da ordem social dominante propriamente dita. Esse é sempre um momento fértil para o que é, na verdade, um anarquismo: positivo em sua rejeição feroz à dominação, à repressão e à manipulação; negativo em sua negligência voluntária das estruturas, da continuidade e das restrições materiais. A modalidade sistemática é frequentemente uma resposta à tirania ou à desintegração; a modalidade heurística, por contraste, parece ser primariamente uma resposta a um reformismo limitado.

Não se trata então de perguntamos qual é a melhor ou a mais forte. A utopia heurística oferece uma forte visão contra a corrente; a utopia sistemática oferece uma forte convicção de que o mundo pode, de fato, ser diferente. A utopia heurística, ao mesmo tempo, tem a fraqueza de poder repousar em um "desejo" isolado e, ao cabo, sentimental, um modo de vida alienado, enquanto a utopia sistemática tem como fraqueza o fato de oferecer aparentemente pouco espaço para qualquer forma de vida reconhecível dentro de sua insistência organizacional. Esses pontos fortes e fracos variam, evidentemente, nos exemplos individuais de cada modo, mas variam de forma mais decisiva não apenas nos períodos em que são escritos, mas também nos períodos em que são lidos. O caráter misto de cada modo tem muito a ver com o caráter das distopias do século XX que o sucederam. Pois a questão contemporânea central sobre os modos utópicos é examinar porque há uma progressão, dentro de suas estruturas, para as reversões específicas de um Zamyatin, de um Huxley ou de um Orwell – e de uma geração de escritores de ficção científica.

Notícias de lugar nenhum

É nessa perspectiva que temos agora de ler *Notícias de lugar nenhum*. A obra é comumente diagnosticada e criticada como uma transformação heurística generosa, embora sentimental. E isso é substancialmente correto no que tange às partes que foram feitas para ficar na cabeça. O medievalismo do detalhe visual e as belas pessoas no verão ao longo do rio são inextricáveis da abertura e amizade convincentes e da cooperação descontraída. Mas esses são elementos residuais na forma: os utopistas, os houyhnhnms e os Vril-ya teriam considerado as pessoas de

Morris ao menos primos, embora as dimensões da mutualidade universal tenham feito uma diferença significativa. Mas o que é emergente na obra de Morris, e o que me parece cada vez mais a parte mais forte de *Notícias de lugar nenhum*, é a inserção crucial da *transição* para a utopia, que não é descoberta, encontrada ou projetada – nem mesmo, exceto no plano convencional mais simples, sonhada –, mas batalhada. Entre o escritor ou o leitor e essa nova condição há o caos, a guerra civil, a reconstrução lenta e dolorosa. O doce mundo aconchegante no fim de tudo isso é, simultaneamente, um resultado e uma promessa; uma garantia oferecida de "dias de paz e descanso", após a batalha ter sido vencida.

Morris foi forte o bastante, e até mesmo o seu mundo imaginado é, por vezes, forte o bastante para enfrentar esse processo, essa ordem necessária dos eventos. Porém quando a utopia não é apenas o mundo alternativo, lançando sua luz sobre a escuridão do presente intolerável, mas se encontra na extremidade de gerações de luta e de conflito feroz e destrutivo, a sua perspectiva é necessariamente alterada. A imaginação pós-religiosa de uma comunidade harmoniosa e a projeção racional esclarecida de uma ordem de paz e de abundância foram substituídas, ou ao menos qualificadas, pela luz no fim do túnel, a doce promessa que sustenta o esforço, o princípio e a esperança durante os longos anos de preparação e organização revolucionária. Esse é um ponto genuinamente decisivo. Quando o caminho para a utopia era o da redenção moral ou o da declaração racional – essa luz sobre uma ordem superior que ilumina uma possibilidade sempre presente –, o modo em si era radicalmente diferente do modo moderno do conflito inevitável e de sua resolução.

Os capítulos "Como veio a mudança" e "O início da vida nova", de *Notícias de lugar nenhum*, são fortes e convincentes. "Portanto, enfim e aos poucos, temos prazer em nosso trabalho". Essa não é a perspectiva do reformismo que, em sua essência, em sua evasão de conflitos fundamentais e pontos críticos, é muito mais próximo do modo utópico mais antigo. Trata-se da perspectiva da revolução – não só a luta armada, mas o desenvolvimento longo e irregular de novas relações sociais e sentimentos humanos. É algo fundamental que eles tenham sido desenvolvidos, que a longa e difícil empreitada tenha sido bem-sucedida; é a transição do sonho para a visão. Mas então é razoável perguntamos se a nova condição alcançada não é, pelo menos, tanto um descanso depois de uma luta – a noite tranquila e relaxante após um dia longo e duro –, quanto um novo tipo de energia e de vida liberada. A atmosfera de férias da era vitoriana tardia é feita para anular a complexidade, a divergência e a materialidade cotidiana de qualquer sociedade baseada no trabalho. Quando o sonhador do tempo se vê a desvanecer-se ao olhar para a festa na igreja antiga, as emoções são muito complexas: a recordação reconfortante de um precedente medieval – "as festividades das igrejas na Idade Média"; o arrependimento por não poder pertencer a essa nova vida; e também, talvez, apesar de todo o parecer favorável diante da visão dos fardos sendo erguidos, o impulso (é ele incorrigível?) de uma mente ativa, empenhada e profundamente vigorosa para registrar a impressão, ainda que colocada em uma voz vinda do futuro, "de que a nossa felicidade poderia mesmo cansar você". É o momento que funde e confunde de desejos e impulsos diversos: o desejo do comunismo, o desejo do descanso, e o compromisso com uma atividade urgente, complexa e vigorosa.

Conflito e distopia

Quando a utopia não era mais uma ilha ou um local recém-descoberto, mas o nosso país familiar transformado por uma mudança histórica específica, a maneira de imaginar a

UTOPIA E FICÇÃO CIENTÍFICA 281

transformação mudou fundamentalmente. Mas a agência histórica não foi apenas, como em Morris, a revolução. Foi também, como em Wells, algum tipo de força modernizadora e racionalizadora: a vanguarda do samurai, dos cientistas, dos engenheiros, dos inovadores técnicos. As utopias racionalistas iniciais tinham, à maneira de Owen, apenas de ser declaradas para serem adotadas; a razão possuía essa inevitabilidade. Wells, embora recusando a revolução popular, pertencia a seu tempo ao ver a agência como necessária, e há uma ligação convincente entre o tipo de agência que ele escolheu – um tipo de engenharia social acrescido de um rápido desenvolvimento tecnológico – e o ponto de chegada: uma sociedade limpa, ordenada, eficiente e planejada (controlada). É fácil ver isso agora como um capitalismo de Estado ou um socialismo monopolista abastados; de fato, muitas das imagens foram literalmente construídas. Mas podemos também, mantendo Morris e Wells unidos em nossas mentes, detectar uma tensão fundamental no seio do movimento socialista – na verdade, na prática, dentro mesmo do socialismo revolucionário. Pois há outras vanguardas além daquelas de Wells, e a versão stalinista do partido burocrático, planejando um futuro essencialmente definido como tecnologia e produção, não só tem sua conexão com Wells, mas tem de ser radicalmente distinguido do socialismo revolucionário de Morris e de Marx, no qual novas relações sociais e humanas que transcendem as divisões profundas da especialização industrial capitalista entre o campo e a cidade, os governantes e os governados e os administradores e os administrados são, desde o princípio, o objetivo central e prioritário. É dentro de um complexo de tendências contemporâneas – do capitalismo eficiente e abastado contrastado a uma pobreza e desordem capitalista anterior; do socialismo contra o capitalismo em cada uma dessas fases; e das divisões profundas, dentro do próprio socialismo, entre os reformistas moderados [free-riders] do capitalismo (os engenheiros sociais centralizadores) e os democratas revolucionários – que temos de considerar a modalidade de distopia, que é tanto escrita quanto lida dentro dessa extrema complexidade teórica e prática.

Assim, *Admirável mundo novo*, de Huxley (1932), projeta um amálgama negro da racionalidade de Wells e dos nomes e frases do socialismo revolucionário em um contexto específico de um capitalismo corporativo móvel e abastado. Isto soa e é confuso, mas a confusão é significativa; trata-se, em sua modalidade distópica poderosa, da confusão autêntica de duas gerações da própria ficção científica. "Comunidade, estabilidade, identidade": esse é o lema do Estado em *Admirável mundo novo*. É interessante rastrear esses ideais até a modalidade utópica. A estabilidade, sem dúvida, possui um forte apelo; muitos tipos de utopia enfatizaram-na vigorosamente como uma perfeição alcançada ou como uma harmonia autoajustável. Huxley acrescenta a ela agências específicas de repressão, de manipulação, de condicionamento pré-natal e de distração pelas drogas. A ficção científica ocidental tem sido prolífica na elaboração de todas essas agências: os modelos, afinal, estiveram sempre à mão. A estabilidade se converte em identidade: a fabricação de tipos humanos ajustáveis ao modelo estabilizado; mas este nunca foi, fundamentalmente, uma modalidade utópica explícita, embora em alguns exemplos essa modalidade esteja assumida ou inferida. Variabilidade e autonomia, na condição geralmente harmoniosa, estão de fato entre as suas características principais. Mas agora, sob as pressões do capitalismo de consumo e do socialismo monopolista, a modalidade se partiu. Como nas fases finais da ficção realista, a autorrealização não pode ser encontrada no relacionamento ou na sociedade, mas na ruptura, na fuga: o caminho que o selvagem toma na ficção de Huxley, como os milhares de heróis da ficção realista tardia, ao deixar o antigo lugar subterrâneo, as pessoas conhecidas, a família conhecida, ou como tantos heróis da ficção científica, correndo aos locais abandonados para escapar da máquina, da cidade, do sistema.

UTOPIA E FICÇÃO CIENTÍFICA   283

Mas então a ironia última e mais questionável: a primeira palavra do lema desse sistema repressivo, dominador e controlador é comunidade, a palavra-chave central de toda a modalidade utópica. É nesse ponto que há o dano, ou, dizendo de outra forma, é nesse ponto que o dano é admitido. É em nome da comunidade, o impulso utópico, e em nome do comunismo (Bernard Marx e Lenina) que o sistema é visto como realizado, embora as tendências atuais – da degradação do trabalho pela sua divisão e especialização máxima até a mobilidade organizada e o *muzak* de consumo planejado – dependem, para seu reconhecimento, de um mundo capitalista contemporâneo. No prefácio de 1946, Huxley manteve a aproximação de impulsos historicamente contrários, mas depois, curiosamente, voltou à utopia, ao oferecer uma terceira opção além da sociedade incubada e da reserva primitiva: uma comunidade autorregulamentada e equilibrada, pouco diferente, em espírito, da sociedade futura de Morris, exceto por ser limitada a "exilados e refugiados", pessoas fugindo de um sistema dominante, cuja oportunidade ou esperança de mudá-lo coletivamente não está ao seu alcance. A utopia, então, encontra-se no extremo da distopia, mas apenas alguns irão adentrá-la; os poucos que saem de baixo. Esse é o caminho percorrido, no mesmo período, pela teoria da cultura burguesa: da libertação universal, nos termos burgueses, passando pela fase em que a minoria é primeiramente educada para então regenerar a maioria, até o último período ácido em que a agora chamada "cultura minoritária" tem de encontrar a sua reserva, o seu esconderijo, além do sistema e da luta contra ele.

Mas então o que é estranho é que essa última fase, em alguns textos, retorna à modalidade utópica, lançando perguntas estranhas de volta para toda uma tradição anterior: perguntas que perturbam a gramática aparentemente simples do desejo – aquele desejo por outro lugar e por outro tempo que, ao invés de ser idealizado, pode ser visto sempre e em todo o lugar como um deslocamento, mas que pode ser transformado quando a história se movimenta.

> Não na Utopia – terrenos subterrâneos –
> Ou em alguma ilha secreta, os Céus sabem onde!
> Mas no próprio mundo, que é o mundo
> Nosso – o local onde, ao cabo,
> Encontramos nossa felicidade, ou não!

É certo que a ênfase de Wordsworth pode seguir dois caminhos: o do esforço revolucionário, quando a história está em movimento, e o do assentamento resignado, quando esse esforço não se consolida ou é estagnado. A modalidade utópica deve ser sempre lida dentro desse contexto de mudança, que determina se a modalidade subjuntiva que a define é parte de uma gramática que inclui uma verdadeira modalidade indicativa e um futuro real, ou se ela tomou para si todos os paradigmas e se tornou exclusiva, tanto na anuência quanto na discordância.

Pois a mesma consideração levanta questões difíceis quanto à modalidade de distopia hoje dominante. *1984*, de Orwell, não é mais plausível do que o ano de 2003 de Morris, mas o seu subjuntivo naturalizado é mais profundamente restritivo e reprime de modo mais dogmático a luta e a possibilidade do que qualquer coisa dentro da tradição utópica. Ele é também, mais amarga e ferozmente do que em Huxley, uma conivência, uma vez que o Estado satirizado que devemos evitar – a repressão da autonomia, o cancelamento da variedade e de alternativas – é construído em uma forma ficcional que é, nominalmente, sua oponente, convertendo toda a oposição em agências da repressão e impondo, dentro de sua totalidade excludente, a inevitabilidade e a desesperança que assume como um resultado. Não mais, mas talvez também não menos plausível do que o ano de 2003 de Morris; mas então, em uma forma mais aberta, há também o ano de 1952 de Morris (a data da revolução) e os anos que o seguiram: anos

nos quais o subjuntivo é um "subjuntivo" de fato, e não um indicativo deslocado, porque a sua energia flui em ambos os sentidos, para frente e para trás, e porque, em suas questões e em sua luta, ele pode mover-se para qualquer um dos dois lados.

Novos paraísos e infernos

A projeção de novos paraísos e novos infernos tem sido um lugar comum na ficção científica. Contudo, talvez a maioria deles, uma vez que estão, tantas vezes, literalmente fora desse mundo, são funções de uma alteração fundamental: não apenas a intervenção de uma circunstância alterada que, no tipo do mundo externamente modificado, é uma modalidade menor da utópica, mas uma remodelação básica das condições de vida física e, consequentemente, de suas formas de vida. E então, em muitas histórias, isso é um simples exotismo, genericamente atado ao romance sobrenatural ou mágico. Há uma escala que vai do fortuito à fantasia calculada, que está no polo oposto da hipótese "científica" da ficção científica. No entanto, talvez indissociável deste gênero, embora possuindo ênfases diversas, há uma modalidade que é verdadeiramente o resultado de uma dimensão da ciência moderna: na história natural, com suas ligações radicais entre formas de vida e espaço em que elas se realizam; e na antropologia científica, com seus pressupostos metodológicos de culturas distintas e alternativas. A inter-relação entre elas é muitas vezes significativa. A tendência materialista da primeira é com frequência anulada por uma projeção idealista na última fase mental da especulação; o animal ou o vegetal, no topo de sua mente, ainda é uma variação humana. A tendência diferencial da última, pelo contrário, é muitas vezes um apagamento da forma e da condição material:

um apagamento relacionado à antropologia idealista, na qual alternativas são, com efeito, inteiramente voluntárias. Contudo, é parte do poder da ficção científica que ela seja sempre, potencialmente, uma modalidade de mudança autêntica: uma crise de exposição que produz uma crise de possibilidade; uma reformulação, na imaginação, de *todas* as formas e condições.

Nesse modo simultaneamente libertário e promíscuo, a ficção científica, como um todo, moveu-se além da utopia; na maioria dos casos porque, é fato, também ficou aquém dela. Muito da extrapolação direta de nossas próprias condições e formas – social e política, mas também eminentemente material – tem sido, em efeito ou em intenção, distópico: a guerra atômica, a fome, a superpopulação e a vigilância eletrônica têm escrito 1984 em milhares de datas possíveis. Viver de outra forma geralmente implica em ser outro e em outro lugar: um desejo deslocado pela alienação e, nesse sentido, primo de algumas fases do utópico, mas sem a especificidade de uma transformação conectada ou potencialmente conectada, e então novamente sem os vínculos com uma condição e forma conhecidas. De modo que, apesar de a transformação utópica ser social e moral, a transformação da ficção científica, em suas modalidades dominantes ocidentais, ocorre simultaneamente além e aquém: não é social e moral, mas natural; com efeito, como tão amplamente no pensamento ocidental desde o século XIX, trata-se de uma mutação no ponto de exposição e crise que, sob outros aspectos, é intolerável: nem tanto uma nova vida quanto uma nova espécie, uma nova natureza.

É então interessante, dentro dessa ampla modalidade alternativa, encontrar um exemplo claro de um retorno evidentemente deliberado à tradição utópica, em *Os despossuídos*, de Ursula K. Le Guin (1974). É um retorno dentro de algumas condições específicas da ficção científica. A sociedade alternativa está na lua de um planeta distante, e as viagens espaciais e as comunicações eletrônicas – para não falar das possibilidades do "*ansible*", o

UTOPIA E FICÇÃO CIENTÍFICA

aparelho para a comunicação espacial instantânea desenvolvido a partir da teoria da simultaneidade – permitem uma interação entre a sociedade alternativa e a original, dentro de uma interação ampla com outras civilizações galácticas. Em um plano, a nave espacial e o *ansible* não podem, tecnicamente, fazer mais do que a viagem marítima, a fenda na caverna subterrânea ou, crucialmente, o sonho. Mas eles permitem, instrumentalmente, o que é também necessário por uma razão mais séria: a manutenção da comparação das opções utópicas e não utópicas.

A forma do romance, com seus capítulos alternados sobre Anarres e Urras, é projetada para essa comparação exploratória. O motivo é o momento histórico desse novo olhar para a utopia: o momento da esperança social e política renovada, de uma moralidade alternativa social e política revigorada, num contexto que possui uma variável das origens comuns da modalidade utópica, a de que dentro do mundo no qual a esperança está sendo examinada de forma interessada, se não mesmo cautelosa, não há, ou aparentemente não há, o incentivo esmagador da guerra, da pobreza e da doença. Quando o sonhador de Morris volta do século XXI para a Londres do século XIX, as questões não são apenas morais; elas são diretamente físicas, voltadas para o fardo visivelmente evitável da pobreza e da miséria. Mas quando o Shevek de Le Guin viaja de Anarres para Urras encontra, no local a ele proporcionado, uma abundância, uma riqueza e uma vitalidade que são sensualmente esmagadoras em comparação com seu próprio mundo moral, mas árido. É verdade que quando ele deixa esse lugar privilegiado e descobre o lado encoberto dessa prosperidade dominante, a comparação é qualificada, mas isso apenas significa que a riqueza exuberante depende das relações de classe e que a alternativa ainda é uma pobreza relativa partilhada e igualitária. Também é verdade que a comparação é qualificada, no romance como um todo, pelo que é, de fato, uma mensagem de que a nossa própria civilização – a da Terra, a cujo setor norte-americano Urras tão próxima e deliberadamente se assemelha – foi há tempos destruída: o "apetite" e a "violência" a destruíram; nós não nos "adaptamos" a tempo; alguns sobreviventes vivem sob o controle derradeiro da "vida nas ruínas". Mas isso, a rigor, apenas está no caminho. Urras, ao que parece, não enfrenta tal perigo; Anarres continua a ser uma opção social e moral, uma alternativa humana para uma sociedade que é, em sua forma dominante desdobrada, bem-sucedida. Contudo, é entre os seus reprimidos e rejeitados que o impulso pulsa, renovando-se, após um longo intervalo, para seguir o caminho da revolução anarquista e socialista que tirou os odonians de Urras para uma nova vida em Anarres. A jornada de Shevek é o caminho de volta e o caminho a seguir: uma insatisfação com o que aconteceu na sociedade alternativa, mas também uma renovação fortalecida do impulso original para construí-la. *The Dispossessed*, de duas formas evidentes, possui as marcas do seu período: o questionamento cauteloso do próprio impulso utópico, mesmo dentro de sua aceitação básica; a consciência inquieta de que a superfície de utopia – riqueza e abundância – pode ser alcançada, pelo menos para muitos, por meios não utópicos e até mesmo antiutópicos.

A mudança é significativa, após um intervalo distópico tão longo. O livro pertence a uma renovação geral de uma forma do pensamento utópico – não a educação, mas o aprendizado do desejo – que tem sido significativo entre radicais ocidentais desde as lutas e também as derrotas da década de 1960. Sua estrutura é altamente específica. É uma modalidade dentro da qual uma abundância privilegiada é simultaneamente assumida e rejeitada: assumida e, a seu próprio modo, desfrutada, mas conhecida, em seu interior, como mentirosa e corrupta; rejeitada, de perto, devido à sua corrupção bem-sucedida; rejeitada, de longe, pela compreensão e visualização da situação dos outros excluídos. Há, então, o movimento do abandono para juntar-se aos excluídos; da fuga, para sair de baixo e assumir a opção material mais pobre por uma clara vantagem moral. Pois nada é mais significativo,

UTOPIA E FICÇÃO CIENTÍFICA

nos mundos contrastados de Le Guin, do que Anarres, a utopia, ser sombria e árida; a vitalidade próspera da utopia clássica não está lá, mas na sociedade existente que está sendo rejeitada. Essa é uma cisão de importância. Não se trata de Anarres ser primitivista: "eles sabiam que o seu anarquismo foi o produto de uma civilização bastante elevada, de uma cultura complexa e diversificada, de uma economia estável e de uma tecnologia altamente industrializada". Nesse sentido, a modificação em relação a Morris é importante; trata-se claramente de um futuro e não do passado, uma forma tecnicamente avançada em vez de uma forma simplificada. Mas, significativamente, isso está disponível apenas no que é, de fato, um deserto; a terra boa está nas garras da dominação urrasti. É, então, o movimento imaginado por Huxley em seu prefácio de 1946. Não é uma transformação, mas uma fuga.

No entanto, é uma fuga generosa e aberta, dentro das condições limitadas de seu destino devastado. O povo de Anarres vive tão bem, em todos os termos humanos, quanto os colaboradores de Morris; a mutualidade se mostra viável, tanto mais por não haver abundância para tornar a vida mais fácil. As normas éticas e sociais estão no ponto mais alto da imaginação utópica. Mas então há uma questão delicada além delas: não o cinismo corrosivo da modalidade distópica, mas um destino além da mutualidade básica para novos tipos de responsabilidade individual e, com eles, de escolha, de dissensão e de conflito. Pois isso, mais uma vez em seu período, é uma utopia aberta: forçadamente aberta, após o congelamento dos ideais, a degeneração da mutualidade em conservadorismo; deslocada, propositadamente, de sua alcançada condição harmoniosa, a paralisia na qual o modo utópico clássico culmina, para o experimento inquieto, aberto e arriscado. Essa é uma adaptação significativa e bem-vinda, privando a utopia de sua clássica abolição da luta na imagem do descanso e harmonia perpétuos. Essa privação, como a terra devastada, pode ser vista como assustadora, como a seleção de elementos de uma distopia dominante. Mas enquanto a terra devastada for uma privação voluntária feita pelo autor – fruto de uma avaliação derrotista das possibilidades de transformação em um país bom e fértil –, a abertura é, de fato, um fortalecimento. Talvez seja apenas por meio dessa utopia que aqueles que conhecoeram a riqueza e, com ela, a injustiça social e a corrupção moral possam ser reunidos. Não é a última viagem. Em particular, não é a viagem que todos aqueles que ainda estão sujeitos à exploração suprema e à pobreza e doenças evitáveis imaginar-se-ão fazendo: esse nosso mundo transformado, obviamente, com todos os modos de transformação imaginados, realizados e batalhados. Mas é onde – dentro de uma dominação capitalista, e dentro da crise de poder e riqueza que são também a crise da guerra e do desperdício – o impulso utópico, agora com cautela, autoquestionando-se e definindo seus próprios limites, renova-se.

O ROMANCE INDUSTRIAL GALÊS

Caminhando de Swansea para Neath em uma "tarde entediante e sombria", em novembro de 1854, George Borrow havia "subido a colina" quando

uma cena extraordinária desenrolou-se diante dos seus olhos. Um pouco ao Sul, surgiram imensas chaminés envoltas por prédios imundos de aparência diabólica, na vizinhança dos quais havia montes gigantescos de cinzas e lixo negro. Das chaminés, apesar de ser domingo, a fumaça saía em grandes quantidades, sufocando a atmosfera à sua volta. Desse pandemônio, a uma distância por volta de quatro milhas ao Sudoeste, sobre prados verdes, encontrava-se, com aparência cinzenta escura, uma ruína de grandes dimensões, com buracos de janelas, torres, pináculos e arcos. Entre essa ruína e o pandemônio amaldiçoado havia um local sórdido e horrível, parte pântano e parte lago: o lago negro como fuligem e o pântano de uma cor chumbo repugnante. Diante do local imundo, estendia-se uma via férrea aparentemente partindo das mansões abomináveis e dirigindo-se à ruína. Uma cena tão estranha eu nunca havia presenciado na natureza. Se estivesse sobre a tela, com o acréscimo de várias figuras diabólicas movendo-se ao longo da via férrea, essa poderia ser uma representação de um sabá no inferno – demônios dirigindo-se para a adoração da tarde, uma pintura digna de Jerome Bos, o pintor vigoroso, mas insano.[1]

O pintor, presumivelmente, é o velho Hieronymo. Borrow voltou a ele novamente quando chegou a Merthyr, que

pode mostrar muitos edifícios notáveis, embora com um caráter satânico, sombrio e assombroso. Há o Salão do Ferro, com seus arcos, onde há um barulho incessantemente estrondoso de martelos. Então, há um edifício no pé da montanha, e a meio caminho, em sua lateral, há uma floresta maldita no topo de um penhasco enorme. É um edifício assombroso, tal qual Bos teria imaginado se quisesse pintar o palácio de Satanás.[2]

Essa é uma forma de ver o que é hoje, de modo mais polido, chamado de desenvolvimento industrial. Uma visão tão consciente de um esboço do inferno é uma das perspectivas que conduziram ao romance industrial. Ela não se limitou ao homem literário errante e romântico. Consideremos esse trecho do inventor do martelo a vapor, James Nasmyth, em sua autobiografia tal como editada por Samuel Smiles:

Black Country é tudo menos pitoresca. A terra parece ter sido virada do avesso. Suas entranhas estão espalhadas; quase toda a superfície do chão está coberta por montes de cinzas e montes de escórias. O carvão, que foi retirado do subsolo, está em brasas na superfície. O distrito está lotado de fornalhas de ferro, fornalhas de pudlagem e fornalhas de hulha. Dia e noite a região está flamejando com fogo, e a fumaça da fundição paira sobre ela. Há roncos e estalos de forjas e laminadores. Trabalhadores cobertos com fuligem, e com olhos brancos ferozes, são vistos movendo- -se entre ferros em brasa e batidas monótonas dos martelos para forjar.

---

1 Borrow, *Wild Wales*, cap. 102.
2 Ibid., cap. 104.

Entre essas fábricas incandescentes, esfumaçadas e ruidosas, eu vi os restos do que havia sido, em outro tempo, casas rurais felizes, agora arruinadas e desertas. O chão abaixo delas cedeu pela remoção do carvão, e elas estavam caindo aos pedaços. Foram, em tempos anteriores, envoltas por grupos de árvores; mas apenas o seu esqueleto sobrevive, dilapidado, negro e sem vida. A grama foi queimada e morta pelo vapor do ácido sulfúrico lançado pelas chaminés; e todos os elementos herbáceos possuíam uma cor cinza apavorante – o emblema da morte vegetal em seu aspecto mais triste. Vulcano expulsou Ceres.[3]

O que podemos observar, em cada caso, é uma sensação autêntica de choque diante da visão não familiar da paisagem industrial, e a mediação desse choque através de imagens convencionais herdadas: o panorama do inferno, as pinturas de Bosch ou a irrupção do Vulcano clássico. Há muitos textos desse tipo no século XIX, mas eles estão a apenas um passo de um novo romance. Pois, dentro desse panorama, ainda não há os homens, ou os homens lá estão apenas como figuras acessórias na paisagem. Dentro dessa perspectiva, o caos aparente do trabalho dos homens obliterou-os ou incorporou-os. O movimento em direção ao romance industrial é então, nessa fase, um movimento para uma descrição de como é viver no inferno e, aos poucos, à medida que a desordem torna-se uma ordem habitual, como é ser usado por ele, crescer nele, vê-lo como lar.

Mas esse movimento pleno ainda não havia ocorrido. A primeira fase do romance industrial é uma cristalização particular dentro da cultura inglesa, de meados da década de 1840 a meados da de 1850, quando um grupo de romancistas da classe média, em sua maioria vivendo fora das áreas industriais, começou a explorar esse mundo humano turbulento. Charles Dickens visitou Preston, e sua primeira resposta a essa visita, na Coketown de *Tempos difíceis*, aparece em seu modo panorâmico:

---

3 Nasmyth, *An Autobiography*.

uma cidade de tijolos vermelhos, ou de tijolos que seriam vermelhos se a fumaça e as cinzas o tivessem permitido; mas, da forma como as coisas se deram, era uma cidade de um vermelho e um negro não naturais, como a face pintada de um selvagem.[4]

Nesse primeiro panorama geral, Coketown possuía muitas ruas largas, todas parecidas umas com as outras, e muitas ruas pequenas ainda mais semelhantes"; uma observação bastante precisa, mas então "habitadas por pessoas também iguais umas às outras".

Uma perspectiva externa e incorporativa que, caracteristicamente, Dickens não mantinha ou tentava manter sempre que tocava outras fontes e fazia as suas variadas personagens – pessoas dickensianas bastante diversas umas das outras – moverem-se e relacionarem-se. Esse segundo olhar responde pela transição significativa. Não somos apenas demônios se vivermos nesse novo esboço do inferno; não somos autômatos se formos um Vulcano secular; não somos selvagens se vivermos nessa paisagem com aparência primitiva. Mas ainda somos, talvez, trabalhadores, e apenas isso. Certamente aquela perspectiva externa, representativa e, aliás, com uma alta dose de consciência de classe é o método de outros romancistas nesse grupo: de Disraeli, em *Sybil*; de Kingsley, em *Alton Locke*; e mesmo de Dickens entre os trabalhadores, em *Tempos difíceis*. Mas o segundo olhar genuíno veio de uma romancista que viveu em sua paisagem; Elizabeth Gaskell, sobretudo em *Mary Barton*, e ainda mais, se pudéssemos voltar a ela, na primeira versão abandonada do romance *John Barton*, quando a crise não estava lá para ser observada, mas para ser vivida, internalizada; o mundo do conflito industrial visto do ponto de vista de um militante que é, ao mesmo tempo,

meu herói, a pessoa para quem foram todas as minhas simpatias.

---

4 Dickens, *Hard Times*, livro I, cap. 5.

Sob pressão, ela recuou daquela identificação transformadora, mas, ainda assim, o que escreveu foi o melhor dentre os romances industriais ingleses iniciais: uma história dessas mudanças acontecendo com pessoas que eram, são e se mantêm seres humanos individuais por toda a trajetória brutal e dinâmica da transformação e do conflito social e econômico. Todos esses romancistas da classe média observaram a paisagem industrial sob a pressão da crise industrial e política: especificamente a crise do cartismo. Todos moldaram o que viram e o mostraram com imagens e narrativas de reconciliação do conflito. Essa parte de sua ideologia é facilmente reconhecida. Mas todos, em certa medida, e Elizabeth Gaskell de modo notável, tiveram sucesso ao povoarem esse mundo estranho e brutal; ou seja, tiveram sucesso na transição crucial do panorama industrial para o romance industrial.

Essa foi uma cristalização notável, mas também é notável que não tenha durado. À medida que a crise social enfraqueceu, assumindo novas formas, outras formas ficcionais a sucederam. Há um exemplo breve e alterado na década de 1860 em *Felix Holt*, de George Eliot, moldado pela crise do sufrágio. Há uma nova forma específica, na década de 1880, nos romances de George Gissing, *The Nether World* [O mundo das trevas] e *Demos*, mas esses, como também de modo mais simples na Cockney School da década de 1890, são prioritariamente romances da crise da cidade – a cidade industrial que o East End londrino se tornou, mas também do East End contra o West End; uma área de escuridão ("a Londres mais sombria"), fisicamente contígua, mas socialmente em um outro mundo, afastado da capital imperial luxuosa e poderosa. Esses romances novamente coincidem com um período de crise declarada: as novas lutas de classe do East End londrino. Há também uma nova ideologia: agora, não da reconciliação, nem apenas do desespero arruinado; ao contrário, uma distância ácida, como a distância entre o Leste e o Oeste, e especificamente, como continua Gissing, um distanciamento entre a vida dos trabalhadores e os valores literários:

uma distância que se tornou institucional na fração dominante dos escritores ingleses. Lawrence, evidentemente, ainda viria, mas podemos compreender algumas de suas dificuldades, bem como parte do seu desenvolvimento, se nos lembrarmos daquele comentário característico feito por Katherine Mansfield sobre uma de suas peças, de que ela era "negra com mineiros".

Negra com mineiros, naquele momento, eram os vales do sul do País de Gales. Lá, de fato, haveria uma nova cristalização, uma nova forma do romance industrial. Mas conhecendo o que conhecemos dessa história, a chegada do romance industrial galês ocorreu, à primeira vista, surpreendentemente tarde. É esse atraso, bem como seu surgimento significativo, que temos agora de tentar entender.

Em certos aspectos, e notavelmente na fundição e na mineração, a Revolução Industrial chegou quase tão cedo no País de Gales quanto na Inglaterra. Em meados do século XIX, três em cada cinco trabalhadores no País de Gales exerciam atividades não conectadas com a agricultura. Um em cada três estava nas minas, nas pedreiras e nas companhias industriais. Mas então, na segunda metade do século XIX, houve ainda outra transformação significativa: o desenvolvimento intenso de vales como o Rhondda, no comércio de carvão independente, e a expansão bastante rápida de Cardiff como um porto para escoamento do carvão. Mas ainda, por quase todo o século XIX, os romances industriais galeses não surgiram. Há talvez uma razão bastante geral para isso, que seria também relevante na Inglaterra. Os romancistas industriais ingleses, quando olhamos mais de perto, discutiram principalmente os distritos têxteis, os novos moinhos, ou, como em Kingsley, as fábricas londrinas com exploração desumana. George Eliot, na geração seguinte, entra em contato sobretudo com artesãos, embora estivesse ciente, como em *Felix Holt*, do distrito de mineração, com o qual ele estava imaginativamente apreensivo (e talvez não só "imaginativamente"). Talvez haja diferenciais complexos, aqui, nos tipos de vida e de comunidade da classe trabalhadora que são acessíveis a esse tipo de ficção movida pela observação. Talvez seja significativo que o primeiro romance interno da classe trabalhadora inglesa – *Ragged-Trousered Philantropists* [Os filantropos de calças esfarrapadas], de Tressel – situe-se em um centro comercial provinciano em pequena escala: um local social que possui efeitos importantes no tom do romance; o grupo pequeno e relativamente não organizado, bastante distinto das coletividades maiores da indústria em larga escala. Assim, mesmo na Inglaterra, só a partir da segunda década do século XX, com Lawrence, a ficção efetivamente trata dos tipos de indústria e de comunidade que foram as mais importantes no País de Gales. Nesse sentido, para esse tipo de atividade, talvez não haja especificamente um atraso galês. Mas creio que haja, de qualquer forma, uma razão intrinsecamente galesa para esse retardo, que está vinculada, sobretudo, aos problemas centrais da linguagem e da tradição literária. Eles ainda são muito difíceis de serem analisados, mas basta olharmos para as tradições literárias na língua inglesa e na língua galesa, em qualquer momento do século XIX, para verificarmos o quão mais central foi, na Inglaterra, a ficção em prosa. Além disso, justamente nesse século, e intimamente envolvidas com as consequências econômicas e sociais do industrialismo, as relações entre o galês e o inglês dentro da região estavam decisivamente alterando-se. É difícil estar seguro sobre isso, mas podemos arriscar a hipótese de que a classe trabalhadora industrial galesa fosse relativamente inacessível ao novo tipo de ficção, dada a influência combinada dos tipos de comunidade da classe trabalhadora (que eram também ainda inacessíveis em inglês), da relativa falta de observadores da classe média motivados e competentes e, talvez de forma prepotente, devido aos problemas das duas línguas e da relativa não familiaridade, no galês, da forma realista apropriada.

Esses podem ser os motivos para o atraso, mas são também, no século XX, as razões para o caráter específico dos romances industriais galeses quando eles finalmente surgiram. Pois, diferentemente dos exemplos ingleses do século XIX, eles foram, em sua maioria, escritos *a partir* das comunidades industriais; são romances da classe trabalhadora no sentido novo e distinto do século XX. Assim, apesar de todos os seus problemas – que são, como veremos, muitos –, eles compõem, quando surgiram, uma contribuição distinta e especial.

A década decisiva seria a de 1930, mas é necessário selecionarmos alguns exemplos anteriores dispersos. Na língua galesa, há *Arthur Llwyd* (1879; 1892), de John Thomas, que inclui uma narrativa da abertura de uma mina em um território agrícola, mas essa é de fato uma cena dentro de um tipo diferente de ficção – o romance moderado. *Gwilym Bevan* (1900), de T. Gwyn Jones, versa sobre a vida de um trabalhador de uma pedreira. Então, escritos em inglês, há um momento significativo de emergência, ou talvez, mais estritamente, de pré-emergência. Tal período pode ser traçado a partir de 1871, no que o escritor em questão descreveu como o "vilarejo charmoso e pastoral" de Mountain Ash.

Joseph Keating era o filho de um imigrante irlandês católico, e cresceu em The Barracks, um povoado católico, bastante consciente da diferença de sua família em relação aos imigrantes da West Country, em Newtown, e, obviamente, em relação ao galês nativo, justamente nos anos em que as minas estavam sendo abertas. Ele foi para as minas com 12 anos e lá trabalhou até os seus 16. Então ingressou na atividade eclesiástica e, ao final, no jornalismo, no *Western Mail* em Cardiff, mudando-se posteriormente para Londres. Escreveu romances – entre os quais *Gwen Lloyd, Maurice* e *Son of Judith* [O filho de Judith] – a partir do final da década de 1890, e publicou uma autobiografia interessante, *My Struggle for Life* [Minha luta pela vida], em 1916. Keating – Kating, como ele gostava que seu nome fosse pronunciado – é significativo como um exemplo de uma história cultural muito mais ampla. Desde o início da formação da classe trabalhadora industrial – e mesmo antes, entre trabalhadores rurais, artesãos e pastores – sempre houve indivíduos com o zelo e a capacidade para escrever, mas seu problema característico estava na relação de suas intenções e experiências com as formas literárias dominantes, moldadas principalmente por uma outra classe, uma classe dominante. Dentro de uma cultura com relativa coerência religiosa, as dificuldades eram menos terríveis; os modos do testemunho, da confissão e do louvor eram aceitos de forma mais geral. Mas, dentro de uma cultura e especialmente de uma literatura na qual a experiência social contemporânea tornara-se importante e mesmo central, como é nitidamente o caso inglês após a consolidação burguesa do século XVIII, a situação do escritor da classe trabalhadora era excepcionalmente difícil. Na poesia, tal escritor talvez tivesse o apoio das formas populares tradicionais, que produziram, de fato, um conjunto importante de baladas de rua [street ballads] e músicas de trabalho [work songs]. Mas, na prosa, as formas que estão mais próximas dele são a autobiografia e o romance, e é significativo que por muitas gerações foi a autobiografia que se mostrou mais acessível. Esses escritores, afinal de contas, embora bastante conscientes de sua situação de classe, eram, ao mesmo tempo, homens excepcionais dentro de sua classe, e há esquemas formais centrais da autobiografia que correspondem a essa situação: a narrativa ao mesmo tempo representativa e excepcional. As características formais do romance, por outro lado, não possuíam tal correspondência. As tramas convencionais herdadas – o casamento abastado; os meandros da herança; a aventura exótica; o romance abstrato – estão todas, por razões óbvias, distantes da vida da classe operária. É então quase nada surpreendente que por muitas gerações os textos mais poderosos sobre a experiência da classe trabalhadora fossem autobiográficos. De fato, a situação durou tanto que poderíamos ainda dizer que a escrita mais efetiva sobre a vida dos mineiros no sul do País de Gales é a obra autobiográfica de B. L. Coombers e, sobretudo, *These Poor Hands* [Essas pobres mãos].

Mas há uma outra tática plausível à primeira vista: aceitar uma das formas dominantes e inserir, enxertar nela, essas outras experiências do trabalho e da luta. Há uma história considerável de tais tentativas, mas Keating é significativo porque ilustra os problemas consequentes de modo gráfico. Tomarei como exemplo *The Flower of the Dark*, publicado em 1917: um romance que contém, em separado, muitos elementos notáveis, mas que tomado como ele próprio se apresenta, possui dificuldades significativas bastante específicas.

A primeira delas consiste em passar da segunda página:

As montanhas sob seus pequenos pés a tornaram uma jovem rica, graças aos trabalhadores escuros das minas de carvão, de cuja propriedade ela possuía a maior parcela, que corriam sob seu gramado e aumentavam sua riqueza enquanto ela divertia-se ou dormia em uma felicidade dócil. Ela nunca tentara descobrir se tinha 10 ou 20 mil libras por ano. Antes de chegar ao mundo, Richard Parry, seu pai, havia comprado algumas terras, sabendo que havia carvão sob elas. Sua mãe morrera enquanto seu pai lutava para enriquecer. Mr. Parry enriqueceu. Então morreu, e os frutos da árvore de ouro que ele plantara caíram na boca vermelha de sua filha.

Há uma tensão romântica tão alta em não saber se você tem 10 ou 20 mil libras por ano que mesmo o "penacho laranja" nos cabelos de Aeronwy e seus "largos sapatos com salto e feixe de esmeraldas" talvez não a resolva.

Contudo, esse é o problema real, pois em menos de trinta páginas estamos em um outro mundo:

Tomos, em seu compartimento profundo sob as montanhas, com sua lanterna balançando em seu cinto, estava testando o carvão com o seu mandril. Estava nu da cintura para cima, por lá estar quente. Uma floresta de postes sustentava o teto, tão baixo que ele estava muito curvado sob ele. Trabalhava na mina de Cragwyn desde que era um garoto de 7 e conhecia cada característica sutil do carvão até o momento em que este fosse extraído de sua jazida. Cada movimento de sua picareta era um golpe de um mestre artesão. Seu mandril era a ferramenta inspirada de um artista alcançando a expressão total de uma ideia. Ele cortava com maestria. Contudo, quando a grande placa de carvão caiu, despedaçou-se como se fosse mera farinha negra. Tomos, tossindo na nuvem de poeira, xingou o monte inutilizável. Ele queria grandes pedaços para o seu vagonete, mas podia ver apenas dois ou três da dimensão de nozes em conserva na poeira sobre o chão. Tentou novamente uma outra placa. Sua tarefa era perturbadora, devido à impossibilidade de remover qualquer pedaço grande, e ele frequentemente pausava para observar a fenda com tristeza, com sua lanterna próxima a ela. A superfície não brilhava sob seus raios como deveriam se o carvão fosse bom; parecia aborrecida e triste. O carvão possuía todas as fissuras e seções de sua formação. Mas, quando as pontas afiadas do mandril o tocavam, ele vibrava e quebrava como se não fosse nada além de barro endurecido com imundices e entrecascas que o cruzavam como séries de feridas antigas na bochecha de um homem negro.

"Vale à pena tentar ganhar a vida na mina de Cragwyn?", Tomos perguntou a si mesmo com seriedade, pois todo o ganho de seu trabalho dependia da quantidade de toneladas de carvão sólido que extraía.

O que Keating está escrevendo aqui, a respeito da profissão que um dia exerceu, é uma realização relativamente adiantada e extremamente forte da mudança que mais importava: a mudança para o trabalho como um tipo primário de consciência, uma mudança ainda tão rara mesmo em grande parte dos romances mais sociais e industriais, em que o trabalho é mantido a uma distância fictícia na grande maioria das obras. Aqui, mas apenas de modo fragmentado – como eu disse, inserido, temporariamente permitido –, há a consciência de um trabalhador: a sua consciência como um trabalhador.

Contudo, uma consciência desse tipo não determina a forma do romance. Em seu lugar, correspondendo sem dúvida à própria trajetória de Keating, mas também, e de modo mais decisivo, ao seu período e sua ideologia dominante, permeado, como estava, com a forma ficcional popular e dominante, o elemento formativo central é o da escolha da heroína romântica entre o homem bom e o mau. O homem bom, significativamente, é um administrador que trabalha muito, ao passo que o homem mau – mas aqui a ideologia e a data são decisivas –, Cragwen, está vendendo o seu carvão para a marinha alemã, enquanto todas as pessoas boas estão produzindo-o para a marinha britânica. Dentro da apresentação direta do romance patriota, outros elementos – todos elementos potenciais de um tipo de romance bem diferente: narrativas realistas de greves, de mineiros traidores, de recrutamento, do desmoronamento de uma escória – não estão apenas diluídos; estão fundamentalmente deslocados; incidentalmente substanciais, como a narrativa de Tomos na mina, mas então formalmente instrumentais para a estrutura que os atropela, da qual o único resultado real, afinal de contas, é que Aeronmy casa-se com Osla.

Isso foi em 1917, apenas alguns anos antes dos eventos decisivos que moldaram uma nova fase da história e da cultura galesa, e com ela, uma nova geração de escritores. O que podemos ver, nesses anos do entreguerras – anos de profunda depressão e de luta intensa –, é a emergência do que creio ser, dentro da categoria geral do romance industrial, uma estrutura de sentimento especificamente galesa, mas uma estrutura ainda enfrentando problemas bastante radicais da forma.

O que basicamente define o romance industrial, como distinto de outros tipos de ficção? Tanto o romance realista quanto o naturalista, em geral, foram previstos na pressuposição distintiva – digo pressuposição, embora se eu não fosse acadêmico eu diria, mais brevemente, na verdade distintiva – de que a vida das pessoas, não importa o quão intensa ou pessoalmente realizada, não é apenas influenciada como, em certas formas cruciais, formada pelas relações sociais gerais. Assim, o trabalho industrial e seus lugares e comunidades característicos não são apenas um novo pano de fundo, um novo "cenário" para uma história. No romance industrial genuíno, são vistos como formativos. As relações sociais não presumidas não são estáticas e não são convencionais, de modo que a história de um casamento, de uma herança ou de uma aventura possa ocorrer dentro dela. A sociedade do trabalho – do trabalho e das relações reais, e de um local real e visivelmente alterado – é central no romance industrial: não porque, ou não necessariamente porque o escritor esteja "mais interessado em sociologia do que nas pessoas" – o que uma crítica institucionalizada degradada gostaria que acreditássemos –, mas porque nessas comunidades de trabalhadores é uma fantasia trivial supor que essas condições gerais e urgentes sejam separáveis, ou separáveis por certo tempo, do imediato e do pessoal. As categorias abstratas do "social" e do "pessoal" estão aqui, nessas condições humanas específicas – condições, aliás, em que se encontra a grande maioria do seres humanos –, misturadas e inextricáveis, embora nem sempre indistinguíveis. A distância privilegiada de um outro tipo de ficção, na qual as pessoas podem "viver simplesmente como seres humanos", além das pressões, interrupções e acidentes da sociedade, está em um outro mundo ou, mais especificamente, em uma outra classe. Aqui, no mundo do romance industrial – como também na melhor ficção rural; em Hardy, por exemplo – o trabalho é urgente e formativo, e as relações sociais mais gerais são vividas diretamente dentro do mais pessoal.

Então, se tivermos aprendido a olhar dessa forma, não é surpreendente encontrar, no centro de tantos romances industriais do País de Gales desse período, uma experiência decisiva: a Greve Geral de 1926 e sua forma galesa específica; ou seja, a Greve Geral, seguida por longos meses de *lock-out*, por longos anos de depressão e, mais profundamente, pela sensação penetrante de fracasso. O fracasso combina-se com a tristeza mais geral de um País de Gales devastado, subordinado e em depressão, mas também, e de ambas essas fontes, há uma consciência intensa da luta – da militância, da fidelidade e dos custos reais humanos que eles exigem; dos conflitos dentro do conflito; das perdas e frustrações; da dor da depressão e daquela dor mais local e aguda que chega apenas àqueles que conheceram a alegria da luta e que também reconheceram, dando tudo, que ainda não haviam dado o suficiente; não o suficiente nos termos daquele mundo que não mudou, e que mesmo piorou, na Depressão.

Mas então, além disso, e bastante específica para essa comunidade particular, há uma estrutura de sentimento que possui uma de suas origens no caráter físico bastante distintivo do País de Gales como um todo. A paisagem imediata, a presença física do desenvolvimento industrial, na era do vapor e do carvão, é quase invariavelmente escura, marcada pela fumaça e pela desordem. Essas são as suas características físicas genuínas. Nas minas, essas qualidades gerais são intensificadas: o sentido de escuridão, de imundice e de um espaço fechado desordenado. Contudo, não apenas ao sair da mina à luz do dia, mas também em qualquer momento em qualquer vale galês de mineração, há a paisagem profundamente diferente, mas imediatamente acessível, das colinas abertas e do céu sobre elas, de uma luz nascendo e de um horizonte nítido, no qual é possível, tanto física quanto figurativamente, movermo-nos. Essas experiências familiares das colinas sobre nós são profundamente efetivas, mesmo quando são lugares-comum em tanto do sentimento e do pensamento galês. Mas, nesse ambiente específico, elas têm um outro efeito particular. Há ovelhas nas colinas, frequentemente perdendo-se pelas ruas dos vilarejos. A vida pastoral, que foi a história do País de Gales, é ainda um outro presente galês, e em sua presença invisível – não como um contraste ideal, mas como a subida íngreme e a linha do horizonte a serem vistas imediatamente das ruas e dos locais de mineração – é uma forma que manifesta não apenas uma consciência da história, mas uma consciência das alternativas e, então, em uma forma moderna, a consciência das aspirações

O ROMANCE INDUSTRIAL GALÊS 305

e das possibilidades. Os contrastes tradicionais básicos entre a escuridão e a luz, entre ser pego em uma armadilha e escapar ileso, estão aqui no próprio solo, nas formas mais específicas, e são os movimentos básicos mais profundos desses romances. Contudo, há problemas no entrelaçamento desse ritmo básico – a base adequada de tantos poemas – com as relações humanas próximas e intensas de qualquer romance industrial. Como imagem ele pode funcionar, mas há ainda dificuldades composicionais agudas entre esses sentimentos gerais essenciais e qualquer formação humana acessível. Gostaria agora de colocar brevemente em perspectiva algumas das formas locais por meio das quais esses sentimentos gerais partilhados foram de fato articulados. Nesse plano, inevitavelmente, trata-se de uma história de algumas de suas perdas e ganhos, de limitações e de conquistas.

A forma imediata mais acessível nesse tipo de romance é a história de uma família. Isso oferece ao escritor o seu foco nas relações primárias, mas, evidentemente, com a dificuldade de que o que está de fato sendo escrito, por meio delas, é a história de uma classe; na verdade, efetivamente, dadas as circunstâncias históricas locais, de um povo. A família deve, então, ser típica, carregando as experiências comuns centrais, mas em relações, em *laços* que são, na experiência total, muito mais amplos. Há um outro problema. A família imediata pode ser vista, a partir de muita experiência testada, como laços locais de amor e de carinho contra as dificuldades gerais. Mas, em uma forma poderosa, o que acontece a essa família, não apenas com o desenvolvimento industrial, e não apenas com o conflito industrial, mas agora com a depressão industrial, é a sua incorporação em uma condição comum que a empurra a um ou outro caminho, dividindo-a e mesmo rompendo-a na luta pela sobrevivência. *Times Like These* [Tempos como esses], de Gwyn Jones, publicado em 1936, é um exemplo memorável dessa forma. A sua localização histórica e social deliberadamente geral, assinalada pelo título, interage com essa ênfase simultaneamente real e formal na família: as relações nucleares imediatas, mas, dentro delas, a disseminação de alternativas, as pressões para seguir por caminhos diversos, incluindo o de sua total dissolução, resolvendo os problemas de uma outra maneira. Há então a questão característica dessa geração de escritores galeses: a de que a família é puxada a uma direção depois de outra e, contudo, que ela se mantém, mas que persiste com um sentido de defesa e de perda. A experiência amarga desse período – da emigração massiva para a Inglaterra e, contudo, do sentimento de família intenso e persistente daqueles que ficam e daqueles que se lembram – é então articulada de maneira poderosa, mas sempre temporariamente: o momento de uma tristeza bastante local.

> Prescindir – é o que estamos sempre fazendo, Luke disse a si próprio, de volta à sua antiga cama. Sempre prescindindo de uma coisa ou outra. O que foi que Olive conseguiu em sua vida? Ou mamãe? Mary teve sorte, ela foi sortuda. Pobre velho Olive! Eu sinto muita falta daquele olhar do Olive. Seus olhos cheios de lágrimas, e ele estava bastante consciente de que a cama não seria compartilhada. "Tudo bem", ele pode ouvir seu pai dizendo. "Nós vamos nos virar, vamos sim. Nós vamos sair dessa, mamãe." Quem sabe eles sairiam.
>
> Finalmente ele dormiu, não um sono solitário, até que, pela manhã, acordou com o som das vozes e das passadas dos trabalhadores do turno da noite exaustos, retornando pela colina a Camden. Isso era a vida, a vida: dormir e acordar para um dia vazio depois do outro. Não havia necessidade de se levantar ainda, pois não havia nada que um companheiro pudesse fazer. Ficou mais um tempo na cama. "Meu Deus", ele disse calmamente, e sem profanação, "pra que estamos nesse mundo? Tudo parece inútil, de um jeito ou de outro".
>
> FIM

Outro exemplo memorável desta mesma forma básica – a da família nuclear, mas da família sob pressão – é o mais tardio

Chwalfa (1946), de T. Rowland Hughes, que se passa no ambiente diverso das pedreiras de ardósia do norte do País de Gales, durante a crise histórica anterior à luta em prol do sistema de contrato, à longa greve e sua repressão, e então ao que aconteceu a uma comunidade, mas agora na imediaticidade formal de uma família: a dispersão (*Chwalfa*) para as instalações de distribuição de água em Rhayader, para as docas de Liverpool, para a América, para as minas de carvão e de cobre. O antigo núcleo simples, no qual há laços organicamente extensivos entre a família, o vilarejo, o lugar e a classe – e, em e através deles, o laço específico com a qualidade de pertencer [*Welshness*] ao País de Gales – são simultaneamente afirmados e vistos em dispersão. A própria forma da afirmação, da família carregando esses significados gerais é então, de fato, uma elegia: o que é afirmado também é perdido. Ou, como de um modo mais geral nesse período da literatura do País de Gales, a perda e a dispersão são as coisas mais nitidamente afirmadas.

Evidentemente, esse não é o único modo pelo qual a família pode ser usada como uma forma imediata de composição. Nos romances de Lewis Jones – *Cwmardy* (1937) e *We Live* (1939) –, uma orientação geral relacionada, mas diversa, é evidente. A família, agora, é um epítome da luta política, e as versões e afiliações conflitantes dessa luta são representadas não só de modo geral – nos eventos do *lock-out* e nas lutas na Federação de Mineiros e entre os partidos –, mas dentro da família, entre Len, Maria e Ezra – e ao final o movimento, apesar de todas as perdas, vai além da família, em uma espécie de ruptura desejada: a transferência da afiliação para uma causa e um partido.

Podemos agora facilmente observar os problemas, tanto nessa quanto na forma anterior. A dispersão profunda e não mediada, a ruptura da família, podem terminar em um sentimento de perda sem alternativas. A projeção política de uma família pode evitar isso, mas o movimento apenas mantém a sua validade – uma validade substancial – enquanto a forma da filiação permanece não problemática. Contudo, podemos ver o quão problemática ela foi – analisando seriamente, além dos detalhes das controvérsias imediatas e divisivas – se nos voltamos para uma forma bem diferente, a de *Rhondda Roundabout* (1934), de Jack Jones, que algumas pessoas dizem não ser, de fato, um romance. A dificuldade da inserção de uma luta política complexa em uma forma familiar local é que ela pode rapidamente tornar-se muito seletivamente exemplar e, então, muito cedo limitada por consonâncias exemplares entre a qualidade pessoal e o politicamente correto. A aleatoriedade episódica que o próprio título, *Rhondda Roundabout*, tão diretamente sinaliza é, de fato, um tipo de perda; uma perda afetiva. Mas é uma tentativa bastante similar, em alguns aspectos, a *The Ragged-Trousered Philanthropists*, que em parte se assemelha, também no tom, à escrita da variedade, da complexidade e – crucialmente – das *desconexões* de uma vida política e cultural ampla. Certamente, Tressell encontrou uma unidade, em um outro plano temático, que Jack Jones não encontrou, mas a questão é como a forma episódica se movimenta, mesmo que aos trancos e sem interconexões fortes, para um contorno mais abrangente da sociedade real, um contorno que, caracteristicamente, a forma familiar havia comprimido. Movimenta-se para um contorno mais abrangente, mas não o alcança. O que surge no caminho – como tantas vezes acorre com os escritores da classe trabalhadora quando, por razões compreensíveis, as formas herdadas não estão disponíveis ou são recusadas – é uma série de esboços, no máximo um panorama. Não é uma forma totalmente nova, mas pode incluir elementos que formas mais antigas não podiam.

Em seu trabalho posterior, Jack Jones moveu-se, com outros, a uma forma particular que é uma das ampliações disponíveis do romance familiar: a família como uma história; não os anos de uma geração, mas de várias gerações. *Black Parade* (1935) era, originalmente, três vezes maior do que a sua versão publicada, e isso levanta uma questão geral. Há muitos problemas formais

O ROMANCE INDUSTRIAL GALÊS 309

internos no romance do século XX e notável entre eles é o problema da dimensão. Hoje, o tamanho comercialmente preferido de um romance, e muitas vezes imposto, é de cerca de 80 mil palavras; o que é, na verdade, o suficiente para alguns tipos de ficção. Mas para um tipo importante de ficção, e especialmente para o romance realista em expansão, essa restrição é absurda. Um modo dominante na ficção inglesa tem, em todo o caso, se afastado desses temas e dessa forma. Mas para os escritores galeses, menos dispostos do que os ingleses a restringir ou cancelar seu sentido de comunidade e de história, esse é um tipo especial de obstáculo. É esperado ou exigido de um escritor contemporâneo nesse modo realista ampliado que ele produza uma obra com uma dimensão inferior a um quarto ou mesmo um sexto das obras anteriores do mesmo tipo. O escritor pode cortar, e quase sempre com vantagem, mas essa pressão básica na dimensão continua sendo uma grande limitação dessa forma, a qual, sob outros aspectos, é atraente e bastante trabalhada.

Black Parade, no entanto, mostra o que pode ser ganho com um sentido de movimento da história. O desespero negro da localidade pode, paradoxalmente, ser superado com o passar dos anos. Há uma forte perspectiva no período que se estende dos anos ásperos da imigração para as minas de carvão até os anos 1930 e a emigração, e é interessante que, mais e mais, este seja um ponto de vista histórico, uma perspectiva que os romancistas têm procurado como um elemento formal da narrativa. Mas uma perspectiva histórica não é o único sentido da história, mesmo em *Black Parade*. Esperando sedutoramente por essa forma há outra, a novela histórica.

É sempre difícil fazer qualquer distinção categórica entre o romance histórico e a novela histórica. Exceto nos extremos da forma mais simples, que não são realmente novelas, mas ficção de costumes, os mesmos elementos aparentes entram em sua composição, e, no caso da ficção industrial do País de Gales, poderia mesmo ser dito que mais história pode ser encontrada nas novelas – tanto o processo mais amplo quanto os detalhes críticos – do que nos romances. Na verdade, uma das distinções possíveis está intimamente relacionada a esse fato, uma vez que o modo de ficção realista tanto permite quanto exige que seus personagens existam em outros momentos que não o da crise histórica manifesta e colorida, enquanto o modo da novela encena uma espécie de convergência absoluta entre pessoas familiares selecionadas e os eventos mais conhecidos. Na verdade, é com respeito a isso que devemos nos lembrar de que não há uma superioridade genérica necessária do modo realista: alguns tipos de convergência promulgam um movimento mais profundo do que as versões mais abrangentes e incidentais de realismo.

Black Parade é forte porque, ao menos em seus primeiros períodos, inclui a turbulência multifacetada, a incoerência e as contradições que os estereótipos mais disponíveis da história excluem. Ele pode ser corretamente contrastado, apenas neste ponto, com *How Green Was My Valley* [Como era verde meu vale] (1939), de Richard Llewellyn, e a comparação indica um dos termos em que o contraste mais geral das formas pode ser descrito. Não é que o modo realista exclua o sentimento ou a retórica. Mas a novela é totalmente organizada por uma figuração única e central, sentimental ou retórica, que é, simultaneamente, a sua coerência simples e particular, a sua força pronta e instantaneamente comunicável e, claro, a qualquer segundo olhar, sua forma de limitação excludente ou de redução. Mas *How Green Was My Valley*, ampla e adequadamente visto como a versão da exportação da experiência industrial do País de Gales, não é o caso mais difícil de se entender. Sua figuração sentimental é de seu período, mas talvez essa não seja a única diferença em relação às figurações retóricas de Alexander Cordell. Pois o que se mantém notável em Cordell é a escala da admissão, claramente dentro desse modo, de uma história tanto ampla quanto intensa: uma história que os escritores mais próximos às suas consequências específicas, com menos condições para parar e ler a história geral de um lugar e de um povo, não ansiavam nem estavam dispostos, ao menos em um primeiro momento, a incluir. Ao mesmo tempo, esse trabalho não pode ser mais do que transicional. Sua figuração retórica, corajosamente anunciada e resolutamente executada em *The Rape of the Fair Country* [A violação do país justo] (1959) e em outros romances com títulos semelhantes, foi talvez compreensivelmente inacessível, a partir de dentro da cultura, em um período de análise atenta da depressão e da militância contemporânea. O desejo por uma perspectiva mais ampla, sempre mais prontamente acessível a um observador fascinado do que aos filhos e filhas da história que teve suas derrotas, seus períodos de calma, seus ritmos locais e fraturas locais em seus ossos, possui agora cada vez mais empenho e peso em uma fase diferente da cultura nacional. É, de qualquer forma, nessa direção que muito da escrita contemporânea está se movendo.

No entanto, no ponto de virada de um período para o outro, e a partir de dentro da cultura, houve uma conquista significativa que, na verdade, permanece isolada, apesar de suas conexões gerais com a estrutura de sentimento subjacente e com os elementos mais particulares até agora descritos serem bastante próximas. *All Things Betray Thee* [Tudo te denuncia] (1949), de Gwyn Thomas, é um feito criativo notável. Seu modo é surpreendente, em retrospecto, tanto em sua distância deliberada das identificações próximas da forma realista, quanto na sua distância efetiva das figurações simples da novela. A obra tem origens históricas evidentes, não muito distantes das crises do século XIX em Merthyr. Mas não se trata apenas de que ela seja deliberadamente distanciada nos nomes dos lugares e no estilo – movendo-se, de fato, em caráter e ação, a uma distância efetivamente lendária. Trata-se também do fato de que, a seu modo, ela é menos representação – a moeda corrente da ficção – do que ensaio e apresentação: uma composição essencialmente regulada pelo ritmo da fala e da música, em uma ação centrada, ao mesmo tempo tradicionalmente e com uma ênfase contemporânea significativa, no harpista. Seu movimento interior é, então, a possibilidade da escrita – cantando, tocando – dessa experiência geral: o primeiro movimento, distante de um envolvimento turbulento; o movimento seguinte, caminhando para as suas fidelidades e compromissos mais profundos e inevitáveis. Há então, subitamente, uma apreensão quanto à pequena mudança literária e ideológica da história; contudo, há também a paixão pela descoberta do que realmente vai além dela e é mais profundamente geral. A estrutura profunda do romance é, de fato, bastante geral: a consciência da luz, da música e da liberdade humana, que está perto o suficiente para ser apanhada, mas aparentemente sempre fora de alcance no mundo áspero de privação e da luta. É para um povo, e não para um observador a parte, que um de seus personagens declara: "Alguns de nós são amaldiçoados com a vontade de fazer afirmações que são ou demasiado grandes ou demasiado profundas para caber na caixa das relações atuais".

"Amaldiçoados"; a ambiguidade profunda de um povo subordinado, de uma classe subordinada, cuja visão é maior não apenas do que aquela do sistema alheio pelo qual eles são dominados, mas maior também do que seria tolerável, quando estamos tão abaixo e ainda vemos tão acima. É um sentimento extraordinariamente difícil de ser mantido. Acompanhemos o movimento nesta passagem:

> Homens como John Simon Adams e eu, nós não somos muito mais do que folhas ao vento, pedaços do sentimento doloroso que agarram as entranhas das massas. Das cabanas, dos casebres, dos bares e dos moinhos de farinha a raiva cresce, e somos então movidos. Não há escolha, sr. Connor, salvo talvez o privilégio de, no último momento, ajustar o tom do grito que pronunciamos.

As vozes são realmente desse tipo: a raiva crescendo dolorosa e fragmentariamente, como a alternativa decisiva para "um silêncio repleto e encharcado". Mas o movimento é tão precário, que a voz, literalmente, hesita na garganta. Um pouco além dessa consciência, há outro tom – o alívio irrelevante, a piada amarga deslocada, a idiossincrasia distrativa ou redutora – que não só mantém a dor à distância, mas, com o tempo, pode estar certo de sua risada certeira, aliviadora e exportável. Não aqui, no entanto. Contra todas as dificuldades – e o peso mostra-se esmagador – as ênfases de uma fidelidade ao mesmo tempo visionária e histórica são alcançadas com precisão. É um romance de vozes e de uma voz, e essa voz não é apenas a história, é a consciência contemporânea da história.

Este é um ponto de transição; e cada elemento da transição é ainda, não precisamos lembrar, muito disputado. O que está acontecendo agora, e em um novo tipo de crise, é um movimento mais amplo do que o da experiência industrial isolada, e se esse movimento ("nacionalismo") é, por vezes, evasivo – pois o corpo da experiência industrial ainda está aqui e ainda é decisivo –, ele é também, em sua melhor forma, o alcance de novas perspectivas e novas formas.

Enquanto isso, é correto olharmos para trás e honrarmos – porque sabemos das dificuldades; na verdade, conhecemo-las muito bem, tendo as herdado de tão perto – essa geração efetiva, essa fraternidade de escritores de ficção; honrarmos adaptando, como pudermos, essas palavras de *All Things Betray Thee*:

> "Nós expomos os fatos", disse Jameson. "Nós os expomos às vezes suavemente, às vezes em voz alta. A próxima vez será suave, pois as nossas melhores vozes terão deixado de falar. O silêncio e a suavidade vão amadurecer. O sangue perdido será refeito. O coro se desvencilhará de seus locais imundos e dolorosos e retornará. O mundo está cheio de vozes, o harpista praticando para o grande hino, mas quase nunca ouvido. Fomos privilegiados. Tivemos os nossos ouvidos repletos com o canto. O silêncio nunca será novamente absoluto para nós."

5

NOTAS SOBRE O MARXISMO NA GRÃ-BRETANHA DESDE 1945

"A esquerda neomarxista que agora domina o Partido Trabalhista", disse um orador na conferência deste ano do Partido Conservador.[1] Ou poderia ter sido "o marxismo quase de esquerda", dada a dificuldade da classe dominante inglesa com a consoante "r". Em outros discursos, nenhuma dessas qualificações ocorreu: "A esquerda marxista" agora "domina o Partido Trabalhista". Tudo se torna impreciso com a circulação desses termos. Que triunfo seria se o principal partido do governo dos últimos quinze anos fosse agora guiado por um sistema de pensamento político que, até 1960, e mesmo após, foi geralmente considerado como não inglês, irrelevante e irremediavelmente fora de moda. Desfazer a retórica que induz a tal fantasia é uma tarefa complexa, mas voltando o olhar para 1945, uma questão pode ser imediatamente colocada. "Marxista", naqueles anos, mudou seu significado – ou, mais rigorosamente, adquiriu significados adicionais. O que teria sido dito em 1945, em um mesmo tipo de discurso, é que o Partido Trabalhista foi dominado, ou

---

1 O ano é 1976, mas a descrição é tão comum que poderia ser qualquer ano mais recente. (N. E. I.)

pelo menos bastante influenciado, por "comunistas e companheiros de viagem". É evidente que ainda ouvimos falar acerca dos "comunistas" ou dos "comunistas e trotskistas" nos sindicatos e alhures. Mas o que é novo no uso desse termo para todos os fins, "marxista", para descrever o quê? Aparentemente para descrever toda a esquerda britânica, desde o *Tribune* e tudo o mais à esquerda. É certamente um problema o fato de que essa utilização coexista com a polêmica dentro da cultura socialista na qual quase todos podem informar a quase todos os outros, com pressa e desprezo, que "essa posição não tem nada em comum com o marxismo", ou que, "comparada ao marxismo, essa posição se revela [...]", e então vem o dilúvio.

Quais são as razões para tal mudança no uso geral? E quando isso ocorreu? Essas são as primeiras perguntas sobre o marxismo na Grã-Bretanha desde 1945. Algumas das razões não são difíceis de descobrir. Até 1956, embora variações menos significativas existissem e fossem conhecidas pelos especialistas, houve uma equação geral simples entre o marxismo e as posições ideológicas do Partido Comunista, que representava um conjunto de partidos comunistas liderados pelo Partido Comunista da União Soviética. De 1957 em diante, houve uma rápida proliferação de outras organizações e grupos que reivindicavam, de formas diversas, a herança significativa da prática revolucionária socialista e da teoria marxista. Era razoável, nessa situação, começar a falar mais genericamente da "esquerda marxista". Então, a partir da década de 1960, houve a divisão ideológica explícita entre a União Soviética e a China, cada uma com o seu Partido Comunista e sua versão competitiva da teoria e prática marxista. Variações estenderam-se de Cuba ao Vietnã; a Iugoslávia foi lembrada. "Marxista" coexistia com "comunista", mas em meados da década de 1970 os movimentos de libertação de Moçambique e de Angola ficaram conhecidos, na descrição geral inglesa, como "guerrilhas marxistas". Se houve um longo caminho percorrido da Frelimo e da MPLA[2] para a esquerda do Partido Trabalhista, o termo geral ainda era usado para abranger uma multidão de pecadores.

Mas há, então, para além dessa história acessível, um problema imediato. Se o marxismo não é apenas uma teoria, mas uma teoria da prática, torna-se muito difícil usar o mesmo termo geral para descrever tais variações evidentes da prática, especialmente na Grã-Bretanha, onde (pelo menos na ilha principal) todos os grupos conhecidos como marxistas tomavam parte em um processo político aberto e legal. Isso pode ser explicado por meio da referência às condições específicas da sociedade britânica e de outras sociedades europeias ocidentais, mas o que se seguiu foi o desaparecimento de qualquer linha divisória nítida entre os marxistas e os outros socialistas. Algumas contorções extraordinárias em torno dos termos "socialista" e "social--democrata", e em torno das classificações (norte-americanas) do "extremista" e do "moderado", foram tentadas com o objetivo de redesenhar essa linha. Mas elas apenas confundiram ainda mais o uso geral do termo "marxista", uma vez que (e isso é notadamente verdadeiro na Grã-Bretanha) os socialistas que não são, não pretendem ser, ou positivamente negam que sejam marxistas são mesmo assim agrupados, por conta de seu ponto de vista "socialista" ou "extremista", na classificação geral de "marxistas".

Um movimento terminológico para a direita

Esse ponto tem relevância imediata para o diagnóstico de que a "esquerda marxista" agora domina, ou influencia de forma

---

2 Frelimo: Frente de Libertação de Moçambique; MPLA: Movimento Popular de Libertação de Angola. (N. T.)

significativa, o Partido Trabalhista. Olhando para 1945, parece-me evidente que há uma continuidade decisiva, ao longo de três décadas, do que pode ser especificamente identificado como a esquerda trabalhista. É fato que isso não é fácil de identificar dentro de qualquer gama mais ampla de posições teóricas, por tratar-se de um amálgama de teorias dentro de uma prática específica, em determinadas condições sociais e históricas. Elementos do marxismo, de fato, são parte do amálgama: a análise geral da sociedade capitalista e a política consequente da posse, pela nacionalização, ao menos do "alto-comando" da economia – as corporações mais influentes, os bancos, as companhias de seguro. Mas há também elementos significativos de outros sistemas: do keynesianismo, na forma generalizada da intervenção pública em uma economia ("mista") ainda predominantemente capitalista; do fabianismo, em uma intervenção pública mais ampla por meio do planejamento em uma indústria ainda basicamente capitalista, para ampliar a produção e manter emprego para todos, como também na política especificamente fabiana de indicação de diretores e especialistas públicos para gerir indústrias e serviços "nacionalizados" (distintos de indústrias e serviços "socializados"); do liberalismo – sobretudo em sua fase de aliança com o Partido Trabalhista – e, novamente, do fabianismo, em sua teoria dos serviços sociais como o "Estado de Bem-Estar"; de um anti-imperialismo liberal – liberdade *política* para os povos colonizados; e de uma crítica não marxista e anticapitalista do capitalismo industrial e do militarismo. Podemos hoje identificar esse amálgama como a esquerda trabalhista, mas um dia pudemos identificá-lo (e ainda podemos, quando ele está na oposição) como o Partido Trabalhista. Em termos estrita mente marxistas, como eu os entendo, trata-se aqui, precisamente, da social-democracia, em seu sentido pós-1917. Mas trata-se também, em termos mais antigos, de uma versão parlamentar do economismo. Pois nada é mais significativo, na formação contínua do Partido Trabalhista, do que a centralidade do Parlamento

NOTAS SOBRE O MARXISMO NA GRÃ-BRETANHA DESDE 1945   321

como o principal – e frequentemente o único – agente para tais mudanças. Aqui, ele pode ser geralmente distinguido das teorias marxistas modernas centrais sobre a natureza da ordem capitalista e do poder estatal. Mas é nomeado, de modo superficial, como marxista. Todo o espectro do vocabulário político moveu-se, então, para a direita. Pois esses social-democratas relativamente ortodoxos e tradicionais distinguem-se dos que, no centro e à direita do Partido Trabalhista, mantêm apenas os elementos do amálgama, sobretudo o fabiano, o keynesiano e a aliança liberal/trabalhista, e que se estabeleceram de forma permanente na "economia mista" (o capitalismo sustentável e tornado mais eficiente pela intervenção estatal) para fomentar programas de bem-estar social financiados com os lucros e com o crescimento e – decisivamente – para promover uma aliança militar contra os movimentos socialistas e de libertação nacional, mas que ainda são chamados, mesmo após tudo isso, de socialistas democráticos. Talvez, em breve, chegará o momento em que eles poderão finalizar formalmente sua evolução real e tornar-se um partido francamente centrista (democrata, radical ou liberal). Isso ao menos abriria alguma distância entre eles e os socialistas parlamentares (social-democratas) da esquerda trabalhista.

Se, então, a partir dessas distinções necessárias, identificarmos a esquerda trabalhista como os verdadeiros social-democratas, poderemos ter limpado o terreno para uma definição mais precisa do marxismo e dos marxistas na Grã-Bretanha desde 1945. Mas há mais uma dificuldade imediata. A maioria dos grupos que se definiriam prontamente como marxistas identificou-se, ao longo desse período, tanto na prática quanto em teorias voltadas ao apoio local, com essa versão da social-democracia. Houve outras ênfases esparsas: no controle da indústria pelos trabalhadores; na democratização dos serviços sociais; na solidariedade com os movimentos de libertação; na retirada das alianças militares; na oposição ao neocolonialismo. Mas todas essas ênfases também são feitas dentro da esquerda trabalhista. Até 1957, a única grande linha divisória prática entre a esquerda trabalhista e a maioria dos marxistas estava nas atitudes para com a União Soviética. Mas enquanto isso ainda se mantém no Partido Comunista, não surte mais efeito em muitos outros grupos marxistas. A maioria dos grupos marxistas, nesse ínterim, apoiam (como dito, criticamente) a eleição e a continuação do monopólio do governo trabalhista. Há razões políticas sérias para todas essas conexões e alianças, mas há o perigo óbvio, novamente, de alocar toda a esquerda na descrição de "marxista" ou, tão sério quanto, de alocar todo (ou quase todo) o marxismo britânico nesse amálgama da teoria e prática de esquerda.

As três vertentes da teoria

Uma forma amplamente utilizada desde o início dos anos 1960 para sair dessa confusão foi uma concentração do foco na teoria marxista. Se a prática política podia ser apenas ocasional e temporariamente distinguida de um espectro muito mais amplo da esquerda, ao menos em posições teóricas um marxismo distinto podia ser mantido. Mas há pelo menos três vertentes dentro dessa opção "teórica", e é importante distingui-las mesmo onde, na prática, elas se sobrepõem ou coexistem dentro das mesmas pessoas e dos mesmos grupos. A primeira vertente da teoria, sobretudo a partir de 1957, mas com exemplos isolados do final dos anos 1940, pode ser chamada de teoria da 'legitimação". Exclusiva ou intimamente ligada a argumentos sobre o caráter da sociedade soviética (e, sobretudo, sobre como esse caráter se refletiu no conflito entre Stálin e Trotski), esse tipo de trabalho teórico levou a distinções de posições teóricas com frequência organizadas em termos da luta inacabada no seio do

NOTAS SOBRE O MARXISMO NA GRÃ-BRETANHA DESDE 1945   323

movimento comunista mundial. Quando as divisões e variações no mundo comunista tornaram-se mais claras, reflexões teóricas e organizacionais de todas as posições importantes – soviética, chinesa, cubana, iugoslava e, por fim, euro-comunista (italiana) – foram adotadas e afirmadas ou discutidas na atividade teórica britânica. O que estava em questão, nesses casos, era a herança legítima de um marxismo autêntico – incluindo a identificação de um legítimo Marx marxista – e, portanto, a esperança de uma tradição revolucionária autêntica.

Em segundo lugar, houve uma inserção ou reinserção decisiva do marxismo dentro de um âmbito de trabalho estritamente acadêmico. Novamente, houve exemplos anteriores, mas na expansão acadêmica da década de 1960 e início da de 1970, houve uma diferença qualitativa, bastante evidente para qualquer pessoa que também houvesse experimentado o mundo acadêmico das décadas de 1940 e de 1950. O trabalho teórico mais substancial ocorreu, de forma significativa, na história inglesa, que ainda possuía uma forte base no trabalho dos historiadores do Partido Comunista. Mas houve também contribuições significativas na economia, na sociologia, na teoria cultural e política, nos estudos literários e, o mais notável, na história e na seriedade acadêmica do pensamento marxista em si. O corpo importante da atividade acadêmica é, aliás, outra razão para a mudança no uso do termo "marxista" como um substituto comum para "comunista". Pois o que foi mais evidente na maior parte desse trabalho teórico foi que ele era uma História, uma economia ou alguma outra "disciplina" academicamente profissional, que possuía também um conjunto de pressupostos teóricos e procedimentos metodológicos específicos. Tratava-se, então, em um sentido cada vez mais honrado e respeitável, do trabalho de acadêmicos marxistas: a questão do "comunismo" ou uma de suas variantes não surgia *necessariamente*.

Em terceiro lugar, porém – em alguns casos, inseparável do trabalho do primeiro ou do segundo tipo, em outros casos claramente distinguível –, houve uma tentativa de construir uma teoria "operante": uma análise teórica da sociedade capitalista tardia; uma análise teórica sobre as especificidades da sociedade capitalista britânica tardia; uma análise teórica das situações e agências resultantes da prática socialista.

É importante distinguir esses três tipos de trabalho – de legitimação, acadêmico e operante – porque as suas proporções variáveis me parecem determinar o caráter do marxismo na Grã-Bretanha em partes diferentes desse período (o período principal da teoria operante foi, por exemplo, 1957-1971, período após o qual estivemos, e talvez ainda estejamos, em um momento predominantemente acadêmico). Cada tipo de trabalho teve de ser feito. Mas enquanto a teoria da legitimação conduz, em sua melhor forma, a orientações mais claras dentro de um processo político inexoravelmente internacional, ela pode conduzir, na pior das hipóteses, a uma série de opções autoalienantes na qual a nossa presença política real é como espectadores, historiadores ou críticos dos conflitos imensos de outras gerações e de outros lugares, com ligações apenas marginais ou retóricas com a política confusa e frustrante de nosso próprio tempo e lugar. Mais uma vez, enquanto a teoria acadêmica, em sua melhor forma, nos dá a base necessária para qualquer teoria operante, ela pode, na pior das hipóteses, ser rapidamente incorporada – o reconhecimento inesperado do intangível tornando-se, de modo quase suave, um convite para ficar onde se está – ao ecletismo fluido hoje característico nas instituições acadêmicas, até que o próprio marxismo torne-se uma "disciplina".

Além disso, através dos conflitos de uma teoria de legitimação, e na amplitude mesma de uma teoria acadêmica (com sua classificação de várias tradições marxistas nítidas e alternativas, e com sua crítica a tradições seletivas específicas), torna-se mais e mais difícil empregar "marxismo" como a definição crucial de alinhamento que, no final da década de 1949, o termo correntemente possuía. Este tornou-se cada vez menos uma adesão

NOTAS SOBRE O MARXISMO NA GRÃ-BRETANHA DESDE 1945   325

a qualquer tipo significativo de teoria operante – uma teoria prática carregando a prática – para anunciar, categoricamente, que uma pessoa é marxista (o que prossegue em polêmica como a noite segue o dia) e outra não é, ou ainda não é, ou pode ainda ser, ou poderia ser caso tentasse. "É ou não é o quê?", qualquer inquiridor sério se vê obrigado a perguntar, ao ver as variações significativas e importantes da teoria marxista operante (deixando de lado as variações ainda mais amplas das teorias de legitimação acadêmicas) no que tange a questões centrais como classe, cultura, o processo democrático, Estado capitalista, forças produtivas, divisão do trabalho, crescimento industrial e organização política.

Não quero dizer que uma afiliação importante à tradição marxista não seria hoje honestamente possível. Pelo contrário, acredito que, na teoria operante, essa afiliação é crucial diante da crise em que acabamos de entrar. Mas do modo como ela é feita, no que podem ser, em muitos dos seus elementos, formas essencialmente desconhecidas da crise econômica e social genuinamente sem precedentes que agora se desenvolve de modo tão rápido, será necessária uma discussão e uma contestação contínuas, algo que só será inviabilizado se o hábito polêmico de medir tudo tendo como referência uma essência pura (e, portanto, muitas vezes indefinida) chamada marxismo for revivido, como se estivéssemos em 1948 ou, nessa questão (com a persistência de hábitos intelectuais de um catolicismo transposto), em 1483. Será de fato necessário movermo-nos além do ecletismo da "Nova Esquerda" de 1957-1963, mas apenas pela identificação das relações sociais alteradas às quais esse movimento misto foi uma resposta e pelo desenvolvimento e conclusão de teorias dessas relações sociais alteradas – ao invés de retornarmos para as ortodoxias que tiveram de ser quebradas (e não apenas ultrapassadas) ou resolvermos, de modo irrelevante, as confusões da experiência política em um formalismo acadêmico harmônico. Será ainda mais necessário, como uma questão de prática direta, superarmos o ecletismo da esquerda trabalhista – que tem sido valente e generoso, bem como limitado e autolimitado –, mas isso, novamente, só será inviabilizado pela hipótese (bastante injustificada pela evidência) de que, como prática e não como crítica ou estudo, já existe algo chamado marxismo que deve simplesmente ser anunciado e aplicado.

Isso pode ser visto, mais especificamente, se olharmos para três questões importantes na Grã-Bretanha durante o período pós-guerra, e que são atualmente identificadas, pelo menos nas polêmicas, como populismo, culturalismo e reformismo.

Populismo

É apenas na crítica formalista ou categórica que podemos falar de "populismo" como uma posição constante. Na história radical, das revoluções burguesas e avançando até muitas partes do movimento operário, e na história socialista, em sua significativa e agora crucial conexão com movimentos de libertação nacional, os pressupostos e estratégias habituais do populismo – a mobilização dos recursos existentes "do povo" contra uma classe dominante nativa ou estrangeira – têm um passado digno. Ao mesmo tempo, vimos no século XX um "populismo" de direita superficialmente análogo, no qual uma versão do "povo" é efetivamente mobilizada em períodos de crise social como uma forma de alterar o caráter da dominação de classe ou de eliminar as soluções socialistas. Se notarmos que tanto os pressupostos quanto a retórica do "populismo" sobreviveram em muito do marxismo moderno, mesmo que a redefinição fundamental das classes tenha sido sua maior e mais distinta contribuição teórica, conscientizamo-nos de dois problemas: primeiro, que muitos movimentos "marxistas", distintos de algumas teorias marxistas,

NOTAS SOBRE O MARXISMO NA GRÃ-BRETANHA DESDE 1945   327

cresceram da herança de movimentos radicais de outros tipos dos quais frequentemente são dependentes; em segundo lugar, que a relação entre "classe" e "nação" ("povo") mostrou-se excepcionalmente complexa, como ainda o é.

Na Grã-Bretanha, desde 1945, uma forma de proposição populista – a categoria "povo" – é muito comum no marxismo. Ela também se tornou comum na retórica política dos partidos eleitorais, incluindo os mais privilegiados e autoritários (a evolução análoga da "democracia" como um artigo necessário às eleições é pertinente). Pensando agora apenas no marxismo, lembro-me de minha iniciação, em 1939, nos estudos literários, em tópicos e títulos como "O romance e os povos", "A poesia e o povo", "O teatro e o povo". Eu tive uma simpatia inicial por eles; a minha própria classe e, nesse tópico, meu povo tinham pouca representatividade no mundo cultural ortodoxo que me foi oferecido. Nesse sentido, e no trabalho realizado dentro do marxismo inglês, com abundância e autoridade notáveis a partir de 1955, o impulso que hoje alguns descrevem como "populismo" é vigoroso e indispensável. Eu ainda prefiro as formações populares produtivas da esquerda da década de 1930 e seus sucessores hoje nas editoras e no teatro popular e comunitário ao ambiente crítico mais amplo de um tipo de marxismo posterior.

Ao mesmo tempo, lembro-me de ter lido um artigo no *Modern Quarterly*, no outono de 1951 (o artigo encontrava-se na mesma edição da continuação da discussão de Caudwell, o que mostra muitos dos limites do argumento cultural marxista pré--1956 – afirmações pouco embasadas do "não marxista" etc. –, mas mostra também uma divergência de posições fundamentais que em geral não era, em retrospecto, reconhecida). A data é significativa, pois foi um momento de virada em todo o período pós-guerra, quando o governo trabalhista foi derrotado (embora com a mais alta votação eleitoral de sua história) e os contornos de um capitalismo pós-guerra bem-sucedido – a sociedade de crédito e de consumo – estavam começando a se formar. Li com

uma incredulidade excessiva uma das proposições então correntes do que eu e todos os outros conhecíamos como o marxismo
inglês. O artigo era sobre o Festival da Grã-Bretanha:

> A maioria dos artistas expositores está perdida, lamentavelmente fora
> do alcance e atrás do povo de 1951. As pessoas cresceram em estatura,
> suas aspirações estão mais próximas de sua realização. Até que os artistas
> mudem de direção com toda a sua visão e capacidade, a fonte da qual
> seus trabalhos deveriam fluir estará morta e seca, e sua situação ainda se
> agravará. O povo vê isso. O único lugar de onde o artista extrairá vida e
> força pertence ao povo e à sua luta.

"O povo vê isso." Mas talvez não seja assim. Como uma
pessoa do povo, eu não vi isso na época, mas eu trouxe algumas
outras impressões comigo: a força nova e poderosa do estilo
das relações públicas e da publicidade do Festival; o futurismo
brilhante contra a dificuldade, o racionamento e a partilha da
guerra mundial; e então as opções, sob pressão, de tantas pessoas reais; a probabilidade imanente da elegante sociedade de
consumo que seria a nova forma de capitalismo. De lá para cá,
nunca fui um populista, no sentido daquela retórica residual.
Mas por ter visto o processo como opções sob pressão, e por saber
de onde as pressões vinham, eu não podia me mover para a outra
posição disponível: o desprezo pelo povo, pelo seu estado irremediavelmente corrompido, pela sua vulgaridade e credulidade em
comparação com a minoria instruída, que foi a marca da crítica
cultural de um tipo não marxista e que parece ter sobrevivido
intacta, através das alterações apropriadas em seu vocabulário,
em um marxismo da moda que faz de todo o povo, incluindo
toda a classe operária, um mero transportador das estruturas de
uma ideologia corrupta.

Entre 1955 e 1959, com a maioria dos ingleses (embora
não a Escócia ou o País de Gales) optando bastante claramente
na política pelo capitalismo de consumo, era difícil resistir,

mas ainda não era verdade que os recursos existentes do povo estavam tão esgotados ou corrompidos que não havia outra opção senão retirar-se para uma minoria residual ou para uma vanguarda futurista. Esse foi o caso (como a Nova Esquerda inicial tão bem enfatizou) de um povo transformando-se e sendo transformado, mas sempre de modo diferenciado: a geografia e a sociologia política, mas ainda mais a cultura política da Grã--Bretanha, precisavam de tipos bastante novos de exploração. Ainda havia recursos existentes, e recursos poderosos. Havia novas forças observáveis que, tomando o capitalismo do consumo de crédito ao pé da letra, fizeram exigências que acabam por lançá-lo em uma crise prolongada. Havia novos recursos em uma geração mais saudável e mais instruída. Havia também continuidades, algumas delas cruciais. Quando, em 1973, os mineiros do sul do País de Gales levaram um cartaz dizendo: "Desta vez vamos vencer", poucas pessoas de fora sabiam ser esta uma referência a 1926.

O que é então o populismo? Ficar com os recursos existentes; aprender e talvez ensinar novas habilidades; viver as contradições e as opções sob pressão para que, em vez da denúncia ou do descarte, haja a oportunidade de compreendê-las e direcioná-las para o outro lado: se essas coisas foram um populismo, então foi bom que a esquerda britânica, incluindo a maioria dos marxistas, tenha permanecido com ele. Por outro lado, continuar a insistir que "o povo" era simplesmente traído ou manipulado, dessa forma ignorando as oportunidades que estavam sendo vividas nas suas fibras, esse foi um tipo de populismo, e suponho que ele alcançará o seu beco sem saída irônico quando, com a cultura e a experiência substituídas por uma teoria da ideologia, um novo povo hipotético surgir de um só golpe, ou de uma ruptura.

Uma nota mais dura sobre o uso corrente do "populismo" como um termo de abuso por partes de esquerda. Lembro-me de uma experiência extraordinária durante a Guerra Fria, quando a instituição em que eu trabalhava foi dividida quase igualmente entre os membros do Partido Comunista (marxistas, diríamos hoje) e os membros do Partido Trabalhista. Por razões internas, o relacionamento tornou-se muito amargo, e houve tanto intriga quanto caça às bruxas. Esse foi um fenômeno curioso (do qual me lembro não como biografia, mas como uma ilustração necessária de algumas correntes cruzadas notavelmente persistentes na esquerda britânica) que, em seus piores momentos, eu era a única pessoa a quem ambos os lados se dirigiam: os comunistas, porque eu compartilhava as suas perspectivas intelectuais e a maioria de suas posições políticas; os não comunistas – mas há o atrito –, porque eu, como quase todos eles, era de uma família da classe trabalhadora e tinha os mesmos gostos em comida, bebida e diversão, enquanto a maioria dos comunistas (marxistas) eram meninos de escola pública[3] a quem muito do nosso comportamento casual parecia vulgar. Não me filiei a nenhum dos lados, mas lembro-me da experiência, e lembro-me dela especialmente quando toda a geração posterior, vinda não importa de onde, começou a utilizar qualquer uma dessas formas retóricas contraditórias: seja "esses intelectuais comunistas (marxistas) sangrentos", seja, por outro lado, o diagnóstico mais abstrato de vulgaridade, do corporativismo, do trabalhismo ou do populismo. O que está em questão, por toda a extensão do problema, é uma crise de relacionamentos dentro de uma crise de mudança. Certamente, a hipótese do "povo" e, indo além, depois de tantas mudanças, da "classe trabalhadora", terão de ser reformuladas detalhadamente; já estão, em parte, sendo reformuladas. Projeções simples dos interesses comuns "do povo" ou "de um povo" têm decisivamente ruído: na retórica vã da "Grã-Bretanha" durante o governo de Wilson; no fracasso dos plebiscitos escocês e galês; e no nacionalismo econômico do Partido Trabalhista que, paradoxalmente, para ganhar

---

3 As escolas públicas britânicas da época não eram voltadas para um público amplo, mas para a aristocracia e a burguesia afluente. (N. T.)

seriedade, tem de provocar um conflito de classe imediato dentro da retórica nacional. Mas é, com frequência, igualmente retórica a substituição do "povo" pela "classe", a não ser que todo o peso da mudança no processo trabalhista, na educação e na mudança de caráter da empregabilidade capitalista (cada vez mais paranacional) seja acompanhado até a sua fragmentação, seu particularismo e sua confusão evidentes, o que é o propósito específico que uma definição e organização adequada de "classe" deve solucionar.

Culturalismo

É hoje amplamente aceito que o que era conhecido, no início desse período, como uma teoria da cultura marxista (que, aliás, para aqueles de nós que então trabalhavam com ela, chegou não apenas por Engels e Plekhanov, ou Fox, Caudwell e West, mas também por Jdanov) necessita de uma revisão radical. No geral, a revisão aconteceu com resultados obviamente ainda controversos no marxismo de muitas tradições nacionais distintas. Na Grã-Bretanha, minha própria atividade está centralmente envolvida nisso, e por essa razão eu tenho de oferecer tanto um argumento geral quanto um pessoal.

Levei trinta anos, em um processo bastante complexo, para deslocar-me daquela teoria marxista herdada (que, em sua forma mais geral, comecei aceitando), passando por várias formas de transição da teoria e da investigação, para a posição que defendo agora e que defino como "materialismo cultural". As ênfases da transição – na produção (e não apenas na reprodução) de significados e valores por formações sociais específicas; no primado da linguagem e da comunicação como forças sociais formativas; e na interação complexa tanto das instituições e formas quanto das relações sociais e convenções formais – podem ser definidas, se quisermos, como "culturalismo", e até mesmo a dicotomia (positivista) antiga e crua idealismo/materialismo pode ser aplicada se ajudar a alguém. O que eu gostaria agora de afirmar ter alcançado, mas necessariamente por essa via, é uma teoria da cultura como um processo (social e material) produtivo e de práticas específicas, e das "artes" como usos sociais dos meios materiais de produção (desde a linguagem como "consciência prática" material até as tecnologias específicas da escrita e das formas de escrita, por meio de sistemas mecânicos e eletrônicos de comunicação). Eu posso mencionar apenas isso aqui; o tema é tratado mais detalhadamente nos livros *Marxismo e literatura* e *Cultura*. O que é importante enfatizar no momento é que o que se tornou, quando desenvolvido, uma teoria materialista (mas não positivista) da linguagem, da comunicação e da consciência foi atribuído, ao longo do caminho, ao "idealismo" apenas porque, no marxismo teórico herdado, essas atividades eram *conhecidas* como superestruturais e dependentes – de modo que qualquer ênfase na sua primazia específica (dentro da totalidade complexa de outras formas primárias do processo material social, incluindo as formas abstraídas como "trabalho" ou "produção") era entendida *a priori* como "idealista".

Por outro lado, é certamente verdade, e por uma razão significativa, que as relações entre essa definição do processo cultural e o processo político e social mais geral foram, e ainda são, insuficientemente exploradas na teoria, embora tenham sido investigadas empiricamente com frequência. Uma confusão específica, em ambos os lados do argumento, refere-se à questão da "luta": o que tem sido chamado de a substituição de uma teoria "do conflito" por uma teoria "extensiva". Eu pensava ter indicado a minha posição de maneira suficientemente clara ao denominar o processo de uma longa *revolução*. Talvez o problema tenha sido que o processo seria de fato longo (como a década de 1970 amargamente nos lembra), e que era muito mais fácil ir a

NOTAS SOBRE O MARXISMO NA GRÃ-BRETANHA DESDE 1945

uma palestra ou reunião e dizer que ele deveria ser curto. Mas eu ainda encontro extensão, transferência e desenvolvimento lento ao menos com a mesma frequência com que encontro o processo de transição e de transformação e, muitas vezes, com que encontro o conflito explícito e a luta. Ainda insisto no fato de que isso não é uma loja de opções teóricas, mas é, ou pode tornar-se, uma teoria das variações históricas do processo cultural, que então se conecta necessariamente (tem que estar conectado) a uma teoria social, histórica e política mais geral.

O tópico que mais me interessa agora, olhando para o marxismo na Grã-Bretanha desde 1945, é que, embora eu estivesse bem ciente da minha luta com o que era a teoria da cultura marxista de então, eu cometi o erro de supor que, em outras áreas da teoria e, portanto, em outras partes do processo social, o marxismo *já possuía* princípios, procedimentos e posições adequados e que, ao menos em alguns casos, eu poderia tomá-los como certos. Durante toda a década de 1940 e início da de 1950, eu costumava visitar amigos marxistas economistas ou cientistas políticos para que eles me dissessem e explicassem o que estava acontecendo. Foi apenas no final dos anos 1950, quando percebi que não poderia tomar esses princípios, procedimentos e posições como certos, e que havia outras explicações socialistas disponíveis, que comecei a perceber que o que era necessário era uma revisão teórica muito mais geral.

Uma parte dessa descoberta foi canalizada para o esforço colaborativo do *May Day Manifesto* [Manifesto de Primeiro de Maio], que se iniciou com um grupo formado predominantemente por socialistas marxistas que pensavam poder unir suas análises variadas – econômicas, políticas, internacionais, culturais e assim por diante – e apresentar, ainda que brevemente, uma posição geral. O que percebemos, e ainda perceberíamos, é que as análises não apenas se somavam; na política (e mais precisamente na organização política) mais obviamente. Mas, ao final do trabalho, e da prática política complexa que o sucedeu, ficou-me claro que havia um risco de que minhas considerações sobre o processo cultural fossem tomadas (inclusive por mim) como uma teoria social geral ou como uma opção prática geral. É verdade que ela possuía alguns alicerces práticos e, de fato, alguns efeitos práticos limitados. Mas era tão óbvio que não se tratava de uma teoria geral quanto o outro fato, ainda relevante para a continuação de um trabalho colaborativo, de que nada seria ganho por um simples anúncio do que era marxismo ou, ainda mais uma vez, que me dissessem e explicassem (mas, agora, uma outra geração) não o que estava acontecendo (esse estilo havia caído), mas quais outros conceitos poderiam ser tomados e inseridos para que a coisa toda fosse alinhada. Não é assim agora, como não era então, a maneira como a teoria ganha forma.

Pois a teoria da cultura não foi retrabalhada como uma crítica dentro de uma tradição teórica, mas como resposta a mudanças radicais nas relações sociais de processos culturais dentro da sociedade britânica e de outras sociedades a ela comparáveis. A incapacidade de compreender essas relações em mutação estava evidente na distância entre, por um lado, as teorias marxistas e outras teorias da "comunicação de massa" e, por outro, as teorias marxistas e outras teorias da "expressão imaginativa" e da "arte". A solução rápida, em uma variante moderna poderosa do marxismo, é a de unificar essas teorias em uma teoria da ideologia; mas a única coisa correta sobre isso é a constatação de que as "áreas" teoricamente separadas têm de ser trazidas a um único discurso. O principal erro dessa solução é que ela coloca a ideologia (uma consciência prática geral, coerente e monopolizadora, com suas funções operacionais em instituições, códigos e textos) no lugar das relações sociais complexas dentro das quais um conjunto significativo de atividades (incluindo alternativas e oposicionais), em um conjunto significativo de situações (incluindo as dominantes, as subordinadas e as contestadoras), estava sendo simultaneamente expresso, produzido e alterado, na prática, de modo tanto contraditório quanto coerente e diretivo. Essas relações sociais não poderiam ser vistas como uma superestrutura, ou como simples manipulação ideológica, em um período em que o processo envolvia uma escala bastante grande de produção primária na publicação e na radioteledifusão, e no qual o que era visto como um mercado pelas instituições capitalistas muitas vezes contradizia o que era visto pelos ideólogos burgueses como uma cultura. Além disso, era impossível, olhando para as novas formas de radioteledifusão (sobretudo a televisão) e para as mudanças formais na publicidade e na imprensa, ver as questões culturais como passíveis de serem separadas das questões políticas e econômicas, ou postular uma relação de segunda ordem ou de dependência entre elas.

Na luta necessária para estabelecer a unidade qualitativa do processo sociocultural moderno e para especificá-lo como um movimento por meio do qual os processos políticos e econômicos podem e devem ser vistos, era sempre possível que alguém fosse interpretado como dizendo – ou de fato dissesse, no esforço por estabelecer uma ênfase – que um processo poderia ser substituído por outros, quando o que realmente estava em questão era a ênfase em uma nova perspectiva. Muito da controvérsia legítima opunha-se à crítica conservadora de "civilização de massa", ao determinismo tecnológico de McLuhan e de alguns marxistas (produção mecânica = sociedade de massa = comunicação de massa) e, mais tarde, ao formalismo. Nada disso, como uma controvérsia, está encerrado, mas como uma observação sobre o desenvolvimento do marxismo na Grã-Bretanha, que nesse campo não é uma ilha no mar, mas um de seus principais colaboradores, podemos sugerir que as conexões práticas entre esse tipo de teoria da cultura e a contribuição de Gramsci sobre a hegemonia e o hegemônico são significativas não apenas como uma fase teórica, mas porque desenvolveram-se, na luta, a partir dessas preocupações e fontes diversas. O que o "marxismo" é, em qualquer momento, parece dependente, enfim, menos da história das ideias, que ainda é, entre a maioria dos marxistas, a sua forma habitual de definição, do que do desenvolvimento complexo do ser social e da consciência reais.

O reformismo

O que é normalmente chamado de "reformismo" é uma questão crucial para o marxismo ocidental desde 1945, e especificamente de 1948 a 1956. O desenvolvimento teórico e prático da maioria dos partidos comunistas ocidentais tem sido descrito, nesse período, como "o novo reformismo", e é bom lembrar, quando escrevemos sobre as diferenças entre o "marxismo" e o "reformismo", que os principais movimentos políticos que reivindicam autoridade marxista em sociedades como a nossa não possuem, em sua fase atual, uma diferença qualitativa do que é frequentemente chamado, *a priori*, em uma retórica de ódio contra si próprio, de "o reformismo sufocante" da esquerda britânica.

Há, evidentemente, dois tipos de teoria reformista. O primeiro, que não é sequer exclusivo da esquerda, propõe que mudanças radicais nas instituições e relações sociais – o exemplo mais simples é o crescimento da "igualdade" – podem ser realizadas sem transformar ou mesmo, em algumas versões, sem perturbar a ordem social existente. O segundo tipo, que se encontra agora na fronteira entre os partidos social-democratas e a maioria dos partidos comunistas, em sociedades capitalistas altamente desenvolvidas, nega na teoria que as reformas significativas e centrais podem ser realizadas sem transformar a ordem social, mas afirma na prática que as lutas por reformas específicas são o meio mais acessível de mobilização política, e que elas não só valem a pena em si, mas são etapas necessárias – com frequência as únicas acessíveis de imediato – para a transformação da ordem dominante.

Na Grã-Bretanha, há uma grande complexidade nas relações entre essas teorias e as estratégias. A esquerda trabalhista, por exemplo, e por muito tempo o Partido Comunista, embora tenham em geral aderido à teoria da luta pela reforma em uma perspectiva de transformação (o termo que comumente substitui revolução), muitas vezes, na prática, com efeitos sobre a teoria, entendem as reformas como fins em si mesmos e como suficientemente interessantes para tornar necessários compromissos não apenas temporários mas persistentes, com formações políticas cuja estratégia, explicitamente, seja a reforma como uma condição de sustentar o capitalismo ou torná-lo mais eficiente. A colaboração contínua da esquerda trabalhista com os governos trabalhistas que, cada vez mais abertamente, tornam-se agências de promoção da transformação capitalista ("modernização") é um exemplo notável. O "compromisso histórico" que parecia um novo desenvolvimento no comunismo italiano é uma característica consciente da esquerda trabalhista desde 1945 e, especialmente, desde 1963 – e, claro, possui raízes muito mais antigas.

Duas coisas devem então ser ditas. Primeiro, que uma formação política da classe trabalhadora que não responda e represente os interesses perceptíveis da classe operária, muitas vezes interesses a curto prazo, torna-se impotente, exceto no argumento teórico ou em uma forma de exílio interno. Em segundo lugar, que em condições de democracia eleitoral, a criação de alianças e coalizões parece ser, de forma massiva, a condição dessa resposta e representação. É nesses termos que é conduzida a maioria das lutas políticas desde 1945, e não é suficiente denunciá-las teoricamente; é necessário descobrir alternativas realistas.

Uma alternativa teórica parece estar prontamente disponível na tradição teórica marxista e na prática de outras sociedades bastante diversas. Mas qualquer investigação teórica significativa deve se iniciar a partir de uma análise mais precisa do reformismo, e não de sua rejeição retórica. Assim, poderemos ver a contradição, dentro da esquerda trabalhista e seus aliados, entre a reforma como resposta, que é necessariamente um processo de mobilização e organização popular, e a reforma como representação, na qual a formação política, em aliança e coligação com outras formações, luta pelo seu percentual dentro do sistema. Esse caso é muito evidente nos programas de nacionalização, em que o procedimento fabiano do conselho público defende, na melhor das hipóteses, uma reforma "representativa" e, na pior, uma nova forma de incorporação. O movimento do controle pelos trabalhadores, distinto da "participação dos trabalhadores", tem sido a resposta mais significativa tanto dentro das tradições social-democratas quanto marxistas para o que é, em outros termos, um reformismo claramente estéril (por ser, desde o início, subordinado e parcial).

Mas suponha que coloquemos o problema de outra maneira. Suponha que digamos, com sinceridade, que estamos interessados apenas na política de resposta, ou melhor, no estímulo da política de resposta. Temos ainda de fazer uma distinção teórica crucial. Há uma estratégia de mobilização da necessidade e da demanda em organizações existentes e, onde necessário, em novas organizações, até o ponto em que uma luta se conecte ou implique na outra, e onde há então um processo em que o sistema central é colocado sob tensões que podem levar à sua transformação, uma vez que as demandas convergentes não podem ser satisfeitas por uma exigência menor. Há também uma estratégia superficialmente muito parecida com essa, na qual o sistema é colocado sob tensões que levam à sua crise aberta e possível superação, mas na qual não há uma estratégia coerente de convergência das demandas na organização real das forças sociais (como distintas das forças assumidas na teoria). Como tenho argumentado, a estratégia anterior é aglutinada como "reformista" a outras tendências reformistas não socialistas e "representativas" bastante diversas, enquanto a outra estratégia é proclamada como "revolucionária".

NOTAS SOBRE O MARXISMO NA GRÃ-BRETANHA DESDE 1945   339

Naturalmente, a última estratégia, pelo menos teoricamente, inclui a organização de forças sociais de um tipo adequado para vencer as batalhas ferozes e confusas que se seguiriam a qualquer movimento relacionado à quebra do sistema existente. Nesse tópico, ela se diferencia da proposição formalista de ruptura sistemática, na qual a ruptura de uma estrutura liberaria os elementos de uma nova estrutura. Esse tipo de "revolução" pode ser feito com diagramas, mas em nenhum outro lugar. O que está em questão na prática – e com particular urgência nos anos que estamos vivendo agora – é a contrapartida política desse mesmo formalismo, com seus precedentes figurativos nas sociedades em que as defesas *políticas e sociais* do sistema eram muito mais fracas, e com a sua consequente confiança na simples ruptura como a crise do capitalismo que torna possível a transição socialista. Ninguém gostaria de negar essa possibilidade, mas em todas as condições estritamente comparáveis, o resultado é, mais frequentemente, o fascismo (na Itália e na Alemanha antes da guerra) ou, o inimigo mais imediato e provável, o autoritarismo constitucional (em geral populista), de um tipo agora latente ou real em várias sociedades europeias ocidentais, incluindo, no tatcherismo, a nossa própria. Há hoje um perigo real, em um tipo de oportunismo teórico que conduz ao oportunismo político, econômico e submilitar ("terrorista"), na utilização de uma retórica contra o "reformismo" até o ponto em que setores militantes isolados travem batalhas que precipitem uma alternativa totalizante contra eles.

Eu escrevo, é claro, do ponto de vista da minha própria geração, mas já vi de perto e na prática a capacidade repressiva e o grau de pronta violência quando é chegado o ponto em que um sistema é colocado em perigo. São forças bastante diversas das práticas mediadas da "tolerância repressiva". Elas podem certamente ser derrotadas, geralmente com um grande custo, mas somente por formas de mobilização nas quais forças sociais reais e potenciais estejam profunda e persistentemente organizadas.

Adotar uma posição teórica em que, por exemplo, os sindicatos são vistos como meramente reformistas, e a esquerda política detectável é descartada como incuravelmente reformista é adentrar um tipo muito perigoso de exílio interno. Posso concordar com os que dizem que todas essas formações não terão outra escolha senão alterar as suas perspectivas consensuais profundamente enraizadas pelo aprendizado ou aceitar a derrota completa. Com efeito, nesses anos em que vivemos, essa situação foi alcançada. Em formas locais excepcionalmente confusas e contraditórias, mas com certas escolhas bastante simples por detrás delas, a organização da necessidade e da demanda – quase toda ela reformista ou mesmo incorporada – lançou o sistema em uma crise prolongada, impedindo a continuação das perspectivas de 1948-1973. Eu rompi definitivamente com um tipo de reformismo – um reformismo forte e ativo na maioria do movimento trabalhista britânico – em 1966, quando a condição há muito esperada de uma ampla maioria parlamentar trabalhista, com cinco anos de governo em tempos pacíficos pela frente, foi finalmente alcançada e se transformou rapidamente no contrário do que se esperava: não a social-democracia, ou o reformismo, mas uma agência real e necessária da mutação do capitalismo pela incorporação representativa da classe trabalhadora. Isso ficou muito mais evidente e aberto nesse novo período desde 1973, mas em condições nas quais o preço da incorporação plena (a versão capitalista do reformismo) é demasiadamente elevado para o sistema pagar, e nas quais qualquer nova incorporação deve incluir a substância da derrota real de setores basilares da classe trabalhadora no desemprego em massa prolongado e na restauração das prerrogativas absolutas do capital. O desenvolvimento de um governo trabalhista, a partir de 1976, que identificou os sindicatos como os principais obstáculos para a regeneração nacional capitalista e que insistiu que a classe trabalhadora deveria pagar os custos primários de uma crise especificamente capitalista prenunciou, claramente, a emergência de um determinado governo de direita que não necessita voltar os olhos para a antiga social-democracia e que pode lidar diretamente, e para muitos de forma desconcertante, com o que é hoje abertamente nomeado como seus inimigos. À medida que a direita quebra o consenso, a crise do reformismo se torna inescapável.

Conclusão

Então, a disposição para uma revisão das opções teóricas e aquele sentido de um espaço no qual, encorajados por eventos em outros locais, nós da esquerda poderíamos estar mais preocupados com nossos erros, foram dramática e, poderíamos dizer, subitamente alterados. Há mesmo o perigo de que o que de fato aprendemos sobre a natureza e os limites de alguns tipos de populismo, de culturalismo e de reformismo, ao lado da natureza e dos limites de alguns tipos de teoria e retórica "revolucionários", seja varrido nesse novo sentido de perigo, como se o que tivéssemos de fazer, em primeiro lugar, fosse reconstituir, sem alterar, as alternativas anteriores e mais confiáveis – porque, em alguns casos, aparentemente mais efetivas. Mas isso seria apenas uma guinada da confiança abstrata exagerada em vários tipos de investigação teórica para uma desconsideração igualmente abstrata da teoria na urgência (de fato dispersa) das lutas imediatas. Mas isso vale ainda mais para as teorias da social-democracia ortodoxa e seus aliados liberais, que floresceram precisamente no espaço que uma economia capitalista em expansão abriu para eles. De fato, o que aconteceu, negativamente, foi uma abertura prática para a relevância de uma análise nitidamente marxista, à medida que o consenso e seus hábitos intelectuais começam não apenas a ruir, mas a serem ativamente demolidos.

Contudo, isso é tão negativo apenas porque o problema, por ao menos vinte anos, é o da conexão entre essa análise e a prática política efetiva. Embora essas análises possa parecer ter ocorrido em anos de expansão intelectual, nenhum marxista pode hoje, com alguma razão, defender que as várias teorias específicas convergem, mesmo teoricamente, em uma teoria e prática operante. Então, apenas porque haverão movimentos poderosos para recuperar o terreno antigo, movimentos nos quais batalhas podem não exatamente ser vencidas, mas também não serão decisivamente perdidas, há uma necessidade urgente de darmos um passo além do que é amplamente discutido mas que, em um plano operante, foi tão aprendido de maneira tão parcial.

Minha observação final deve então ser uma boa acolhida para tendências atuais observáveis, embora ainda pequenas, que buscam mover-se além do espírito ruidoso e agressivamente excludente e prejudicial do final da década de 1960 e de grande parte da de 1970, para um reexame e construção prática mais abertos e, de fato, mais rigorosos. Pois o marxismo, como história e análise das ideias e das forças e movimentos sociais através das ideias – um dos desenvolvimentos mais significativos do período desde 1945 e, sobretudo, desde 1960 – deve agora ser testado de modos totalmente novos como uma organização imediata, possível e sustentável.

ALÉM DO SOCIALISMO REALMENTE EXISTENTE

"O comunismo não é apenas necessário, também é possível." Essas palavras silenciosas carregam uma ironia histórica significativa. Pois o que deve agora ser provado, diante de um público informado e cético, é essa possibilidade. Não apenas na estimativa das chances estratégicas ou das táticas, que nesses anos perigosos carregam tanto o medo quanto a esperança. A prova é realmente importante em um outro plano, no qual a intenção e a consequência, o desejo e a necessidade, a possibilidade e a prática já interagiram de forma sangrenta. Assim, não estamos mais em uma posição para mencionar grandes nomes ou anunciar leis necessárias e esperar sermos levados a sério. As informações e o ceticismo já estão muito bem alojados na parte posterior de nossas próprias mentes. A estratégia e a tática ainda podem ser jogadas na parte frontal, mas o campo menos conhecido em qualquer um de seus movimentos é novamente o da possibilidade. A condição de seu deslocamento para além dos parâmetros de um jogo desesperado é a possibilidade em seu sentido mais difícil: a questão não é se uma nova ordem humana poderia, em luta, ganhar seu terreno, mas se, como condição para essa luta, e como condição fundamental para o seu sucesso, muitos de nós podemos presumivelmente acreditar que uma nova ordem humana é de fato possível.

Isso foi, afinal, amplamente aceito antes. Isso foi, não obstante, amplamente aceito. Podemos escolher qualquer uma dessas formas para colocar o problema, sem muito efeito. As tensões do passado e de um presente implícito nos conduzem apenas a condições e dificuldades conhecidas. Contudo, com respeito a muitas das tensões futuras, temos agora, na melhor das hipóteses, um ceticismo familiar e, na pior delas, uma desesperança convencional. A possibilidade considerada seriamente é diferente. Não é o que, com sorte, poderia acontecer. É o que acreditamos o bastante para desejarmos e então, por uma vontade ativa, tornarmos possível. Sobretudo para os socialistas, após derrotas e fracassos, tanto durante quanto após certas desilusões profundas, não se trata de recuperação ou retorno, mas de uma possibilidade direta e prática. Obviamente, não falo do prático ou possível dentro dos termos redutivos da ordem existente – a possibilidade como uma resignação aos limites. Falo da possibilidade como uma outra ordem que devemos provar não mais a partir de simples pressupostos, ou de negações e descontentamentos conhecidos, mas de nossa própria responsabilidade em um mundo real.

A alternativa de Bahro no Leste Europeu

Aquelas palavras silenciosas aparecem no final do importante livro de Rudolf Bahro, *The Alternative in Eastern Europe* [A alternativa no Leste Europeu].[1] O efeito pleno dessas palavras depende de sua posição, pois o que é mais notável na obra de Bahro é que,

---

1 Bahro, *The Alternative in Eastern Europe*, p.453.

enquanto a primeira parte de seu livro cobre um terreno familiar, em uma análise de um "caminho não capitalista para uma sociedade industrial", e a segunda trata de um importante campo com sua "anatomia das sociedades socialistas realmente existentes", a sua terceira parte, com mais de duzentas páginas, começa com a insistência de que "o pensamento utópico possui hoje uma nova necessidade". Contudo, o texto prossegue com algo muito diferente do utopismo, apresentando um esquema relativamente detalhado de uma sociedade comunista prática e possível.

Esse é um momento bastante significativo no pensamento socialista. Podemos recorrer à ironia de que, em uma sociedade nominalmente socialista ou comunista, seu autor foi preso de imediato. Essa é uma ironia que não é compatível com o sucesso do livro no Ocidente, no espírito da ideia romântica que Brecht identificou com o *Discorsi* de Galileu atravessando a fronteira em uma diligência fechada. O fato é que, tanto na Europa Oriental quanto na Ocidental, obviamente sob condições locais diversas, o desafio de Bahro acaba por encontrar e se comprometer imediatamente – pois esse é seu único objetivo – com os hábitos fixos institucionais e ideológicos do "socialismo realmente existente". Bahro escolheu essa expressão estranha, depois de muita hesitação, para descrever as sociedades não capitalistas da Europa Oriental. Mas ela tem de ser também aplicada, novamente observando nossas condições diversas, às instituições, ideologias e programas da maior parte do socialismo da Europa Ocidental, incluindo os seus Partidos Comunistas. O fato de que os nossos camaradas na Europa Oriental não estão, como nós, enfrentando uma ordem capitalista entrincheirada e ainda poderosa, faz uma diferença considerável. Isso significa que eles já podem olhar para um caminho diferente. Contudo, na prática, como nós, podem apenas olhar. Qualquer geração real de possibilidades efetivas enfrenta muitos obstáculos, embora diversos, em ambos os lados da linha. Mas então, ao mesmo tempo, é verdade que o movimento efetivo em qualquer lugar auxiliará qualquer outra luta.

Essa comunidade com propósito possível, que vai em direção ao que certamente será um esforço longo, difícil e irregular, é o efeito mais animador do trabalho de Bahro. Já é significativo que ele nos permita ir além da solidariedade defensiva e restrita com o que foi definido, na Europa Oriental, como dissidência; que nos permita ir além disso, aliás, distanciando-nos, em uma solidariedade mais específica, do anticomunismo que pode tão facilmente explorar posições mais limitadas. Em certo sentido, o trabalho de Bahro associa-se com o que já foi, por uma geração, uma dissidência marginal dentro do socialismo ocidental, mas o fato de ter sido escrito de dentro de uma sociedade não capitalista, com uma experiência próxima do dia a dia do seu funcionamento real e, além disso, a partir de um apego profundo ao marxismo e ao comunismo, faz uma diferença crucial. O que é evitado, acima de tudo, é qualquer continuação complacente das perspectivas da maioria do socialismo ocidental, que ainda, em uma gama que se estende dos social-democratas aos comunistas, partilha, com os países da Europa Oriental, certas definições da natureza de uma ordem econômica socialista, adicionando apenas, mas muitas vezes retoricamente, que além delas deverão ser substancialmente acrescentadas mais liberdades civis e políticas.

Pois essa é a profundidade do desafio e da chamada à possibilidade:

A humanidade deve não apenas transformar suas relações de produção, mas também deve, fundamentalmente, transformar o caráter global de seu modo de produção, ou seja, suas *forças produtivas* [...] ela deve considerar sua perspectiva como não vinculada a qualquer forma de desenvolvimento e satisfação das necessidades historicamente herdadas, ou ao mundo dos produtos projetados para servi-la.[2]

---

2 Ibid., p.261-2.

Assim, uma perspectiva comunista de uma emancipação geral tem de ser claramente distinguida das perspectivas do Leste e do Oeste que, em sua ênfase primária na "organização da produção", sob a forma especial de crescimento dos tipos de produção existentes, e na sua ênfase seguinte nas relações sociais e no bem-estar social como dependentes do estágio então alcançado pela produção, fizeram e estão fazendo do socialismo um aspirante a uma forma superior do capitalismo. Contra isso, Bahro coloca uma ênfase comunista: "Não um crescimento na produção, mas uma revolução cultural – como a forma atual de emancipação econômica – é o meio para, finalmente, dissolver a estrutura capitalista".[3]

Significados da revolução cultural

Apenas agora, vendo o trabalho de Bahro escrito dentro de uma perspectiva marxista central e explícita, é que encontramos formas de reunir as ênfases e preocupações aparentemente diversas dos movimentos, em diferentes partes do mundo, que se identificaram como trabalhando para a "revolução cultural". Lembro-me, por exemplo, o uso desdenhoso da expressão para desconsiderar a primeira geração da Nova Esquerda. Nosso uso de "cultura" para designar um processo central e uma área de luta social e política foi, na melhor das hipóteses, identificado (como mais tarde, de maneira significativa, foi identificada a Primavera de Praga) como o surgimento de um grupo de intelectuais com interesse especial na "superestrutura", tendo pouco ou nada a dizer para a classe trabalhadora organizada em sua luta material contínua na "base". Mas então, tão logo essa descrição excludente

---

3 Ibid., p.264-5.

e marginalizadora tornou-se difundida, para surpresa de todos, a mesma frase, "revolução cultural", tornou-se conhecida como uma descrição dos movimentos políticos mais notáveis do século XX: a tentativa contínua (e, evidentemente, confusa) do povo, na China, para definir novas prioridades e alterar relações políticas reais e previstas, tentando criar novas formas de poder popular dentro e, quando necessário, contra as formas recebidas de uma ordem econômica socialista. Agora, novamente, quando as expressões se acomodam, e quando aqueles momentos históricos particulares ficam para trás, um comunista do Leste Europeu, escrevendo de dentro de sua experiência do socialismo realmente existente, escolhe a mesma expressão, "revolução cultural", para descrever a sua ênfase central no caminho revolucionário para a realização do comunismo.

Trata-se de algum acidente? Há diferenças, evidentemente, nessas ideias e movimentos, mas essas diferenças não são necessariamente maiores do que as diferenças radicais das condições sociais dentro das quais elas emergiram. Quando elas são consideradas, o que surge é uma linha divisória dentro da teoria marxista e da prática socialista: uma linha que deve ser agora mais claramente desenhada.

O ponto teórico central é que todos os marxistas compartilham a crença de que o ser social determina a consciência. A principal conclusão que é normalmente extraída dessa formulação é que não podemos mudar o ser social alterando a consciência; devemos, ao contrário, alterar a consciência alterando o ser social. Essa conclusão é, então, estabilizada como um contraste e uma oposição entre a teoria e prática "idealista" e a "materialista" e, tipicamente, os defensores da "revolução cultural" são considerados "idealistas": a "cultura" é a "esfera da consciência". Mas o que então acontece é que a consciência é separada da "esfera do ser social" pela maneira como a "superestrutura" é abstraída da "base". O trabalho não é então materialista; na superestrutura, ele é idealista ou, na melhor das hipóteses, "voluntarista".

ALÉM DO SOCIALISMO REALMENTE EXISTENTE 349

Os conservadores em ambos os sistemas erguem um clamor público sobre o voluntarismo. Mas isso apenas denuncia o quanto eles temem as mudanças, ou ao menos não querem liderar e assumir a responsabilidade por elas. Devemos ter em mente que é um corpo social em sua capacidade subjetiva que possui leis econômicas, e não o contrário [...]. Mesmo os materialistas mecânicos de hoje têm um pressentimento de que o "o papel crescente do fator subjetivo" envolve algo bastante diverso da simples execução consciente das leis históricas. O marxismo sempre alegou que o ser pode determinar a consciência precisamente para determinar um novo ser.[4]

Há espaço para a discussão sobre a relação de cada uma dessas ênfases com um único sistema chamado "marxismo". Mas a ênfase de Bahro é o fator comum nas proposições da "revolução cultural". A consciência não mais é o mero produto do ser social, mas é ao mesmo tempo uma condição da sua existência prática e, ainda, uma de suas forças produtivas centrais.

Essa distinção teórica pode ser considerada permanente. Ela tem sido feita e amplamente praticada em diferentes formações sociais. Mas no centro do argumento de Bahro há uma interpretação específica das condições nas sociedades industriais modernas, na qual a produção e reprodução das ideias e das práticas intelectuais se tornaram e estão se tornando, a uma taxa crescente, inerentes em vastas áreas dos processos de trabalho básico e na ordem social geral. Assim, uma forma fundamental da divisão do trabalho, a divisão entre operações mentais e manuais, está sendo, por um lado, praticamente corroída, mas, por outro, na forma de uma ordem social classista ou de uma ordem aparentemente nova que é contínua a ela em seu modo de produção, embora seja descontínua em outros aspectos, ainda está sendo praticamente imposta.

Para colocar a questão novamente por um viés teórico: mudanças no modo de produção não podem ocorrer apenas a

---

4 Ibid., p.256.

partir de mudanças nas relações de produção – como na remoção dos proprietários capitalistas dos meios de produção e sua substituição por autoridades de planejamento do Estado ou por conselhos públicos em uma situação em que nem as próprias relações de produção tenham sido, de fato, mais do que abstratamente alteradas –, mas devem envolver também alterações nas *forças* de produção, que nunca são apenas manuais ou mecânicas, mas também (e cada vez mais) meios intelectuais. Assim, uma revolução cultural, em contraste com outros programas sociais, deve ser orientada para a apropriação geral de todas as forças reais de produção, incluindo agora, sobretudo, as forças intelectuais de conhecimento e de tomada de decisão consciente como meios necessários para revolucionar as relações sociais (a deliberação da utilização de recursos; a distribuição e organização do trabalho; a distribuição de produtos e serviços) que decorrem de formas variáveis de controle e de acesso a todas as forças produtivas. Uma revolução cultural é, então, sempre centrada nas áreas e processos de conhecimento e decisão, sendo uma ineficaz sem a outra. Indo além das mudanças nas relações de produção viáveis, sobretudo no plano distributivo, dentro das desigualdades persistentes no controle e acesso às forças produtivas subjacentes – mudanças que foram tanto parcialmente alcançadas quanto programaticamente projetadas nas formações social-democratas e do "socialismo realmente existente" –, a revolução cultural (mas então, com efeito, qualquer revolução total) trabalha para as mudanças mais gerais (e necessariamente conectadas) que, ao alterar todo o modo de produção, abarcariam simultaneamente os processos e as condições de uma emancipação humana geral.

"O industrialismo maduro"

Pode ser relativamente fácil aceitar tais definições em seu plano habitual de generalidade. Mas estamos dialogando, nas nossas condições, com pessoas informadas e céticas. O fator da informação – desigual e incompleta, como deve ser em todos os casos – é, ao mesmo tempo, o problema e a oportunidade do argumento socialista contemporâneo. De fato, o ceticismo e posições ainda piores com as quais tal argumento agora se defronta amplamente são a consequência inevitável do fracasso em reconhecer esse plano qualitativamente novo da informação (um fracasso que aqueles que ouvem os argumentos podem agora, sob a forma da contestação retórica, do oportunismo local, da promessa ampla e da prática evasiva, identificar tão rapidamente). Ao mesmo tempo, e mais fundamentalmente (pois é aqui que a recusa ao socialismo é gerada), há um hábito autoprotetor e, ao cabo, indulgente de aquiescência resignada, mas consciente, na realidade central do modo de produção existente: uma conclusão generalizada de que a informação e o argumento têm pouca ou nenhuma importância no âmbito das decisões autênticas; que se trata apenas de "conversa fiada". A revolução cultural deve se opor, então, não apenas aos seus inimigos declarados – os proprietários, controladores e distribuidores do conhecimento e decisão privilegiados –, mas também às consequências culturais, em sua longa experiência e hábito, desse elemento decisivo do próprio modo de produção – a subordinação cética e a evasão compensatória marginal, nos termos de Bahro, a *subalternidade*. É por isso que, de modo sempre vulnerável, mas deliberado, ela define a *possibilidade* como desafio central.

Mas a "possibilidade" pode, então, adquirir um tom utópico. De fato, uma forma familiar do marxismo está preparada para enfrentá-la. Possibilidade é o futuro; é o domingo depois de amanhã. A social-democracia, nas suas formas tardias mais resignadas, acomodou-se em dizer que "quando nós de fato tivermos a economia", poderemos ter "todas as coisas que queremos", mas, enquanto isso, devemos, [...] nesse modo de produção, produzir. No entanto, de modo notavelmente semelhante, muitos argumentos marxistas e as práticas institucionalizadas do "socialismo realmente existente" oferecem a mesma mensagem: "quando conseguirmos abundância, que é uma condição para o comunismo"; "quando tivermos alcançado o Ocidente". É sobretudo contra tais posições e práticas, com suas consequências sociais e políticas bastante sérias nas relações entre as formações socialistas e os trabalhadores reais, que Bahro desenvolve sua argumentação.

Seu ponto central é igualmente aplicável no Leste e no Oeste, embora por razões históricas de um desenvolvimento desigual ele não seja novo no "socialismo ocidental", mesmo que tenha sido efetivamente esquecido. Assim, acredita-se amplamente que o comunismo ou o socialismo pleno só será possível quando as forças produtivas "amadurecerem". Mas,

> dada a estrutura atual das sociedades industriais em ambas as formações, as forças produtivas nunca se tornarão maduras, apesar e justamente por conta de sua dinâmica técnica. Porém, ainda hoje, os primeiros países que tomaram o caminho do capitalismo industrial são os materialmente mais próximos do socialismo. Em nenhum outro lugar o começo da transformação é mais urgente do que lá. Mas também, em nenhum lugar, a tarefa é mais difícil. E nem os povos menos desenvolvidos nem os povos subdesenvolvidos podem se dar ao luxo de esperar por eles.[5]

"O caminho do capitalismo industrial", mas devemos, então, fazer distinções. Não é novidade no pensamento marxista, embora isso não seja frequentemente enfatizado, que o modo de produção capitalista, por razões internas profundas, jamais poderá se tornar maduro. Desde que se tornou dominante, em

---

5 Ibid., p.125.

ALÉM DO SOCIALISMO REALMENTE EXISTENTE

uma área depois da outra, ele apresenta-se como incontrola-velmente perturbador e inquieto, atingindo estabilidades locais apenas para, quase imediatamente, afastar-se delas, deixando todo tipo de entulho social e técnico, rompendo continuidades e assentamentos humanos e movendo-se com uma confiança impetuosa em direção a seus empreendimentos sempre novos. A verdadeira razão para isto é que não se trata aqui, ao cabo, de um modo de produção, em qualquer sentido primário. Em suas formas desenvolvidas, o capitalismo é centrado não na produção social, mas na reprodução do capital e na maximização do lucro, que impõem prioridades bastante diversas.

Mas, então, qual a sua relação com o que é agora chamado de "industrialismo"? Por razões históricas, os tipos teoricamente distinguíveis – "capitalismo" e "industrialismo" – são pratica-mente impossíveis de serem separados nas sociedades capitalistas avançadas. É então notável ver Bahro estendendo o tópico para uma "sociedade industrial" em uma ordem não capitalista. A razão local que ele oferece, diante da "dinâmica técnica", não é convincente em si mesma. Maturidade, o que quer que isso seja, ou, em termos mais práticos, uma continuidade sem interrupções de produção, deve certamente ser capaz de incluir uma série de alterações técnicas bastante extensa, regida pelas necessidades da produção social e não pelas prioridades do capital. A outra razão de Bahro, de que as economias não capitalistas e ex-coloniais são, em muitos aspectos, determinadas pelas formas e pressões do capitalismo industrial em outro lugar, é mais convincente. Mas o tópico de análise mais importante é mostrar que o que tem de ser superado, para qualquer emancipação geral, não é apenas o "capitalismo", no sentido importante mas limitado da propriedade dos meios de produção por uma minoria, mas aquele modo mais amplo no qual a escala, a complexidade e as redivisões técnicas do trabalho características das empresas industriais modernas são fatores centrais. E então os obstáculos profundos desse modo mais amplo são os fatos da apropriação e expropriação, em vários planos, de processos sociais e de trabalho gerais, de habilidades, e do conhecimento efetivo e do poder para tomar decisões práticas. É contra essa expropriação que a revolução cultural, muito mais ampla do que aquela contra as características mais imediatamente reconhecíveis do capitalismo, é dirigida.

Mas há também outras razões para insistir que o modo de produção capitalista e seus simulacros não capitalistas nunca poderão atingir a maturidade. Essas razões são históricas. Em primeiro lugar, a bem-sucedida luta contra o imperialismo político e econômico já está alterando, e parece determinada a alterar ainda mais, o acesso a matérias-primas baratas e a mercados controlados dos quais as fases de maior sucesso do capitalismo avançado dependiam. Em segundo lugar, nas sociedades capitalistas avançadas, soluções técnicas e econômicas de um tipo racionalizador e modernizador estão muito rapidamente *se distanciando*, e não se aproximando, da maturidade diante do desemprego estrutural e de suas consequências (dificuldades de mercado, crédito e serviços) e da ruptura política de formações sociais sedimentadas (nacionais e regionais). Em terceiro lugar, e decisivamente, a crise já evidente dos recursos e a dos efeitos colaterais indesejados de muitos processos produtivos centrais está se combinando para definir os limites *materiais* ao que tem sido, não apenas na ideologia, mas em sua dinâmica central, uma expansão ilimitada. O efeito combinado desses motivos é o que torna agora necessário o comunismo. Mas, dado o perigo e as dificuldades excepcionais de qualquer alteração real de prioridades e de qualquer construção alternativa eficaz, a questão ainda é: será possível?

"Consciência excedente"

Bahro vê a saída em um de seus conceitos mais memoráveis, embora também mais discutíveis: o da produção contemporânea de "consciência excedente". Ele a define como "uma capacidade energética mental que não é mais absorvida pelas necessidades e perigos imediatos da existência humana e pode, portanto, orientar-se para problemas mais distantes".[6]

Há, obviamente, alguma verdade nisso, como em qualquer comparação local da vida da maioria dos trabalhadores entre, digamos, meados do século XIX e fins do século XX. Algo muito importante está sendo, então, indicado. Mas, em qualquer escala histórica mais ampla, pode ser argumentado com razão que essa "consciência excedente" é, concomitantemente, uma variável cultural e material. Não há progressão unilinear de uma "consciência livre", mas, ao contrário, uma relação bastante variável e sempre complexa entre a esfera da possibilidade mental e os imperativos locais de modos e tipos específicos de produção. Por ser assim, não podemos fundamentar a questão na noção essencialmente quantitativa de um "excedente". Pois a consciência e a energia que estão disponíveis além das tarefas imediatamente necessárias não são simples *quanta*; elas são e devem ser relacionadas às formas de consciência e de energia gastas e geradas nas tarefas primárias. Evidentemente, essa correção não deve ser estendida ao ponto absurdo atingido em uma tendência oposta do marxismo, na qual não há consciência livre (com a ambígua exceção no plano da teoria), mas apenas o monopólio labiríntico de uma ideologia totalizada. Contudo, também não pode haver uma simples confiança no mero fato de um "excedente" – e Bahro é muito mais convincente quando reconhece isso ao distinguir produtivamente os usos "compensatórios" e "emancipatórios" desse "excedente", ou seja, entre os impulsos para o consumo, a posse e o poder, que podem ser vistos tanto como substitutos parciais para qualquer divisão correta e equitativa das necessidades humanas, e as outras orientações não exploradoras em direção à autorrealização, à

---

6 Ibid., p.257.

realização coletiva e ao reconhecimento das qualidades essenciais dos outros.

A revolução cultural está a favor, então, das condições da emancipação e contra a necessidade de atividades compensatórias. (Isso distingue Bahro, como um teórico marxista, da versão estritamente "moralista" de um argumento similar, no qual a mudança é vista apenas como interna e persuasiva.) Mas então, isso não é exatamente a apropriação de um excedente. O crescimento acentuado de todo tipo de atividade "compensatória" – um processo hoje central para a produção capitalista avançada – não deve apenas nos lembrar dos obstáculos, mas deve também nos forçar a rever, com muito mais atenção do que tem sido usual em muito da crítica da sociedade de consumo, as categorias iniciais relativamente simples. Não apenas porque o argumento (mais comumente o sermão ou a invectiva) pode deslizar rapidamente para o ascetismo ou para formas de etnocentrismo cultural reavivado. Mas, mais fundamentalmente, porque a emancipação humana é intrinsecamente, e como uma questão de princípio, mais diversificada do que qualquer definição filosófica da transformação emancipatória. A utopia, como um substantivo singular, não é um conceito emancipatório; na verdade, ela é muitas vezes, e em sua melhor forma, francamente compensatória.

A longa revolução

Na verdade, Bahro não é um utópico: essa é a qualidade mais importante de seu livro. Ele pensa por meio dos processos de transformação das condições e necessidades em detalhes sustentados de forma incomum. Isto foi para mim uma experiência marcante, na medida em que ela apareceu, pessoalmente, como uma outra versão do projeto de *The Long Revolution*. Quando Bahro resume suas "perspectivas para a emancipação geral", eu me vejo de volta àqueles anos e aos tipos de pensamento que se seguiram a eles. A redivisão do trabalho; o acesso irrestrito à educação geral; uma infância centrada na capacidade de desenvolvimento, em vez de orientada para o desempenho econômico; uma nova vida comunitária baseada em atividades de grupo autônomas; a socialização (democratização) do processo geral de conhecimento e decisão. Além disso,

> não há nem a esperança nem o perigo de que essas metas [...] possam ser alcançadas "muito rapidamente". Uma sociedade não pode ser tomada de surpresa ou com um golpe de Estado [...] A questão é criar, primeiramente, todas as condições políticas e mentais.[7]

Portanto, não se trata de uma questão sobre quem disse o quê e quando. O projeto é amplamente compartilhado e essencialmente colaborativo para isso. Mas continua sendo notável que essa convergência tenha ocorrido em condições diversas, e então, o mérito insubstituível e bastante novo do trabalho de Bahro é que ele definiu esse projeto a partir da proximidade da experiência prática de um "socialismo realmente existente". O que já foi delineado na comunicação, na educação e na autogestão comunitária é radicalmente reforçado por propostas no planejamento econômico, na organização das fábricas e na "resolução de problemas coletivos" do trabalho técnico e científico. Os problemas da organização política, dentro de tais perspectivas, são novamente vistos de forma convergente mas, em cada caso, incompleta. O que tem então de ser pensado (pois os detalhes dos argumentos e propostas de Bahro devem simplesmente ser lidos) é um conjunto de questões entrelaçadas que, para além da satisfação da realização da convergência, permanecem como verdadeiras dificuldades: as verdadeiras dificuldades da possibilidade.

---

7 Ibid., p.275.

Autogestão

A defesa da autogestão é com frequência realizada em qualquer tipo de atividade social e econômica e, em alguns casos importantes, é dotada de detalhes práticos. É o objetivo indispensável de qualquer movimento atingir (pois não se trata de recuperar) os poderes e faculdades do conhecimento e de decisão efetivos. Além disso, enquanto Bahro escreve a partir de uma experiência "socialista existente", na qual, ao menos internamente, não há as barreiras implacáveis do monopólio direto e do capitalismo financeiro, notamos que, em nossa própria situação bloqueada e desoladora, as forças sociais mais ativas já atingiram esse ponto. Em vários tipos de organização comunitária, e especialmente naquelas em torno de escolas, habitações, transportes e hospitais, uma atividade coletiva vigorosa, embora em geral local, já está disseminada. Muitos tipos de organização "voluntária" (a descrição convencional lança uma luz irônica sobre o verdadeiro caráter da ordem dominante) já envolvem tipos de atividade e auto-organização coletivas que oferecem evidências recorrentes de possibilidades práticas. No trabalho, a prática crescente da ocupação de fábricas nem sempre é limitada ao protesto, mas está produzindo alguns exemplos notáveis de contraplanejamento: isso ocorre também, embora talvez de forma intermitente, na educação. Em algumas greves, há instâncias notáveis e vigorosas de organização e – como nos *flying pickets*[8] – de iniciativa coletiva direta.

É evidente que esses exemplos compõem apenas uma experiência minoritária, quando comparada com a experiência predominante da energia e da iniciativa frustrada dentro de organizações burocráticas e hierárquicas bloqueadas. Também devemos dizer que muitas dessas ações são protestos defensivos,

---

8 Trabalhadores que, durante as greves, movimentam-se rapidamente de uma região a outra para reforçar os piquetes locais. (N. T.)

frequentemente em um momento bastante tardio, e não protestos amplamente construtivos. Mas, então, não se trata apenas do fato de todas essas práticas serem os meios necessários para o aprendizado das habilidades novas e difíceis de organização autônoma, algo que acontece, também vigorosamente, nas coletividades alternativas e de oposição. Trata-se também do fato de que o caráter limitado dos modos disponíveis e em desenvolvimento nos lembra bruscamente a próxima e decisiva barreira teórica que deve ser transposta.

Pois se é cada vez mais evidente que o modo democrático e socialista mais eficiente para a administração de organizações ocorre por meio da tomada de decisão coletiva regular e informada, deveria ser igualmente claro, sobretudo aos socialistas, que esse princípio não pode ser limitado a empreendimentos e comunidades específicas. Na verdade, há mesmo algum perigo de que a confiança crescente em formas existentes ou previstas de política comunitária e de controle pelos trabalhadores acabe por esconder os problemas mais difíceis do quadro geral em que, necessariamente, devem ser praticadas. É aqui, com Bahro, que chegamos aos conceitos e às realidades até então inacessíveis de partido, Estado e planejamento.

Partido, Estado e planejamento

Há uma poderosa tradição socialista quase igualmente reforçada tanto pelo bolchevismo quanto pelo fabianismo que, independentemente de ter ou não ter sido modificada por ideias de democracia local, chega aos problemas do quadro geral que acabamos de discutir com ideias firmes de uma autoridade unitária geral. Na prática moderna "comunista", essa autoridade tem sido o partido, como uma projeção da vontade e do interesse da classe trabalhadora. A análise de Bahro desse tópico, e de seu desenvolvimento em monopólio e repressão, pode ser historicamente discutida, uma vez que sua referência às condições de pressão externa e de deformação, e de "atraso" imediato, é insuficiente, como, aliás, ele mesmo argumenta mais tarde, para dar conta de sua persistência notável e ideologicamente defendida. Podemos aqui adicionar ao argumento a nossa própria experiência, pois, em condições relativamente muito mais favoráveis, a perspectiva dominante socialista é, novamente, a do partido unitário e do planejamento estatal. É verdade que, no Ocidente, isso é alterado pelas práticas significativas das eleições (relativamente) abertas e do "mandato". Mas a eleição e o mandato destinam-se ainda ao "partido no governo com o seu programa central". Quando isso, na prática, se entrelaça com o quadro existente e relativamente inalterado do Estado capitalista, torna-se suspeito e invariavelmente enganoso. Mas não há nenhuma razão para acreditarmos, a partir da experiência da Europa Oriental, que a simples eliminação das relações de propriedade capitalista seja suficiente para alterar a realidade do poder estatal monopolista e da autoridade imposta do programa; na verdade, pode levar diretamente a eles. É então nesse lugar comum, mesmo que sob condições radicalmente diferentes, que a revolução cultural deve ser travada como algo mais do que uma série de opções locais.

A primeira área a ser contestada, como Bahro convincentemente reconhece, é a do planejamento. É necessário que, dentro de qualquer comunidade política efetiva (e, nas condições materiais modernas, é pouco provável que ela seja pequena), atribuições básicas dos recursos e das condições de distribuição sejam realizadas. O conceito de "planejamento" socialista concorre, aqui, com os imperativos (sempre, na prática, restritivos) do mercado capitalista. Esse conceito é comumente apoiado nas noções de "interesse público" e de "racionalidade" que, juntos, são considerados como compondo o "socialismo". Mas então a questão fundamental é que o interesse público e a racionalidade, que são condições humanas e processos gerais, têm sido, teórica e praticamente, apropriados por um mecanismo diretivo central. Em qualquer caso concreto do "interesse público", a realidade (e não só nas sociedades de classe) é apenas raramente unitária; na prática, ela é quase sempre uma relatividade de interesses, variáveis em cada caso e em cada momento. O exercício da "racionalidade" é, então, por sua vez, um processo mais complexo e variável do que qualquer amálgama concebível de instruções e inquéritos "especializados". Contudo, ao mesmo tempo, não é possível, em qualquer sociedade complexa, a tomada de decisões racionais sem um conhecimento efetivo bastante avançado.

É então um bom teste para identificar a posição de um socialista, no que tange à revolução cultural, verificar como ele reage à proposta de que, em qualquer assunto que requeira decisão geral, não deva haver menos que dois "programas" independentemente preparados. Pois isso atinge o coração do problema. Não se trata apenas da questão prática de que temos tido uma experiência mais do que suficiente de planos especializados que se revelaram errados (a mudança do carvão para o petróleo e da rede ferroviária para a estrada são apenas os exemplos mais óbvios). Trata-se, mais fundamentalmente, de que a preparação de pelo menos dois programas, além de satisfazer as condições necessárias de conhecimento efetivo e, quando necessário, especializado, fornece, em suas alternativas práticas, condições genuínas para o exercício real, em oposição à apropriação do exercício, do interesse público e da racionalidade. Além disso, é inerente à exigência de alternativas detalhadas e exequíveis que a decisão não seja nem apropriada, nem imposta, mas que seja tomada, a cada momento, de modo ativo e geral.

Estamos apenas começando a compreender, com a ajuda notável de Bahro, tanto as dificuldades reais quanto as possibilidades práticas de uma ordem social tão radicalmente nova. E então, em nada contribuirá a subestimação da complexidade de tal tomada de decisão, ou do longo período de aprendizagem ativa e de participação efetiva que seria necessário para torná-la efetiva. Mas não é apenas em teoria que esse é o caminho para a revolução cultural: um modo que depende das forças sociais reais que sejam unicamente capazes de alcançar a emancipação geral. Trata-se também do fato de que os meios materiais dessa tomada de decisão complexa, informada e relativamente rápida estão se tornando cada vez mais disponíveis na tecnologia de comunicação moderna, o que certamente deve ser uma das primeiras condições para que uma revolução cultural seja direcionada para esse uso (como agora, principalmente), e não para usos do mercado existente. Instituições e procedimentos viáveis, em várias áreas diversas de referência e em planos variados de formalidade, diretamente correspondentes à natureza e aos efeitos das decisões, estão agora, de fato, dentro de nossa capacidade material. O principal impulso deve ser, então, em direção à prática política e educacional dos vários tipos necessários para dar-lhes substância e torná-los possíveis.

É então necessário considerar as relações entre esses novos tipos de tomada de decisão e as noções herdadas de "representação" e de "partido". Pode-se dizer que, no Ocidente, já possuímos tais alternativas e procedimentos de escolha nos partidos e programas concorrentes. No entanto, as práticas combinadas de representação e do partido concebidas em seus próprios termos limitam radicalmente – e, muitas vezes, parecem destinadas a limitar – os procedimentos democráticos. Não apenas porque os representantes, em tais condições, não estão, tanto na teoria quanto na prática, atados aos tipos de transparência e de instrução *específica* que tornariam opiniões e desejos gerais regularmente efetivos. Ao contrário, com muito mais frequência, a teoria da representação oferece um substituto generalizado e "para todos os fins" aos interesses específicos, diversos e mutáveis dos indivíduos e grupos sempre distintos. Dessa forma, ele se assemelha, ainda que sob alguns controles qualificadores, ao "substitucionismo" explícito do partido monopolista, que "representa" a classe operária, embora sem receber suas instruções ou mesmo consultá-la, mas fazendo uso do tipo de apropriação ideológica que Bahro tão vividamente descreve. Costuma-se contrastar tais partidos "totalitários" aos partidos "democráticos" do Ocidente, embora essas sejam apenas formas diversas de apropriação da informação e da decisão popular. O meio dessa apropriação, no Ocidente, é o procedimento de mandato eleitoral em um pacote inclassificável de planos e políticas que oferece alguns anos de monopólio do poder. Essa forma de "representação" inerentemente generaliza e antecipa o que é sempre, na prática, uma sequência de decisões específicas, variáveis e muitas vezes imprevisíveis, cuja apresentação direta seria convertida em uma prática política completamente diferente da *representação* apropriada e "para todos os fins".

É evidente que indivíduos e grupos devem se reunir e encontrar resoluções como e quando os interesses e decisões específicos interajam. Mas estes, embora possam a qualquer momento tomar a forma imediata dos partidos, são propriamente alianças, blocos e coalizões, sempre especificamente formados e necessariamente abertos à mudança, diferentemente dos partidos "representativos" fixos que hoje se apropriam desses processos ativos. É nesse plano que se pode dizer que já estamos na primeira fase de uma revolução cultural.

Pois é evidente que a existência tradicional de blocos representativos de voto para todos os fins que, em seguida, monopolizam e esgotam o processo político está em rápida e relativa decomposição. Contudo, as formas dos movimentos além deles, no que são chamadas "campanhas de tema único", são consideradas suspeitas até mesmo por aqueles que a elas aderiram em oposição às apropriações e exclusões existentes. Aparentemente por força do hábito, elas procuram as formas de influência que as incorporariam, na prática, a partidos de um tipo existente, quando o verdadeiro aprendizado de sua experiência é que elas são as formas iniciais de um movimento em direção às condições de tomada de decisão pública direta e específica, para a qual, sem mediação e além de apropriação, seus interesses e suas campanhas podem ser direta e associativamente abordados. Pois elas já são, em embrião, as formas de "coletividades de indivíduos associados", que são corretamente vistas por Bahro como as fibras de uma sociedade comunista. Sua diversidade e especificidade, agora experimentada dentro da apropriação dominante como desvantagens, são na verdade uma realização inicial (embora naturalmente incompleta e, de fato, fragmentada) do princípio da "associação de indivíduos em uniões nas quais perseguem as diversas finalidades específicas que compõem o processo de sua vida social", que Bahro, seguindo Marx, aborda como a única base para a emancipação geral.[9]

A revolução cultural está propondo, então, uma reformulação radical do velho problema das relações entre interesses específicos e o interesse geral. Ela deve, naturalmente, encontrar meios para negociar tais relações, mas se inicia a partir da posição de que todas as instituições e procedimentos existentes do "interesse geral" são, na verdade, falsificações, quer na definição arbitrária de uma classe dominante, quer naqueles procedimentos mais complexos de representação em que o "interesse geral" aparece como uma apropriação negativa empregada contra cada "interesse específico" em jogo. Dessa forma, o único meio de determinar o verdadeiro interesse geral em relação a qualquer interesse específico real, por meio da consulta direta e da decisão popular específica, é sistematicamente excluído. Nesses sistemas falsos, as linhas de comunicação e de decisão que foram diretamente apropriadas correm "naturalmente" de cima para baixo. A revolução cultural, ao contrário, busca um sistema em que ainda haja vários planos de generalidade – incluindo planos de assembleias delegadas eleitas – nos quais decisões e

_____
9 Bahro, op. cit., p.440.

informações relevantes movam-se, necessariamente, do mais local e específico ao mais geral, amplo e, nesse sentido, mais determinante, mas em que, por conta das linhas de comunicação e decisão fluírem hoje de outro modo, "os indivíduos estejam igual e simultaneamente presentes em todos os níveis de interesse subjetivo".[10]

O que uma sociedade produz

No entanto, o ceticismo e a impaciência a que hoje tais propostas usualmente induzem, mesmo entre aqueles cujas próprias definições de uma forma desejável da sociedade já conduziram a tais direções, têm de ser enfrentados diretamente. Pois, tanto no Leste quanto no Oeste, ainda que de formas diferentes, uma combinação potencialmente letal de desejo abstrato e de cinismo prático parece estar agora tomando o lugar das maiorias reais, como consequência não apenas de repetidas decepções, mas da identificação (em si mesma correta) de suas causas como sistemáticas: um estado de espírito insuportável em si mesmo, em que nenhuma alternativa é de fato crível e pode ser rapidamente convertida em uma reação violenta ou em uma projeção da falha sistemática sobre a espécie e a ordem humanas – uma projeção que mesmo as fórmulas de espera da religião podem manter apenas temporariamente.

A urgência de uma revolução cultural, então, dificilmente precisaria ser discutida. Mas embora ela tenha necessariamente de ser tentada em todas as áreas da existência social, há boas razões para crermos, com Bahro, que o comprometimento decisivo será com os problemas da "economia". Contudo, é evidente

---

10 Ibid.

que a forma desse comprometimento, distinta da dos agora influentes e preocupantes "programas de economia de sobrevivência", deve iniciar-se de modo novo e ainda desconhecido. Assim, quando falamos de planejamentos e programas, que são, sem dúvida, necessários, temos primeiro de desafiar a lógica alienada de uma ordem capitalista e de seus derivados não capitalistas. Em sua discussão detalhada do planejamento econômico e da organização da fábrica, Bahro está em sua melhor forma, não apenas devido à sua experiência relevante, mas por suas crenças centrais serem tão diretamente conectadas.

O tópico retorna com força para a teoria, mas evidentemente surge, a cada dia, como prática. Bahro está centrado na questão do que uma sociedade necessita para produzir. Dentro da lógica alienada isso é necessariamente definido, até mesmo por muitos socialistas, em termos quantitativos dos objetos necessários. Planos e metas são, então, derivados, e a produção coletiva é globalmente organizada nesses termos habitualmente alienados. A consciência, a individualidade, a própria ordem social, são então vistas como subprodutos da produção necessária.

Contra essa lógica, a revolução cultural insiste, primeiramente, que o que a sociedade necessita produzir, antes de tudo, é o maior número possível de indivíduos conscientes, capazes de todas as associações necessárias. Assim, não só é o "planejamento" concebido, desde o início, de forma diversa. Trata-se agora, de fato, da única resposta desenvolvida para as novas condições da produção material, na qual os resultados quantitativos são facilmente obtidos no plano dos objetos, mas as suas prioridades residuais ainda são construídas em relação a outros interesses humanos e desenvolvimentos em geral. Assim, o trabalho material que requer o trabalho de sessenta homens é desenvolvido, pela lógica capitalista, ao ponto em que requeira o trabalho de apenas seis, e os outros 54 tornam-se, nesse termo tão significativo da alienação atual, "redundantes". Em uma lógica alternativa, haveria a escolha, desde o início, da associação de mais trabalhadores do que o necessário, em qualquer etapa material determinada, de forma que, dentro do próprio processo de trabalho, haja espaço para outros tipos de relacionamento e de reflexão, ou para a redistribuição do tempo de trabalho necessário de forma que outros tipos de atividade e de relacionamento tornem-se o centro emancipador, ao invés de tornarem-se a margem compensatória da vida social. É evidente que tal projeto exige a abolição dos imperativos atuais do capital, que exerce seu domínio quantitativo justamente nesses tópicos. É então profundamente encorajador que, mesmo dentro das condições capitalistas, alguns sindicatos estejam avançando vigorosamente em direção a esses objetivos, embora ainda de forma limitada, enquanto em um plano mais prático (apesar de ser ainda tão negativo quanto positivo) mais e mais pessoas estão, na medida do possível, concebendo o trabalho dessa forma, para a indignação de todos os tipos existentes de controle. O que então é mais urgente é a generalização, a extensão e, onde seja necessário, a conversão dessas tendências existentes, com a proposta agora consciente, ao invés de defensiva ou envergonhada, de refazer a ordem do trabalho. Pois, longe de ser inviável, a busca positiva e consciente desses objetivos é agora a única alternativa prática para uma nova etapa da divisão da humanidade em compromissados e redundantes.

O que isso realmente abarca, como uma tarefa central da revolução cultural, em sua alteração imperiosa da natureza das forças produtivas, é uma redefinição prática da natureza do "trabalho". Por enquanto, dentro dos limites materiais inevitáveis e no âmbito das decisões racionais de uma sociedade que busca uma maturidade econômica genuína, as tarefas materiais necessárias podem, sem dúvida, ser realizadas em um tempo total menor. Qualquer resposta eficaz às necessidades humanas mais gerais, tanto no bem-estar e nos relacionamentos quanto no conhecimento e no desenvolvimento é, em certo sentido, verdadeiramente ilimitada, e exigirá de nossas energias ações que estão no polo oposto de uma utopia lassa e sem desafios. Na verdade, essas necessidades agora igualmente básicas, como já podemos vislumbrar a partir de suas pressões no final da antiga lógica – pressões que parecem realmente aumentar em condições de desenvolvimento avançado da mercadoria – compõem os processos necessários de um novo tipo de sociedade ativa (e, nesse sentido, de um novo tipo de sociedade do trabalho).

Classe

Temos então de considerar, finalmente, as relações entre essas definições e perspectivas da revolução cultural e as definições e perspectivas herdadas mais gerais do socialismo revolucionário. Por muitas razões, o problema dessas relações é centrado no conceito de classe. Bahro escandalizou muitas pessoas, e não apenas os dogmáticos com quem ele estava discutindo, com a sua vigorosa afirmação de que "a classe operária" é "um conceito inaplicável na sociedade protossocialista".[11] Algumas distinções devem, então, ser feitas. Em sua análise de uma retórica da "classe trabalhadora" como um disfarce para a apropriação da prática e para a repressão no Leste Europeu, Bahro está em terreno relativamente firme. Claramente, qualquer definição adequada da situação social dos trabalhadores assalariados em economias não capitalistas exige uma análise totalmente nova. Mas Bahro tanto estende quanto foi tomado por outros como estendendo esse problema específico a uma crítica muito ampla (isso deve ser dito) e muito familiar da ideia marxista do proletariado e de suas possibilidades revolucionárias. O problema nessa parte de seu argumento é que há

---

11 Ibid., p.183-202.

ALÉM DO SOCIALISMO REALMENTE EXISTENTE

uma derrapagem recorrente entre considerações sobre a classe trabalhadora nas sociedades não capitalistas e nas capitalistas. Como resultado, ao traçar novos tópicos sobre uma situação parcial nova, ele tende, não sem alguma hesitação, a uma identificação familiar da "*intelligentsia* técnica" – o setor mais avançado do "trabalhador coletivo" · – como a condutora da revolução cultural. Essa conclusão é mais bem compreendida dentro das dificuldades específicas das sociedades do Leste Europeu, mas, seja qual for a sua verdade ou plausibilidade, seria desastroso se no Ocidente a ideia da revolução cultural recebesse esse tipo de localização social.

É fato que o trabalhador intelectual moderno – não mais definido apenas por ocupações intelectuais tradicionais, mas como amplamente integrado nos processos industriais, distributivos e informacionais – tende a ser alertado para o fato da apropriação do conhecimento efetivo e dos poderes de decisão pela ordem social existente. Precisamente porque na sua própria situação ele possui um certo acesso ao conhecimento não mediado e está em uma posição privilegiada para observar e compreender muitos dos processos reais de mediação e controle e decisão, ele está potencialmente e, com frequência, de fato na vanguarda da crítica social efetiva (quando localizada). Não se trata apenas do fato de que tais grupos possam contribuir (e já estão, em algumas áreas, visivelmente contribuindo) para a revolução cultural; trata-se também do fato de que o resultado das lutas teóricas e práticas dentro desses grupos terá um efeito relevante nas possibilidades das direções socialistas reais.

Contudo, é evidente que a qualquer momento uma proporção significativa desses trabalhadores seja, não importa quais forem as insatisfações locais, um elemento do processo de apropriação. Seu próprio alistamento em *novas formas* de apropriação é, então, a direção inicial mais provável de qualquer ruptura radical. É por esse motivo que, embora necessariamente com base em nova análise rigorosa, os socialistas engajados na ideia de uma revolução cultural ainda têm de encontrar uma causa comum – tanto pelo aprendizado quanto pelo ensino – com os trabalhadores *mais* sujeitos à apropriação, os únicos que possuem o interesse objetivo pleno em seu fim.

Pode ser facilmente demonstrado que "a classe trabalhadora" mudou, às vezes radicalmente, nas condições modernas de produção e distribuição. A mera invocação de tal mudança é com frequência, como argumenta Bahro, uma proteção contra o pensamento. Mas os elementos principais dessa mudança não precisam ser interpretados apenas como a desintegração do "proletariado clássico"; podem também ser interpretados como uma profunda (e perigosa, para a ordem social existente) instabilidade. Não se trata apenas, embora isso seja crucial, do aumento real das expectativas. Além disso, a erosão da velha e tosca divisão entre trabalho intelectual e manual atingiu profundamente a classe geral dos assalariados, em parte por meio da ampliação do sistema educacional, mas, num ritmo crescente, isso ocorreu no interior de alguns processos de trabalho e em seus problemas consequentes de gestão. A coexistência de tais expectativas e da erosão dentro dos imperativos ainda firmemente sustentados do capital ou do "planejamento" é, então, profundamente instável, e incentivos para desafiar a atual apropriação de conhecimento efetivo e de tomada de decisão estão, sem dúvida, aumentando, especialmente em condições de mudanças estruturais industriais. A prática de tais desafios exigirá uma aliança com setores radicais da "*intelligentsia* técnica", mas as principais forças sociais a identificar, apoiar e levar a cabo essa prática devem, por razões estruturais e ideais, vir das maiorias trabalhadoras.

No entanto, uma das vantagens da ideia da revolução cultural, uma vez que ultrapassa a área das relações de propriedade industrial imediata, é que ela identifica grandes grupos que estão sujeitos à apropriação de conhecimento e de decisão efetiva, mas que são estruturalmente diversos da classe trabalhadora nova ou antiga. O caso eminente é o de mulheres que, como trabalhadoras, compartilham um tipo de sujeição, mas que, em termos mais gerais, como mulheres, ainda são profundamente sujeitas a vários tipos de apropriação fortemente enraizada em todo o modo de produção (e principalmente na apropriação de sua força produtiva plena, distinta do salário). A revolução cultural, diferentemente dos incentivos e reformas para permitir a sua inclusão no "planejamento", deverá localizar-se profundamente entre as mulheres ou, na prática, não ocorrerá.

A última área estrutural relevante é a das comunidades locais e suas relações diversas e complexas com as unidades administrativas mais amplas que, cada vez mais, apropriam-se mesmo dos seus poderes locais, e das suas relações críticas com as mudanças amplas e brutais da realocação de capital e da imposição dilaceradora do que, no plano da apropriação, é visto como mera superestrutura. Em nenhum outro lugar há hoje mais necessidade ativa e potencial para desafiar a apropriação fundamental da tomada de decisão pela ordem social existente.

Conclusão

Assim, em algumas formas novas, bem como em algumas continuadas, uma revolução socialista cultural ainda deve estar enraizada em maiorias potenciais que podem, pela sua própria organização e atividade, tornar-se maiorias efetivas. O princípio da revolução cultural oferece um esboço de modos pelos quais pode haver tanto uma associação eficaz quanto novas formas de negociação além das associações específicas. Nessa afirmação da possibilidade, contra todos os hábitos aprendidos de resignação e de ceticismo, já há uma definição de esperança prática. Além disso, esse parece ser agora o único caminho a seguir numa situação de instabilidade bastante geral e perigosa, em que a tomada de responsabilidade direta não é apenas uma ideia atraente, mas provavelmente o único meio de sobrevivência. Podemos concordar que será um caminho longo, difícil, incerto e desordenado, e o seu critério de sucesso, na medida em que podemos vê-lo, sendo uma maioria possível de sucessos em comparação com muitos fracassos. Podemos também estar certos, tanto no Leste quanto no Oeste, que, embora muitas de suas formas sejam extensivas e penetrantes, haverá confrontos decisivos, com forças opostas bastante poderosas, que nos lembrarão de forma aguda que estamos tentando uma *revolução* cultural e não um processo independente de crescimento social. Mas o que nos movimentará através desses confrontos e, em alguns casos importantes, para dentro eles, não é apenas a associação e a organização, mas também o que podemos chamar, com Bahro, de "força material da ideia":[12] a produção e a prática da possibilidade.

---

12 Ibid., p.257.

RAYMOND WILLIAMS: OBRAS SELECIONADAS

Cultura, Comunicação, Política

Culture and Society: 1780-1950. London: Chatto & Windus, 1958.

[Ed. bras.: *Cultura e sociedade*: 1780-1950. Trad. Leônidas H. B. Hegenberg. São Paulo: Editora Nacional, 1969.]

The Long Revolution. London: Penguin, 1961.

Communications. Harmondwsworth: Penguin, 1962. (3.ed. com apresentação, 1976).

New Left May Day Manifesto. Harmondwsworth: Penguin, 1968 (ed. com Stuart Hall e E. P. Thompson).

Television, Technology and Cultural Form. London: Collins, 1974.

Keywords: a vocabulary of culture and society. London: Fontana, 1976 (2. ed. ampliada em 1984).

[Ed. bras.: *Palavras-chave*: um vocabulário de cultura e sociedade. Trad. Sandra Guardini Vasconcelos. São Paulo: Boitempo, 2007.]

Culture. London: Chatto & Windus, 1983.

[Ed. bras.: *Cultura*. Trad. Lólio L. Oliveira. Rio de Janeiro: Paz e Terra, 1992.]

Toward 2000. London: Chatto & Windus, 1983.

Raymond Williams on Television. London: Routledge, 1989.

Politics of Modernism: Against the New Conformists. London: Verso, 1989.

[Ed. bras.: *Política do modernismo*: contra os novos conformistas. Trad. André Glaser. São Paulo: Editora Unesp, 2011.]

Crítica literária e teoria

Modern tragedy. London: Chatto & Windus, 1966 (ed. revisada com prefácio em 1976).
   [Ed. bras.: *Tragédia moderna*. Trad. Betina Bischof. São Paulo: Cosac Naif, 2002.]
Drama from Ibsen to Brecht. London: Chatto & Windus, 1973.
Orwell. London: Fontana, 1971 (2. ed. com apresentação em 1984).
The English Novel from Dickens to Lawrence. London: Chatto and Windus, 1970.
The Country and the City. London: Chatto & Windus, 1973.
   [Ed. bras.: *O campo e a cidade*: na história e na literatura. Trad. Paulo Henriques Britto. São Paulo: Companhia das Letras, 2011.]
Marxism and Literature. London and New York: Oxford, 1984.
   [Ed. bras.: *Marxismo e literatura*. Trad. Waltensir Dutra. Rio de Janeiro: Zahar, 1979.]
Writing in Society. London: Verso, 1984.
Ressources of Hope. New York: Routledge, 1989.

Ficção

Boder Country. London: Chatto & Windus, 1960.
Second Generation. London: Chatto & Windus, 1964.
The Volunteers. London: Eyre-Methuen, 1978.
The Fight for Manod. London: Chatto & Windus, 1979.
Loyalties. London: Chatto & Windus, 1985.
People of the Black Mountains. London: 1989.

Entrevistas

Politics and Letters: Interviews with *New Left Review*. London: 1979.

REFERÊNCIAS BIBLIOGRÁFICAS

BAHRO, R. *The Alternative in Eastern Europe.* Londres: New Left Books, 1978.

BELL, C. *Art.* Londres, 1914. [Ed. port.: *Arte.* Lisboa: Texto & Grafia, 2009.]

BOADEN, J. *Memoirs of Mrs. Siddons.* Londres: H.C. Carey & I. Lea, 1827. 2v.

BORROW, G. *Wild Wales.* 1862.

CHOMSKY, N. *Language and Mind.* Nova York: Harcourt Brace Jovanovich, 1972. [Ed. bras.: *Linguagem e mente.* São Paulo: Unesp, 2009.]

COLE, J. W. *The Life and Theatrical Times of Charles Kean.* Londres, 1835. v.II.

CONSTABLE, J. Fourth Lecture at the Royal Institution [1836]. In: BECKETT, R. B. (Ed.). *John Constable's Discourses.* Ipswich: Suffolk Records Society, 1970.

DANBY, J. *Shakespeare's Doctrine of Nature.* Londres: Faber, 1949.

DICKENS, C. *Hard Times.* Londres: Bradbury & Evans, 1854.

DISHER, M. W. *Melodrama.* Londres: Rockliff, 1954.

ENGELS, F. *The Dialectics of Nature.* Moscou: Progress Publishers, 1954. [Ed. bras.: *A dialética da natureza.* Rio de Janeiro: Paz e Terra, 1979.]

FITZGERALD, P. *The World Behind the Scenes.* Londres: Chatto & Windus, 1881.

JERROLD, D. *The Writings of Douglas Jerrold.* Londres: Bradbury & Evans, 1853. (Collected Edition, 7v.)

JERROLD, W. *Douglas Jerrold, Dramatist and Wit.* Londres: Hodder and Stoughton, 1914. 2v.

NASMYTH, J.; SMILES, S. (Ed.). *An Autobiography.* Londres: John Murray Publishers, 1883.

NATURALISM. In: *A New English Dictionary on Historical Principles*. Oxford: Claredon Press, 1933. 13v.

PINERO, A. W. The Second Mrs. Tanqueray. In: ROWELL, G. (Ed.). *Late Victorian Plays:* 1890-1914. 2.ed. Oxford: Oxford University Press, 1972.

ROBERTSON, T. W. Society. In: RUBINSTEIN, H. F. (Ed.). *Great English Plays*. Londres: Victor Gollancz, 1928.

ROWELL, G. (Ed.). *The Victorian Theater:* 1792-1914. Oxford: Oxford University Press, 1956.

_____. (Ed.). *Nineteenth Century Plays*. 2.ed. Oxford: Oxford University Press, 1972.

STRINDBERG, A. On Modern Drama and Modern Theatre [1889]. In: *Samlade Skrifter*, Estocolmo, 1912-1919. 55v.

TIMPANARO, S. *On Materialism*. Londres: New Left Books, 1975.

_____. *The Freudian Slip*. Londres: New Left Books, 1976.

WILLEY, B. *The Eighteenth Century Background*. Londres: Ark Paperbacks, 1940.

WILLIAMS, R. *Keywords*. Londres: Fontana, 1976. [Ed. bras.: *Palavras-chave*. São Paulo: Boitempo, 2007.]

WOOLF, L. *Sowing*: An Autobiography of the Years 1880 to 1904. Londres: Hogarth Press, 1960.

_____. *Beginning Again*: An Autobiography of the Years 1911 to 1918. Londres: Hogarth Press, 1964.

WOOLF, V. *Mr. Bennett and Mrs. Brown*. Londres: Hogarth Press, 1924.

ÍNDICE ONOMÁSTICO

Abensour, Miguel 276
Althusser, Louis 142,162
Annan, Lord Noel 204-5
Arnold, Matthew XVI, 3-4, 6-11, 275

Bacon, Francis 272-3
Bagehot, Walter 119, 121
Bahro, Rudolf IX, XVII, 344-7, 349, 351-60, 362-4, 366, 368-70, 372
Balzac, Honoré de 38
Barker, Harley Granville 196
Barthes, Roland 162
Bell, Angelica 205
Bell, Clive 204-5, 227-8
Bell, Julian 205
Bell, Quentin 205
Bell, Vanessa 205
Bellamy, Edward 274-6
Bentham, Jeremy 223
Blake, William 40, 107
Boaden, J. 174
Borrow, George 291-2

Bosch, Hieronymus 293
Brecht, Bertolt 345
Brontë, Emily 40
Bulwer-Lytton, Edward George 187-8, 274
Burke, Edmund 90-1
Byron, Lord George Gordon 223

Carlyle, Thomas 3, 6, 238, 276
Caudwell, Christopher 327, 331
Chomsky, Noam 17-8, 162-3, 165-6
Clare, John 108
Cobbett, William 107-8
Cole, J. W. 176
Coleridge, Samuel Taylor 40
Constable, John 108, 170-1
Coombers, B. C. 299
Cordell, Alexander 310

Danby, John 96
Darwin, Charles 118-9, 121, 124-6, 130

De Vries, Hugo 127
Dickens, Charles 40, 107, 185, 293-4
Disney, Walt 109
Disraeli, Benjamin 5, 294

Eliot, George 3, 295-6
Engels, Friedrich 45, 125-6, 142, 149-50, 272, 331
Erasmus 117

Fitzgerald, P. 174
Forster, E. M. 205, 225
Freud, Sigmund 142, 159, 161-2, 227
Fry, Roger 205

Galsworthy, John 196
Garnett, David (Bunny) 205
Gaskell, Elizabeth 294-5
Gissing, George 295
Gobineau, Joseph Arthur de 124
Godwin, William 173, 207, 213-6
Golding, William 110
Goldmann, Lucien IX, XVI, 15-68
Goldsmith, Oliver 107
Gramsci, Antonio 51, 53, 59, 335
Grant, Duncan 205
Gwyn Jones, T. 298, 305

Hankin, John 196
Hardy, Thomas 133, 303
Hazlitt, William 223
Hjelmslev, Louis 162
Hobbes, Thomas 101, 118
Hofstadter, Richard 115
Houghton, Stanley 193
Hunt, Holman 216
Huxley, Aldous 275, 278, 282-4, 289
Huxley, Julian 246
Huxley, Thomas 129, 131

Ibsen, Henrik 133, 190, 209

Jerrold, Douglas 183-5, 187-8
Jerrold, W. 184
Johnson, Samuel 234-5, 249
Jones, Henry Arthur 192-4
Jones, Jack 308
Jones, Lewis 307
Jonson, Ben 40

Kafka, Franz 38
Kean, Charles 176
Keating, Joseph 298, 300-1
Kemble 176
Keynes, J. Maynard 205, 208, 210-2, 227, 320
Kidd, Benjamin 128
Kingsley, Charles 294, 296
Kitchener, Horatio Herbert 245
Korsch, Karl 142
Kotzebue, August von 181
Kropotkin, Prince Peter 128-9

Lacan, Jacques 159, 161
Lamarck 121
Lawrence, D. H. 24, 134, 198, 296-7
Leavis, F. R. 20, 26, 204, 246
Le Guin, Ursula K. 286
Lênin, V. I. 142
Leopardi, Giacomo 141, 157
Lévi-Strauss, Claude 162
Lewis, Monk 181
Lillo, George 171
Llewellyn, Richard 310
Locke, John 101-2
London, Jack 130
Lukács, Georg 27-30, 32, 36-8, 49

ÍNDICE ONOMÁSTICO

MacCarthy, Desmond 205
MacCarthy, Molly 205
McLuhan, Marshall 72, 335
Mallock, W. H. 128
Malthus, T. R. 116, 123
Mann, Thomas 38
Mansfield, Katherine 296
Marlowe, Christopher 99
Marten, Maria 185
Marx, Karl 3, 28, 43-8, 78, 323
Mathews, Charles 175, 189
Maugham, W. Somerset 196
Mayhew, Henry 185
Medwall, Henry 95
Mill, John Stuart 5-6, 9-10, 106
Millais, John Everett 216
Moltke, Count von 124
Moore, G. E. 207, 223
More, Thomas 272-4
Morris, William 216, 274, 276,
    279, 281, 283-4, 287-9

Napoleão 118
Nasmyth, James 292-3
Northcliffe, Alfred Harmsworth
    240, 243

O'Casey, Sean 198
Orwell, George 217, 278, 284
Owen, Robert 118, 173, 281

Pascal, Blaise 36
Pinero, A. W. 193-4
Pixérécourt, René 182
Planché, Louis 176
Plekhanov, Georgy 331
Pope, Alexander 114

Racine, Jean 36
Rastell, John 95
Rayner, Lionel 185
Reade, Charles 185
Richards, I. A. 64
Robbe-Grillet, Alain 38
Robertson, T. W. 187-9, 192
Rockefeller, John D. 121
Rousseau, Jean-Jacques 102
Rowell, G. 175, 189, 190, 194
Rowland Hughes, T. 237, 307
Rubinstein, H. F. 188
Ruskin, John 107
Russell, Bertrand 246

Sarraute, Nathalie 38
Saussure, Ferdinand de 162
Sayers, Dorothy 247
Sêneca 101
Shakespeare, William 95-6, 114,
    176, 231
Shaw, George Bernard 132-3,
    154, 196-7, 209
Siddons, Sara 174
Skinner, G. F. 159
Smiles, Samuel 292
Snow 164
Sófocles 38
Soljenitsin, Alexander 38
Spencer, Herbert 117-21, 130,
    132, 237
Stalin, Joseph 322
Stephen, Adrian 205, 208,
    217-8, 226
Stephen, Karin 208, 217-8, 226
Strachey, James 208, 218, 226
Strachey, Lytton 205, 208, 218,
    220, 227

Strachey, Pernell 208, 218
Strindberg, August 130, 190-1, 197
Sumner, William Graham 120-1, 127
Sutro, Alfred 196
Synge, J. M. 198

Tchekhov, Anton 190, 197
Tennyson, Lord Alfred 109
Thomas, Gwyn 311
Thomas, John 298
Thompson, Denys 246, 249
Thompson, Edward Palmer 276
Timpanaro, Sebastiano XVII, 141-7, 151-66
Tressell, Robert 297, 308
Trollope, Frances 185
Trotsky, Leon 322
Turner, Joseph 169
Turner, Saxon Sydney 205

Veblen, Thorstein 127
Vestris, Lucy 175, 189

Vidocq, J.-C. 185
Vigotsky, V. 163

Webb, Beatrice 210
Webster, John 40
Wells, H. G. 110, 131-3, 271, 281-2
West, Alick 331
Wilkie, David 183
Willey, Basil 105
Willson Disher, M. 330
Woolf, Leonard XI, 202-5, 208-11, 217-8, 220, 222, 225-8
Woolf, Virginia 205, 208, 210, 220, 223, 225-7
Wordsworth, William 105, 108, 284

Yeats, William Butler 198
Young, Robert 115-6

Zamyatin, Evgeny 278
Jdanov, Andrei 331

SOBRE O LIVRO

Formato: 14 x 21 cm
Mancha: 25 x 40 paicas
Tipologia: GoudyOlst BT 12/14
Papel: Off-white 80 g/m² (miolo)
Cartão Supremo 250 g/m² (capa)
1ª edição: 2011

EQUIPE DE REALIZAÇÃO

Edição de Texto
Frederico Tell (copidesque)
Arthur Gomes (preparação de original)
Thaisa Burani (revisão)

Capa
Estúdio Bogari

Editoração eletrônica
Sergio Gzeschnik